琉球のことばの書き方

琉球諸語統一的表記法

小川晋史 編

執筆

重野裕美　新永悠人　又吉里美　當山奈那　トマ・ペラール　林由華
下地理則　下地賀代子　中川奈津子　クリストファー・デイビス　麻生玲子　山田真寛

くろしお出版

はじめに

　この「はじめに」は専門的知識の有無によらず、本書に興味を持って下さった方全員に向けて書いたものです。本書を手に取って頂いたならば、是非とも最初にお読み頂きたいと思います。

編者　小川晋史

▶本書が作られた背景

　本書は琉球のことばの書き方（"統一的表記法"）について書かれたものです。奄美から八重山まで、琉球のことばは多様な方言から構成されています。先祖を同じくする親戚関係にあることばばかりなのですが、現在では地域の距離が離れたりすると全く通じない場合も多くあります。琉球のことばは日常の話しことばとして用いられてきた歴史が長く、それで何かを書く、あるいは表記するという習慣はありませんでした。琉球王国時代に政治の中心であった首里で使われたことばでさえ、しっかりとした表記法が制定されるということはありませんでした。

　このような歴史的背景もあり、現在の琉球のことばの表記法は混沌とした状況にあります。個人や少数のグループでしか通じない表記がなされていたり、同じ方言でも人によって書き方が違ったりということがあちらこちらで起きています。ことばの表記というのは突き詰めると決め事ですから、書き手と読み手に共通の理解があるのであれば、どのような記号を使っても構わないという性質のものです。しかしながら、そのような性質があるがために、琉球のことばが使われている地域を広く眺めたときには、多種多様な表記が存在するという結果になってしまっています。別の言い方をすれば、同じ音を表す場合でさえ、あちらとこちらでは書き方が違うということが頻発しているのです。

　実は、琉球のことばについては研究者の間でさえ表記は一定していません。人によって、場合によって様々な表記がなされているというのが現状です。それでも、研究者の場合であれば専門的な記号を使ったり専門知識を活用したりすることで、異なった表記にも対応することができています。しかしながら、専門的知識のない一般の方々にとって、表記の揺れというのはただ面倒臭いだけのものであると考えます。また、方言で何か文章を書こうと思っても、どう表記していいかわからないために執筆意欲が削がれるということもあると思います。複数の人が集まって特定の方言についての本や辞書を出そうというときに、内容以前に方言の表記が問題になり、結局は喧嘩別れしてしまったという事例を耳

にしたこともあります。また、多くの方言が消滅の危機に瀕している中で若い人に方言の継承をしようという活動も散見されますが、表記が不安定なままでは方言を学ぶための教材も作りにくいということになります。このように色々な悲しい事態を避けたいと考えたことが、本書を企画するきっかけとなりました。本書ができあがるまでには20名ほどの言語研究者の助力を得ています。そして、本書が提案する表記法は、何十年にも及ぶ先行研究の中で報告されている琉球のことばに存在する音について、何らかの表記がなされるように設計してあります。

　本書が方言で何かを記そう、表現しようという方々の助けになり、方言の表記の仕方で争いが起きるようなことが無くなるのを願う次第です。

▶本書の内容

　本書では奄美から八重山までのいずれの方言も統一的な規格で書き表すことができるような汎用的表記を提案しています。大きく第1部と第2部に分かれていますが、第1部は言語学の知識がある人向けの内容で、第2部が一般向けの内容になっています。第2部では第1部の内容をもとにして具体的に幾つかの方言の書き方を示していますが、琉球のことばは多様なので、この本一冊ですべての方言について個別の書き方を示すことはできません。本書で例として挙げた方言は、琉球列島の各地域からできるだけまんべんなく選ぶようにしました。（※本書で挙げた方言が各地域の代表的（＝何か特別な）方言だという主張をするつもりは全くありません。あくまでも方言の一例だと考えてください。）また、第2部は全ての章を通読することを意図して作られてはいませんが、全ての章を通して読んでみたなら、章ごとに特定の方言に特化したローカルな内容を含んでいるなど、各章の基本的構成は同じでありながら章によって少しずつ収められている情報が違うことにお気づきになると思います。統一感という形式的な美しさは若干欠くかも知れませんが、本書の第2部のそれぞれの章の著者はその方言についてよく知っている者ですから、書く内容に個性を認めた結果としてそうなっています。第1部で提案する表記の一般的な原則は保持しながらも、方言ごとの状況（広く知られた先行研究があるかどうか、など）に応じて地域の話者がより理解しやすいようにとの考えがあってのことです。

　自身の方言をこの本に従って表記したいとお考えの方は、第2部の中に自身の方言の近くの方言が収められていれば、それを参考にして頂いてもよいですし、言語学の知識のある人に依頼すれば、自身の方言について第2部と同じようなものを作ってもらえるはずです。本書の第1部があれば、それに基づいて第2部のようなものを作ることは、簡単とまでは言いませんが、言語学的にそこまで高度な知識は必要ありません。大学の先生でなく、大学院生でも可能なレベルだと考えられます。第1部の内容にしたがって第2部にあるような個別方言の表記を作りさえすれば、作り手によらず同じような表記になる

ように説明がなされています。

　繰り返しますが、本書は全体として見たときには一般の人のために作ったものです。もちろん、研究者の方々にも使ってもらえれば嬉しいこと限りないのですが、あくまでも第一義には一般向けを志向しています。本書の第1部を完全に理解するためには言語学の知識が必要ですが、第1部はあくまでも第2部のような個別方言の表記を作るためのものという位置づけです。一般向けであるがゆえに、本書の表記の中には専門性の高いレベルではまとめられないはずのものに同じ表記を与えている場合もあります。

　また、本書は統一的な規格による表記を提案していますが、これは戦国時代の天下統一のように、北から南までの表記を完全に統一することを一番に考えて統一的な規格を提案しているわけではありません。政治的な意図を持っているわけでもありません。琉球のことばには多くの方言があり、それら方言の一つ一つについて表記をゼロから作っていくと時間と手間が多くかかります。複数人で作ろうとすれば好みが分かれて結論が出ない場合もあるはずです。それに対して、<u>どの方言の表記を作る場合でも参考にできるような表記作成の指針</u>があれば、表記を作る時間と手間が短縮されることになりますし、各地の表記が完全に一致しないまでも、現在に比べて表記の多様性というのは小さくなることが期待されます。そのような指針として使ってほしいとの思いから、本書では"統一的表記法"、すなわちどの方言にも当てはめられるような表記の提案に至った次第です。

▶どのような場合に本書を活用して頂きたいか

　本書は以下のような場合に使ってもらうことを想定して作られています。将来的には新聞や公文書でも使われたなら嬉しいと考えています。ただし、用いている記号の問題などから、いまのところ横書きが前提の体系となっています。

① 自分の方言をどう書けばよいか困っているとき。
② 複数名で方言関連のことを書こうとしているが、好みが分かれていて表記がまとまらないとき。
③ 地域内で複数の方言が使われている自治体において、自治体として方言関連の印刷物やホームページを作ろうとするとき。
④ 若者向けに方言の教材を作ろうとするとき。
⑤ 芸能の世界などで、流派によって異なっている表記を統一しようとするとき。

▶本書による表記の特徴

　本書で提唱する表記体系は、北は奄美から南は八重山の琉球のことばを統一的な体系で書き表すことができるように設計されています。これはつまり、この本の内容に従って書

いてあるものであれば、自分が使える方言はもちろんですが、全然知らない方言で書かれたものを見たときであっても、どのような音で発音すればよいのかがほとんどの場合にわかるということを意味しています。未知の方言を勉強するような場合に、すでに自分が覚えた表記については新たに表記を覚えなおす必要もありません。

　どこか特定の方言が書きやすくなるようにというような表記の作り方を本書はしていません。当然のことながら、本書の表記の中にも比較的単純な記号で書かれる音と複雑な記号で書かれる音がありますが、その違いはあくまでも (i) すでに皆が知っている日本語の表記体系でも書ける音かどうか、(ii) 琉球のことば全体を見渡したときに珍しい音かどうか、に基づいて決定されているということです。

　表記に用いる記号は、できるだけパソコンや携帯電話などでも打ちやすいように配慮しています。記号への馴染み度合いやキーボードでの打ちやすさも考慮して、日本語の表記に用いる仮名文字を基調とした文字体系（『仮名表記』）をメインに考えていますが、仮名表記に対応するアルファベットを基調とした表記（『アルファベット表記』）も作ってあります。琉球のことばの中にはアルファベットで書く（※一般には「"英語"で書く」と言われることが多い）ほうがわかりやすい方言もあると考えるからです。

　そして、今の時代はどんなに上手に方言が使える人であっても日本語とのバイリンガルであって、学校で習う日本語の表記体系は知っているという時代です。したがって、本書の仮名表記については、日本語の仮名表記で間に合う部分を日本語と同じにしてありますし、本書のアルファベット表記については、日本語のローマ字表記を取り入れています。日本語の表記で間に合わない部分については、あえて日本語の表記では使わない記号の組み合わせを使うことで、琉球のことばに独特の表記であることを明示するようにしています。同じ文字・記号でありながら、日本語と琉球語では異なる発音をするというような状況は避けるべきだと考えたからです。

▶その他

　本書を参照して頂く場合であっても、必ずしも全ての表記を本書の通りにすることを押し付ける意図はありません。方言の直感を持つ話者の方にあっては、地元で長く使われてきた表記など、どうしてもこだわりを持って使いたい表記もあると思います。そのような場合には是非、「表記については原則として『琉球のことばの書き方』に従うが、Aのような理由からBという音の表記については『琉球のことばの書き方』で定められているCではなく、Dという表記で書くことにする。」といった但し書きを一行書いて頂ければと思います。例えば、旧仮名文字（ゐ・ゑ）は本書の表記に用いませんが、使い慣れた文字を使いたいという場合には以下のような但し書きになるでしょう。「この原稿における方言の表記については原則として『琉球のことばの書き方』に従うが、『琉球のことばの

書き方』で指定されている「うぃ」という表記の音についてのみ、著者が長年用いてきた「ゐ」を用いて書くことにする。」このような但し書きをして頂ければ、すでに本書の表記を知っている人であれば、但し書きのある表記だけ注意すればよいということになり、どのような音であるかもわかります。

　なお、本書の表記法に関連したホームページがあります。本書の表記が表している珍しい音を実際に聞くことができます。本書の内容を補完するような使い方をしてもらえればと思いますので、是非一度訪れて下さい。URL は www.ryukyuan-writing.net です。

▶謝辞

　本書の出版にあたっては、トヨタ財団より支援を受けました。また、くろしお出版の荻原典子さんには本書の計画段階から大変お世話になり、執筆者一覧にお名前を載せたいほどに貢献して頂きました。ここに記して御礼申し上げます。

　本書は奄美から八重山までの幅広い地域にどのような音があるのかが明らかになっていなければ作れなかったものであります。これまで研究を積み重ねてきた多くの方々、それに協力された話者の方々に敬意を表します。

目　次

はじめに i

第 1 部　表記法の解説

第❶章
音の表記 003

第❷章
音の表記一覧 009

第❸章
音の表記の補足 077

第❹章
音の表記以外の約束事 081

第 2 部　個別方言の表記例

序章 089

第❶章
浦方言（鹿児島県大島郡龍郷町浦） 095

第❷章
湯湾方言（鹿児島県大島郡宇検村湯湾） 117

第 3 章
津堅方言（沖縄県うるま市津堅島） 135

第 4 章
首里方言（沖縄県那覇市首里） 151

第 5 章
大神方言（沖縄県宮古島市平良大神） 169

第 6 章
池間方言（沖縄県宮古島市池間島、佐良浜、西原） 179

第 7 章
佐和田長浜方言（沖縄県宮古島市伊良部） 195

第 8 章
多良間方言（沖縄県宮古郡多良間村） 215

第 9 章
宮良方言（沖縄県石垣市宮良） 237

第 10 章
波照間方言（沖縄県八重山郡竹富町波照間） 253

第 11 章
与那国方言（沖縄県八重山郡与那国町） 269

主要参考文献 291
かな索引 295
アルファベット索引 305
「琉球諸語表記法プロジェクト」について 313
執筆者一覧 315

第1部
表記法の解説

　この第1部では本書で提案する表記法について説明する。ここで表記を示す音というのは、これまでの琉球諸語の主だった先行研究や辞書などで報告がなされている音である。第1部の前半では音の表記の一覧を示し、後半では音の表記以外の決めごとについて説明する。本書は言語の専門家ではなく一般の人々の役に立つことを目的としており、この言語学的な知識がなければ読めない第1部が本書に存在するのは、言語学の知識を持つ人が知識を持たない人のために、本書の第2部で示すような個々の方言に特化した表記を作る際の指針にしてもらいたいからである。この第1部で示す内容をもとにすれば、琉球諸語のどの方言についても、表記法の製作者ごとの揺れや違いが限りなく小さな表記法が作成可能なようになっている。この第1部をもとに琉球諸語の多くの方言に特化した表記が作られることが期待されている。

第1章
音の表記

　この章では、次章で示す音の表記一覧について説明をする。本書の表記は原則として音声表記を採用している。これは、奄美から八重山までの琉球諸語のすべてを考慮しているために特定の言語・方言に対応する音韻表記にはできないということと、現在の琉球諸語には汎用的表記法が存在していないため、最初の表記としては音声表記のほうが直接的に音と表記が対応していて良いという判断に基づいている。表記は仮名文字を基調とする表記（『仮名表記』）と、それに一対一で対応するアルファベットを基調とする表記（『アルファベット表記』）の2種類を備えている。仮名とアルファベットのどちらかが優先ということはない。仮名表記を使いたくなることが多いかもしれないが、方言によってはアルファベット表記のほうが読みやすい場合もあるであろうし、文法解説や文法記述のときに、子音と母音を1つの文字で表す仮名表記では不適切という場合もあるだろう。状況に応じて使い分けてもらえればと考えている。

　次章に示す表記一覧では、主に子音の違いによって表記が掲載される場所が決まっているが、個々の表記についてはすべて次のような『箱』に収めてある。

（1）　箱の例

0109	
え・え・まる/え・え	ちょんちょん・イー
えぇ/ええ	ë
○eとë/εを区別する場合のë/ε。	
ë ε	奄／沖 宮／八

この箱が表す内容は次のようになっている。

（2） 箱が表す内容

```
┌─────────────────────┐
│ ID 番号             │
├──────────┬──────────┤
│ 仮名表記の│アルファベット│
│  名前    │ 表記の名前 │
├──────────┼──────────┤
│          │          │
│  仮名    │ アルファ │
│  表記    │ ベット表記│
│          │          │
├──────────┴──────────┤
│ 補足事項            │
│                     │
├──────────┬────┬─────┤
│  代表形  │対  │象   │
│  "異音"  ├────┼─────┤
│          │地  │域   │
└──────────┴────┴─────┘
```

　以下では、箱の中の各項目についての説明を行う。段落の最初の語に傍線を引いて、各項目と対応している内容であることを示す。

　ID 番号というのは個々の表記に振られた固有の 4 桁の番号である。対応する仮名表記とアルファベット表記は同じ番号を共有している。頭の 2 桁は子音の種類とある程度対応していて意味があるが、下 2 桁は特に意味なく機械的に振られた番号である。例を挙げると、ID 番号が 01XX は母音単独に関する表記、02XX は子音の [p] が関係するような場合である。

　表記の名前は文字通り表記につけられた名前を表している。仮名表記、アルファベット表記ともに左から（記号によっては上から）順に文字と記号を読む方式で名前がつけられている。表記の名前にある「・」（中黒）は読まない。仮名文字とアルファベット以外の記号については一般に呼ばれているのと異なる名称がつけられているものがある。すなわち ~（ティルダ記号）は『にょろ』、'（引用符）は『ちょん』、^（アクサン記号）は『やま』、ウムラウト記号は『ちょんちょん』、濁点は『てんてん』、半濁点は『まる』と呼んでいる。また、本書の表記では「ず」のような小文字の仮名文字を単独で使う場合があるが、そのような場合は一律に『小さい ず』のように『小さい X』と呼ぶ。これらは、本書の表記が一般向けひいては子どもが使うことを想定して作られていることに理由があり、あえて直感的な名づけをしている。

　ただし、仮名表記について、大文字の仮名と小文字の仮名が同一単位（≒同一の音節 (syllable)）内に混在している場合には、小文字の仮名文字を『小さい X』とは呼ばない。例を挙げると「しゃ」の後半の「ゃ」のようなものである。これは、本書の仮名表記は同一単位内に仮名文字を 2 つ使う場合、一文字目が大文字で二文字目は小文字であるように設計されているからである。従って、表記「しゃ」の名前は「し・や」であり、「し・

小さい や」ではない。用語の定義について確認しておくと、小文字はフォントのサイズについて言及しているので、「ず」(『小さい ず』)および「しゃ」の後半の「ゃ」はいずれも小文字と呼んで差支えない。しかし、『小さい X』は X のみで一単位を構成していることを含意しているので、上の例だと「しゃ」の後半の「ゃ」は含まれない。

以下に示すのが仮名表記の基本構造であり、一単位がこれ以上長くはならない。また、【主仮名(しゅかな)】なしでは単位が成立しないようになっている。

(3) 仮名表記の基本構造
【補助記号】－【主仮名(大文字)】－【補助仮名(小文字)】－【補助記号】
または
【主仮名(小文字)】

比較的複雑な表記の例を挙げると「しぇ゚」は、【主仮名(大文字)】－【補助仮名(小文字)】－【補助記号】という連続であり、「~きゃ」は【補助記号】－【主仮名(大文字)】－【補助仮名(小文字)】である。小文字だけの表記である「ず」であれば、【主仮名(小文字)】で成り立っているということになる。**本書の表記に仮名で3文字になる単位は存在しない。すべて仮名2文字(と記号)までの組み合わせで書けるようになっている。**また、「が゚」(ID1338)や「ん゚」(ID2015)のような日本語で『まる』(半濁点)をつけない仮名に『まる』をつけたもの、あるいは「い゛」(ID1002)のように日本語で『てんてん』をつけない仮名に『てんてん』をつけたものについてのみ『てんてん』および『まる』を補助記号として捉えている。従って、表記「ぱ」の半濁点および表記「ざ」の濁点は補助記号と見なさず、表記の名前もそのまま「ぱ」と「ざ」である。一方で、表記「い゚」の半濁点および表記「い゛」の濁点は補助記号であり、表記の名前はそれぞれ「い・まる」および「い・てんてん」となる。

ここで合わせてアルファベット表記の基本構造も示しておく。アルファベット表記の基本構造は以下のようになっており、【子音アルファベット】か【母音アルファベット】がなければ単位が成立しない。

(4) アルファベット表記の基本構造
【子音アルファベット】－【子音の補助記号『ちょん』】－【補助アルファベット (h, s, w, y)】－【母音アルファベット(補助記号付きを含む)】

基本構造に合わない構造を持つ表記はほとんどない。例外といえるのは、ID2015 のアルファベット表記「hn」など数個である。

第1章 音の表記

仮名表記について述べる。仮名表記は日本語（標準語）の表記で対応できそうな部分は日本語と同じ表記にしてある。日本語にないような音の場合には、日本語にない仮名文字の組み合わせや補助記号を用いている。補助記号については、例外はあるものの基本的に一貫した意味で用いている。ティルダ記号の『にょろ』は鼻母音、引用符の『ちょん』は喉頭の緊張を伴うことを示している。『まる』は主に中舌母音を示す。ただし、アクサン記号の『やま』については一貫した意味で用いていない。『やま』が表すのは「特別な音である」という抽象的な内容で、仮名文字で表現が難しい記号についていくつかの意味で用いている。例えば「^ぷ」（ID2008）は子音の [p] だけを音素文字的に表しているが、「^か」（ID1830）および「^が」（ID1831）については、軟口蓋あたりで作る摩擦音を頭子音に持つ音節を示している。なお、補助記号をつける位置について、仮名表記の補助記号は『てんてん』（濁点）と『まる』（半濁点）は仮名文字の右肩に、それ以外の補助記号は仮名文字の前につける。

　アルファベット表記については、すべての仮名表記に対応するものを準備している。用いる補助記号についても、一部を除いて仮名表記と同じ記号になるようにしている。ともに『ちょん』がついた「p'a、'ぱ」や、ともに『にょろ』がついた「pã、˜ぱ」と言った具合である。記号の位置については、子音に関係する補助記号『ちょん』は音節頭の子音の直後（右肩）、子音がない場合には母音の直前（左肩）につける。母音に関係する『にょろ』などは母音の上につけることとしている。上で見た「p'a」についている『ちょん』は「p」の直後に、「pã」についている『にょろ』は「a」の上に書かれているのを確認して頂きたい。

　仮名表記、アルファベット表記ともに表記の揺れは原則として認めていないが、方言ごとの違いや表記と音の近似性、すでに一般に使用されている表記への配慮などから一部揺れを認めたところもある。揺れを認めた場合は「ぴぅ/ぷぃ」（ID0206）や「sho/syo」（ID1422）のようにスラッシュを引いて両者を示している。もっとも、このような揺れを認めたがために揉め事が起こっては本書の表記を定めた意味がなくなるので、**特段の理由がない場合や関係者の間で好みが分かれた場合は、左側の表記を使用することを推奨する**。

　次に、**代表形**と"**異音**"（表記が表す範囲内の音）についてだが、この 2 つを合わせてその表記が表す音の範囲を示している。これらは音声記号による音声表記である。代表形と"異音"という名称にしているが、必ずしも代表形のほうが琉球諸語一般に広く使われている音という意味で名づけをしているわけではない。代表形に選んだ音声記号は、複数の"異音"の中から他の箱との区別が明確になるような記号を選んである。なお、次章の音の表記一覧において、ID 番号 01XX の「母音」の表記を示す『箱』で示した異音については、「子音＋母音」の表記を示す『箱』では省略している。例えば、ID0101 の母音 [a]（代表形）については、"異音"として [ʌ, ɑ, ə, æ, ʔa] を挙げており、ID0201 の [pa]（代

表形）では [pʌ, pɑ, pə, pæ, pʔa] のような"異音"が含意されるのだが、煩雑さを避けるためにすべての"異音"を挙げることはしていない。

　対象地域については「奄」（奄美）、「沖」（沖縄）、「宮」（宮古）、「八」（八重山）の4区分で示しているが、当該表記が大まかにどこの地域の方言で使われることを意図しているかを示している。ここで注意して頂きたいのは、対象地域の文字「奄、沖、宮、八」のいずれかに斜線が引いてある場合は、**その地域で（今後も）使う必要がある表記ではない、もしくは、その地域にはそのような音がないという推測**を意味する。しかしながら、斜線を引いていないということはその地域で絶対に使う必要がある表記であると積極的に意味しているわけではない。方言の音として報告がないものでも、将来の外来語の受け入れや新たな発見の可能性などを考慮して斜線を引いていない場合があるからである。なお、対象地域の地理的範囲についてだが、「奄」と「沖」の境界線は与論島、「沖」と「宮」の境界線は沖縄島と宮古島の間、「宮」と「八」の境界線は多良間島に引いてある。つまり、与論島と多良間島はそれぞれ2つの地域に属しているような線引きになっている。この境界線の引き方は、先行研究で知られている言語の区分とは必ずしも一致しないことを理解した上で行っている。本書は表記法について書かれたものであり、将来的には自治体で使用されることも意識している。そのため、言語的な区分と政治的な境界の両方を考慮して地域区分と境界線を決定した。これにより、例えば鹿児島県の範囲内で本書をもとにして方言を表記しようとすれば「奄」の部分だけを見れば良いということになるし、宮古島市で何か作ろうとすれば「宮」の部分だけを見れば良いということになる。

　補足事項の欄には文字通り、補足的な事項が書かれている。その表記をする音の特徴や、その表記を使う場合のただし書きなどが書かれている。対象地域の中でも特にどの方言を意識して作られた表記なのかも示している場合がある。（他の方言で使う可能性を必ずしも否定してはいない。）例えば、ID0108の母音の表記については、八重山の中でも竹富（島）方言で報告があり、この音の表記が必要であろうということで作られているので、補足事項に「竹富」と記してある。また、この補足事項の欄には「未報告だが準備」という記載がなされている場合がある。これは、琉球諸語の主だった先行研究では報告がなされていないが体系的にあってもおかしくない、あるいは将来的に報告がなされるかもしれない音だという判断などから表記が準備されている場合である。この「未報告だが準備」には、本書のもととなったプロジェクトのメンバーが音の存在を知っているが、先行研究などきちんとした形で報告がなされていないという場合も含まれている。従って、未報告と書かれている音であっても、自身が新たに表記をまとめようとする方言にその音が存在している場合には表記の使用をためらうことがないようにして頂きたい。

　異なる音ごとに異なる表記をあてるのが原則だが、異なる音に同一の表記をあてている場合がある。そのような表記については、例えば「あ゚」（ID0108および0111）の場合

のように使用する方言を指定（ID0108 は竹富（島）方言、ID0111 は黒島方言）するか、「う」（ID0103 および 0107）のように表記が重ならないように表記の使用に条件（ID0107 の仮名表記で「う」を採用して、かつ ID0103 と対立がある方言の場合は ID0103 を必ず「＾う」で書く）をつけることによって混同を回避するようにしている。また、少数だが「ふ」（ID0803 および 0815）のようにアルファベット表記では区別するが、仮名表記で区別はしていない場合がある。これは両者の音が相当に近似していることと、両者を区別する方言がないという前提のもとでの処理である。

第 2 章
音の表記一覧

　この章では音の表記一覧を 4 桁の ID 番号順に示す。本書の中核といえる章であり、ここで示す表記一覧をもとにして第 2 部で示す各方言の表記は作られている。

　表記に振られた ID は ID0101 から ID2017 まであるが、大きく 4 つのパートに分かれる。まず、ID01XX（ID01 番台）は母音単独の場合の表記である。ID02XX から ID07XX までは子音が閉鎖音の場合で、ID08XX から ID19XX までは子音が閉鎖音以外の場合である。最後の ID20XX には子音単独の表記など、やや特殊な表記がまとめてある。子音が有声音の場合と無声音の場合は原則として分けて掲載している。例えば、頭子音 [p] に関連する表記は ID02XX で、[b] に関連する表記は ID03XX で、という具合である。なお、ID の下 2 桁が連続していない場合があるが、表記を構築する過程で表記を削除したり追加したりした場合にいったん決めた ID まで変更すると、本書全体に影響を及ぼして予期せぬエラーが起きる可能性を危惧して ID を変更しなかったことが理由である。つまり、すべての ID が抜けることなく連続しているという見栄えの良さをあきらめて、あえてそのままにしたというだけであり、ID が抜けている箇所や飛んでいる箇所に特別な意味はない。

0101
あ	エー
あ	a

○aと ʌ/ɑ/ə/æ/ˀaを区別しない場合。
○aと ʌ/ɑ/ə/æ/ˀaを区別する場合のa。
○黒島のæとɑのうちのæ。

a	奄	沖
ʌ, ɑ, ə, æ, ˀa	宮	八

0102
い	アイ
い	i

○iとjiを区別しない場合。
○iとjiを区別する場合のi。
○iとɪ/jɪを区別しない場合。

i	奄	沖
ji, ɪ, jɪ	宮	八

0103
う/やま・う	ユー
う/^う	u

○uとʊ/ɯ/wuを区別しない場合。
○uとʊ/ɯ/wuを区別する場合のu。
○ID0107の仮名表記で「う」を採用して、かつ対立がある方言の場合は必ず「^う」で書くこと。

u	奄	沖
ʊ, ɯ, wu	宮	八

0104
え	イー
え	e

○eとje/ɛを区別しない場合。
○eとë/ɛを区別する場合のe。

e	奄	沖
je, ɛ	宮	八

0108
あ・まる	ちょんちょん・エー
ä	ä

○aとəを区別する場合のə、竹富。

| ə | 奄/宮 | 沖/八 |

0109
え・え・まる/え・え	ちょんちょん・イー
ëë/ëë	ë

○eとë/ɛを区別する場合のë/ɛ。

| ë, ɛ | 奄/宮 | 沖/八 |

0111
あ・まる	やま・エー
ä	â

○æとɑを区別する場合のɑ、黒島。

| ɑ | 奄/宮 | 沖/八 |

★多良間島の方言には母音üで書かれる音が報告されているが、これは他の表記の組み合わせで書けるという判断をしたので、üだけの特別な表記は作らなかった。

0105	
お	オー
お	o
○oとɔ/woを区別しない場合。	
o ɔ, wo	奄 / 沖 宮 / 八

0106	
小さいず/す・まる	ゼット・ちょんちょん・アイ
ず/す	zï
○中舌〜舌先母音と呼ばれるもの、摩擦を伴う場合。 ○括弧書きの異音は、オンセットに無声子音を伴う場合にのみ生じる。	
ʅ ï, ɿ, (ˢï), ᶻʅ, (ˢʅ), (s), z, ɨ, ᶻɨ, (ˢɨ)	奄 / 沖 宮 / 八

0107	
う/ぃ・まる	ちょんちょん・アイ
う/ぃ	ï
○中舌母音、摩擦を伴わない場合。 ○宮古は大神、池間など。 ○八重山は多良間など。	
ɯ ï, ɨ	奄 / 沖 宮 / 八

0110	
い・い・まる/い・い	ちょんちょん・アイ
いぃ/いい	ï
○八重山においてID0107と対立する場合、アルファベット表記はやま付きで ɛ̈ と書くこと。	
ɨ ɪ, ï, ɯ	奄 / 沖 宮 / 八

0101

あ
a

0112 にょろ・あ / にょろ・エー	0113 にょろ・い / にょろ・アイ	0114 にょろ・う / にょろ・ユー	0115 にょろ・え / にょろ・イー
~あ ã	~い ĩ	~う ũ	~え ẽ
○奄美は佐仁。			○八重山、未報告だが準備。
ã 奄/沖/宮/八	ĩ 奄/沖/宮/八	ũ 奄/沖/宮/八	ẽ 奄/沖/宮/八

0119 にょろ・え・え・まる / にょろ・ちょん・ちょん・イー
~えぇ ẽ̊
○佐仁。
ẽ̊ 奄/沖/宮/八

0121 ちょん・あ / ちょん・エー	0122 ちょん・い / ちょん・アイ	0123 ちょん・う / ちょん・ユー	0124 ちょん・え / ちょん・イー
'あ 'a	'い 'i	'う 'u	'え 'e
○喉頭の緊張を伴う音。	○喉頭の緊張を伴う音。	○喉頭の緊張を伴う音。	○喉頭の緊張を伴う音。
ʔa 奄/沖/宮/八	ʔi 奄/沖/宮/八	ʔu 奄/沖/宮/八	ʔe 奄/沖/宮/八

0116		0117		0118		0112 ~あ ā
にょろ・お	にょろ・オー	にょろ・い・い・まる / にょろ・い・い	にょろ・ちょん・ちょん・アイ	にょろ・あ・まる	にょろ・ちょん・ちょん・エー	
~お	õ	~いぴ / ~いい	ĩ̈	~あ	ã	
○奄美は佐仁。		○佐仁。				
õ	奄/沖 宮/八	ĩ̈	奄/沖 宮/八	ə̃	奄/沖 宮/八	

0125		0126		0127		
ちょん・お	ちょん・オー	ちょん・い・い・まる / ちょん・い・い	ちょん・ちょん・アイ	ちょん・え・え・まる / ちょん・え・え	ちょん・ちょん・エー	
'お	'o	'いぴ / 'いい	’ï	'ええ / 'ええ	’ë	
○喉頭の緊張を伴う音。		○喉頭の緊張を伴う音。		○喉頭の緊張を伴う音。		
ʔo	奄/沖 宮/八	ʔɨ, ʔɪ	奄/沖 宮/八	ʔë	奄/沖 宮/八	

0201		0202		0203		0204	
ぱ	ピー・エー	ぴ	ピー・アイ	ぷ/ぷう	ピー・ユー	ぺ	ピー・イー
ぱ	pa	ぴ	pi	ぷ/ぷう	pu	ぺ	pe
○有気音、あるいは喉頭の緊張無し。		○有気音、あるいは喉頭の緊張無し。		○有気音、あるいは喉頭の緊張無し。		○有気音、あるいは喉頭の緊張無し。	
pa	奄/宮 沖/八	pi	奄/宮 沖/八	pu	奄/宮 沖/八	pe	奄/宮 沖/八

0209				0210			
		ぱ・あ・まる/ぱ・あ	ピー・ちょん・ちょん・エー			ぺ・え・まる/ぺ・え	ピー・ちょん・ちょん・イー
		ぱぁ/ぱあ	pä			ぺえ/ぺえ	pë
		pə	奄/宮 沖/八			pë	奄/宮 沖/八

0212		0213		0214		0215	
ぱ・あ・まる/ぱ・あ	ピー・やま・エー	ちょん・ぱ	ピー・ちょん・エー	ちょん・ぴ	ピー・ちょん・アイ	ちょん・ぷ	ピー・ちょん・ユー
ぱぁ/ぱあ	pâ	'ぱ	p'a	'ぴ	p'i	'ぷ	p'u
		○無気音、あるいは喉頭の緊張有り。		○無気音、あるいは喉頭の緊張有り。		○無気音、あるいは喉頭の緊張有り。	
pɑ	奄/宮 沖/八	ʔpa	奄/宮 沖/八	ʔpi	奄/宮 沖/八	ʔpu	奄/宮 沖/八

		0220		0221		0222	
		にょろ・ぱ	ピー・にょろ・エー	にょろ・ぴ	ピー・にょろ・アイ	にょろ・ぷ	ピー・にょろ・ユー
		~ぱ	pã	~ぴ	pĩ	~ぷ	pũ
				○未報告だが準備。			
		pã	奄/宮 沖/八	pĩ	奄/宮 沖/八	pũ	奄/宮 沖/八

0205		0206		0207	
ぽ	ピー・オー	ぴ・す / ぷ・す	ピー・エス・ちょんちょん・アイ	ぷ・い・まる / ぷ・い	ピー・ちょんちょん・アイ
ぽ	po	ぴす / ぷす	psï	ぷぃ / ぷい	pï
○有気音、あるいは喉頭の緊張無し。		○摩擦が強い場合。○大神でのアルファベット表記は「ps」とすること。		○摩擦が弱い場合。	
po	奄 / 宮 \ 沖 / 八	pɿ ps	奄 / 宮 \ 沖 / 八	pɯ pɪ, pɨ	奄 / 宮 \ 沖 / 八

0201
ぱ
p

0211	
ぷ・る	ピー・アール
ぷる	pr
○宮古は伊良部。	
pl	奄 / 宮 \ 沖 / 八

0216		0217		0218		0219	
ちょん・ぺ	ピー・ちょん・イー	ちょん・ぽ	ピー・ちょん・オー	ちょん・ぺ・え・まる / ちょん・ぺ・え	ピー・ちょんちょん・イー	ちょん・ぷ・い・まる / ちょん・ぷ・い	ピー・ちょん・ちょんちょん・アイ
'ぺ	p'e	'ぽ	p'o	'ぺえ / 'ぺぇ	p'ë	'ぷぃ / 'ぷい	p'ï
○無気音、あるいは喉頭の緊張有り。		○無気音、あるいは喉頭の緊張有り。		○無気音、あるいは喉頭の緊張有り。		○未報告だが準備。	
ʔpe	奄 / 宮 \ 沖 / 八	ʔpo	奄 / 宮 \ 沖 / 八	ʔpë	奄 / 宮 \ 沖 / 八	ʔpɨ ʔpɪ	奄 / 宮 \ 沖 / 八

0223		0224		0225	
にょろ・ぺ	ピー・にょろ・イー	にょろ・ぽ	ピー・にょろ・オー	にょろ・ぱ・あ・まる / にょろ・ぱ・あ	ピー・にょろ・ちょんちょん・エー
~ぺ	p̃e	~ぽ	p̃o	~ぱあ / ~ぱぁ	p̃ä
				○未報告だが準備。	
p̃e	奄 / 宮 \ 沖 / 八	p̃o	奄 / 宮 \ 沖 / 八	p̃ə̃	奄 / 宮 \ 沖 / 八

0226		0227	
ぴ・や	ピー・ワイ・エー	ぴ・ゆ	ピー・ワイ・ユー
ぴゃ	pya	ぴゅ	pyu
○有気音、あるいは喉頭の緊張無し。		○有気音、あるいは喉頭の緊張無し。	
pja	奄/宮 沖/八	pju	奄/宮 沖/八

0231		0232	
にょろ・ぴ・や	ピー・ワイ・にょろ・エー	にょろ・ぴ・ゆ	ピー・ワイ・にょろ・ユー
~ぴゃ	pyã	~ぴゅ	pyũ
		○未報告だが準備。	
pjã	奄/宮 沖/八	pjũ	奄/宮 沖/八

0235		0236	
ちょん・ぴ・や	ピー・ちょん・ワイ・エー	ちょん・ぴ・ゆ	ピー・ちょん・ワイ・ユー
'ぴゃ	p'ya	'ぴゅ	p'yu
○無気音、あるいは喉頭の緊張有り。○八重山は、与那国の語中で報告あるが弁別性は不明。		○無気音、あるいは喉頭の緊張有り。○八重山は、与那国の語中で報告あるが弁別性は不明。	
ʔpja	奄/宮 沖/八	ʔpju	奄/宮 沖/八

0228		0229		0230	
ぴ・よ	ピー・ワイ・オー	ぴ・あ・まる/ぴ・あ	ピー・ワイ・ちょんちょん・エー	ぴ・あ・まる/ぴ・あ	ピー・ワイ・やま・エー
ぴょ	pyo	ぴぁ゜/ぴぁ	pyä	ぴぁ゜/ぴぁ	pyâ
○有気音、あるいは喉頭の緊張無し。		○未報告だが準備。		○未報告だが準備。	
pjo	奄/宮 沖/八	pjə	奄/宮 沖/八	pjɑ	奄/宮 沖/八

0226 ぴゃ p

0233		0234			
にょろ・ぴ・よ	ピー・ワイ・にょろ・オー	にょろ・ぴ・あ・まる/にょろ・ぴ・あ	ピー・ワイ・にょろ・ちょんちょん・エー		
~ぴょ	pyõ	~ぴぁ゜/~ぴぁ	pyã̈		
		○未報告だが準備。			
pjõ	奄/宮 沖/八	pjə̃	奄/宮 沖/八		

0237		0238		0239	
ちょん・ぴ・よ	ピー・ちょん・ワイ・オー	ぷ・わ	ピー・ダブリュー・エー	ちょん・ぷ・わ	ピー・ちょん・ダブリュー・エー
'ぴょ	p'yo	ぷわ	pwa	'ぷわ	p'wa
○無気音、あるいは喉頭の緊張有り。		○八重山は波照間だが現在は確認できず。		○与那国。	
ʔpjo	奄/宮 沖/八	pwa	奄/宮 沖/八	ʔpwa	奄/宮 沖/八

0301		0302		0303		0304	
ば	ビー・エー	び	ビー・アイ	ぶ/ぶ・う	ビー・ユー	べ	ビー・イー
ば	ba	び	bi	ぶ/ぶう	bu	べ	be
ba	奄 沖 / 宮 八	bi	奄 沖 / 宮 八	bu	奄 沖 / 宮 八	be	奄 沖 / 宮 八

0308		0309	
ば・あ・まる/ば・あ	ビー・ちょん・ちょん・エー	べ・え・まる/べ・え	ビー・ちょん・ちょん・イー
ばぁ/ばあ	bä	べぇ/べえ	bë
bə	奄 沖 / 宮 八	bë	奄 沖 / 宮 八

0311	
ば・あ・まる/ば・あ	ビー・やま・エー
ばぁ/ばあ	bâ
bɑ	奄 沖 / 宮 八

0305		0306		0307	
ほ	ビー・オー	び・ず/ぶ・ず	ビー・ゼット・ちょんちょん・アイ	ぶ・い・まる/ぶ・い	ビー・ちょんちょん・アイ
ぼ	bo	びず/ぶず	bzï	ぶぃ/ぶい	bï
		○摩擦が強い場合。		○摩擦が弱い場合。	
bo	奄 / 沖 宮 / 八	bʐ bz	奄 / 沖 宮 / 八	bɯ bɪ, bï, bɨ	奄 / 沖 宮 / 八

0301
ば
b

0310	
ぶ・る	ビー・アール
ぶる	br
○宮古は伊良部。	
bl̩	奄 / 沖 宮 / 八

0312	
ぶ・わ	ビー・ダブリュー・エー
ぶわ	bwa
○八重山は与那国、波照間。	
bwa	奄 / 沖 宮 / 八

第2章 音の表記一覧　019

0313 にょろ・ば	ビー・にょろ・エー	0314 にょろ・び	ビー・にょろ・アイ	0315 にょろ・ぶ	ビー・にょろ・ユー	0316 にょろ・べ	ビー・にょろ・イー
~ば	bã	~び	bĩ	~ぶ	bũ	~べ	bẽ
		○未報告だが準備。					
bã	奄/宮 沖/八	bĩ	奄/宮 沖/八	bũ	奄/宮 沖/八	bẽ	奄/宮 沖/八

0319 び・や	ビー・ワイ・エー	0320 び・ゆ	ビー・ワイ・ユー
びゃ	bya	びゅ	byu
bja	奄/宮 沖/八	bju	奄/宮 沖/八

0324 にょろ・び・や	ビー・ワイ・にょろ・エー	0325 にょろ・び・ゆ	ビー・ワイ・にょろ・ユー
~びゃ	byã	~びゅ	byũ
		○未報告だが準備。	
bjã	奄/宮 沖/八	bjũ	奄/宮 沖/八

0317		
にょろ・ぼ	ビー・にょろ・オー	
~ぼ	bõ	
bõ	奄 / 沖 宮 / 八	

0318		
にょろ・ば・あ・まる / にょろ・ば・あ	ビー・にょろ・ちょんちょん・エー	
~ばぁ / ~ばあ	bã̈	
○未報告だが準備。		
bə̃	奄 / 沖 宮 / 八	

0313
~ば
b

0321		
び・よ	ビー・ワイ・オー	
びょ	byo	
bjo	奄 / 沖 宮 / 八	

0322		
び・あ・まる / び・あ	ビー・ワイ・ちょんちょん・エー	
びぁ / びあ	byä	
○未報告だが準備。		
bjə	奄 / 沖 宮 / 八	

0323		
び・あ・まる / び・あ	ビー・ワイ・やま・エー	
びぁ / びあ	byâ	
○未報告だが準備。		
bjɑ	奄 / 沖 宮 / 八	

0326		
にょろ・び・よ	ビー・ワイ・にょろ・オー	
~びょ	byõ	
bjõ	奄 / 沖 宮 / 八	

0327		
にょろ・び・あ・まる / にょろ・び・あ	ビー・ワイ・にょろ・ちょんちょん・エー	
~びぁ / ~びあ	byã̈	
○未報告だが準備。		
bjə̃	奄 / 沖 宮 / 八	

0401
た	ティー・エー
た	ta

○有気音、あるいは喉頭の緊張無し。

| ta | 奄 / 宮 | 沖 / 八 |

0402
て・い	ティー・アイ
てぃ	ti

○有気音、あるいは喉頭の緊張無し。

| ti | 奄 / 宮 | 沖 / 八 |

0403
と・う	ティー・ユー
とぅ	tu

○有気音、あるいは喉頭の緊張無し。

| tu | 奄 / 宮 | 沖 / 八 |

0404
て	ティー・イー
て	te

○有気音、あるいは喉頭の緊張無し。

| te | 奄 / 宮 | 沖 / 八 |

0407
た・あ・まる / た・あ	ティー・ちょん・ちょん・エー
たぁ / たあ	tä

| tə | 奄 / 宮 | 沖 / 八 |

0408
て・え・まる / て・え	ティー・ちょん・ちょん・イー
てぇ / てえ	të

○八重山は波照間だが現在は確認できず。

| të | 奄 / 宮 | 沖 / 八 |

0409
た・あ・まる / た・あ	ティー・やま・エー
たぁ / たあ	tâ

| tɑ | 奄 / 宮 | 沖 / 八 |

0411
にょろ・た	ティー・にょろ・エー
~た	tã

| tã | 奄 / 宮 | 沖 / 八 |

0412
にょろ・て・い	ティー・にょろ・アイ
~てぃ	tĩ

○未報告だが準備。

| tĩ | 奄 / 宮 | 沖 / 八 |

0413
にょろ・と・う	ティー・にょろ・ユー
~とぅ	tũ

| tũ | 奄 / 宮 | 沖 / 八 |

0414
にょろ・て	ティー・にょろ・イー
~て	tẽ

| tẽ | 奄 / 宮 | 沖 / 八 |

0405		0406	
と	ティー・オー	て・い・まる/ て・い	ティー・ちょん ちょん・アイ
と	to	てぃ/ てい	tï
○有気音、あるいは喉頭の緊張無し。		○有気音、あるいは喉頭の緊張無し。	
to	奄 / 沖 宮 / 八	tɨ tɪ, tï	奄 / 沖 宮 / 八

0410	
と・わ	ティー・ダブ リュー・エー
とわ	twa
○八重山は与那国。 ○波照間は現在確認できず。	
twa	奄 / 沖 宮 / 八

0415		0416	
にょろ・と	ティー・にょろ・ オー	にょろ・た・ あ・まる/にょ ろ・た・あ	ティー・にょろ・ ちょんちょん・ エー
~と	tõ	~たぁ /~たあ	tã̈
tõ	奄 / 沖 宮 / 八	tã̈	奄 / 沖 宮 / 八

0401
た
t

第2章 音の表記一覧 023

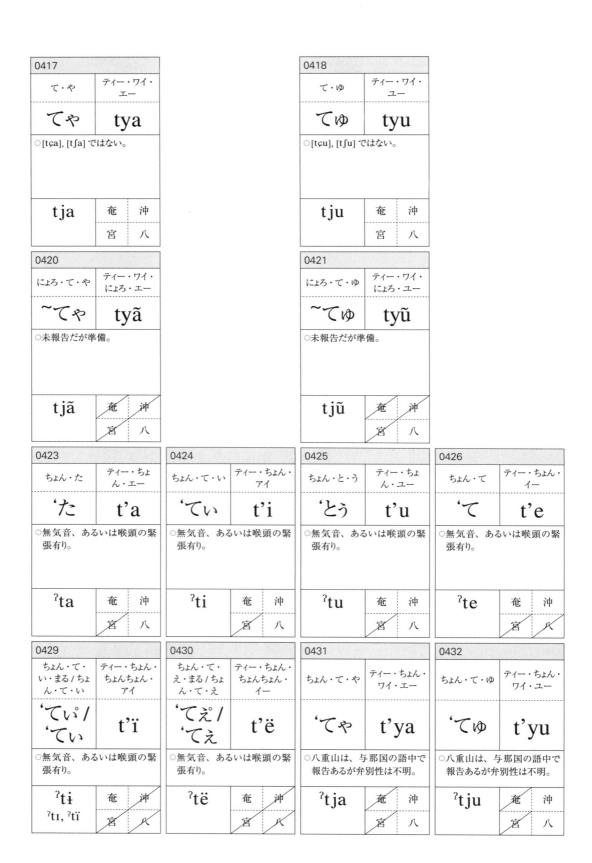

0419
て・よ	ティー・ワイ・オー
てょ	tyo

○[tɕo], [tʃo] ではない。

tjo	奄	沖
	宮	八

0422
にょろ・て・よ	ティー・ワイ・にょろ・オー
~てょ	tyõ

○未報告だが準備。

tjõ	奄	沖
	宮	八

0427
ちょん・と	ティー・ちょん・オー
'と	t'o

○無気音、あるいは喉頭の緊張有り。

ʔto	奄	沖
	宮	八

0428
ちょん・と・わ	ティー・ちょん・ダブリュー・エー
'とわ	t'wa

○与那国、未報告だが準備。

ʔtwa	奄	沖
	宮	八

0433
ちょん・て・よ	ティー・ちょん・ワイ・オー
'てょ	t'yo

○未報告だが準備。

ʔtjo	奄	沖
	宮	八

0417
てゃ
t

0501	だ	ディー・エー
	だ	da
	da	奄/沖/宮/八

0502	で・い	ディー・アイ
	でぃ	di
	di	奄/沖/宮/八

0503	ど・う	ディー・ユー
	どぅ	du
	du	奄/沖/宮/八

0504	で	ディー・イー
	で	de
	de	奄/沖/宮/八

0507	だ・あ・まる/だ・あ	ディー・ちょん・ちょん・エー
	だぁ/だあ	dä
	də	奄/沖/宮/八

0508	で・え・まる/で・え	ディー・ちょん・ちょん・イー
	でぇ/でえ	dë
○八重山は波照間だが現在は確認できず。		
	dë	奄/沖/宮/八

0509	だ・あ・まる/だ・あ	ディー・やま・エー
	だぁ/だあ	dâ
	dɑ	奄/沖/宮/八

0505			0506	
ど	ディー・オー		で・い・まる/ で・い	ディー・ちょん ちょん・アイ
ど	do		でぃ/でぃ	dï
do	奄	沖	dɨ dɪ, dï	奄 沖
	宮	八		宮 八

0510	
ど・わ	ディー・ダブ リュー・エー
どわ	dwa
○与那国、[ʔdwa] はない。 ○八重山は波照間だが現在は 確認できず。	
dwa	奄 沖
	宮 八

0501
だ
d

0511 にょろ・だ / ディー・にょろ・エー	0512 にょろ・で・ぃ / ディー・にょろ・アイ	0513 にょろ・ど・う / ディー・にょろ・ユー	0514 にょろ・で / ディー・にょろ・イー
~だ　dã	~でぃ　dĩ	~どぅ　dũ	~で　dẽ
	○未報告だが準備。		
dã　奄/宮 沖/八	dĩ　奄/宮 沖/八	dũ　奄/宮 沖/八	dẽ　奄/宮 沖/八

0517 で・や / ディー・ワイ・エー	0518 で・ゆ / ディー・ワイ・ユー
でゃ　dya	でゅ　dyu
○[dza] ではない。	
dja　奄/宮 沖/八	dju　奄/宮 沖/八

0520 にょろ・で・や / ディー・ワイ・にょろ・エー	0521 にょろ・で・ゆ / ディー・ワイ・にょろ・ユー
~でゃ　dyã	~でゅ　dyũ
○未報告だが準備。	○未報告だが準備。
djã　奄/宮 沖/八	djũ　奄/宮 沖/八

0515	
にょろ・ど	ディー・にょろ・オー
~ど	dõ
dõ	奄/宮 沖/八

0516	
にょろ・だ・あ・まる/にょろ・だ・あ	ディー・にょろ・ちょんちょん・エー
~だぁ°/~だぁ	dã
də̃	奄/宮 沖/八

0519	
で・よ	ディー・ワイ・オー
でょ	dyo
djo	奄/宮 沖/八

0522	
にょろ・で・よ	ディー・ワイ・にょろ・オー
~でょ	dyõ
○未報告だが準備。	
djõ	奄/宮 沖/八

0511
~だ
d

0601 か / ケー・エー **か** ka ○有気音、あるいは喉頭の緊張無し。 ka ｜ 奄/宮 沖/八	**0602** き / ケー・アイ **き** ki ○有気音、あるいは喉頭の緊張無し。 ki ｜ 奄/宮 沖/八	**0603** く / ケー・ユー **く** ku ○有気音、あるいは喉頭の緊張無し。 ku ｜ 奄/宮 沖/八	**0604** け / ケー・イー **け** ke ○有気音、あるいは喉頭の緊張無し。 ke ｜ 奄/宮 沖/八
0608 か・あ・まる / か・あ ／ ケー・ちょん・ちょん・エー **かぁ/かあ** kä ○竹富。 kə ｜ 奄/宮 沖/八	**0609** け・え・まる / け・え ／ ケー・ちょん・ちょん・イー **けぇ/けえ** kë ○有気音、あるいは喉頭の緊張無し。 kë ｜ 奄/宮 沖/八	**0610** か・あ・まる / か・あ ／ ケー・やま・エー **かぁ/かあ** kâ ○黒島。 kɑ ｜ 奄/宮 沖/八	**0611** ちょん・く・わ ／ ケー・ちょん・ダブリュー・エー **'くわ** k'wa ○八重山は与那国。 ○無気音、あるいは喉頭の緊張有り。 ʔkwa ｜ 奄/宮 沖/八
0615 く・い・まる ／ ケー・ダブリュー・ちょん・アイ **くぃ** kwï ○有気音、あるいは喉頭の緊張無し。 kwɨ kwɪ, kwï ｜ 奄/宮 沖/八	**0616** ちょん・く・い・まる ／ ケー・ちょん・ダブリュー・ちょん・アイ **'くぃ** k'wï ○無気音、あるいは喉頭の緊張有り。 ʔkwɨ ｜ 奄/宮 沖/八	**0617** く・え・まる ／ ケー・ダブリュー・ちょん・イー **くぇ** kwë ○有気音、あるいは喉頭の緊張無し。 kwë ｜ 奄/宮 沖/八	**0618** ちょん・く・え・まる ／ ケー・ちょん・ダブリュー・ちょんちょん・イー **'くぇ** k'wë ○無気音、あるいは喉頭の緊張有り。 ʔkwë ｜ 奄/宮 沖/八
0623 にょろ・か ／ ケー・にょろ・エー **~か** kã kã ｜ 奄/宮 沖/八	**0624** にょろ・き ／ ケー・にょろ・アイ **~き** kĩ ○未報告だが準備。 kĩ ｜ 奄/宮 沖/八	**0625** にょろ・く ／ ケー・にょろ・ユー **~く** kũ kũ ｜ 奄/宮 沖/八	**0626** にょろ・け ／ ケー・にょろ・イー **~け** kẽ kẽ ｜ 奄/宮 沖/八

ID	かな	カナ読み	表記	アルファベット	備考	音声	方言
0605	こ	ケー・オー	こ	ko	○有気音、あるいは喉頭の緊張無し。	ko	奄/宮/沖/八
0606	き・す/く・す	ケー・エス・ちょんちょん・アイ	きす/くす	ksï	○摩擦が強い場合。○大神でのアルファベット表記は「ks」とすること。	kɿ / ks	奄/宮/沖/八
0607	き・ぃ・まる/きぃ くぃ・まる/くぃ	ケー・ちょんちょん・アイ	きぃ/きぃ くぃ/くぃ	kï	○摩擦が弱い場合。○ID0615、または0619と対立する方言の場合は「きぃ/くぃ」で書くこと。	kɯ / kɪ, kɨ	奄/宮/沖/八
0648	く・ふ	ケー・エフ	くふ	kf	○大神。	kf	奄/宮/沖/八
0612	く・わ	ケー・ダブリュー・エー	くわ	kwa	○有気音、あるいは喉頭の緊張無し。	kwa	奄/宮/沖/八
0613	にょろ・く・わ	ケー・ダブリュー・にょろ・エー	~くわ	kwã		kwã	奄/宮/沖/八
0614	ちょん・く・お	ケー・ちょん・ダブリュー・オー	'くお	k'wo	○無気音、あるいは喉頭の緊張有り。	ʔkwo	奄/宮/沖/八
0650	く・お	ケー・ダブリュー・オー	くお	kwo	○有気音、あるいは喉頭の緊張無し。	kwo	奄/宮/沖/八
0619	く・い	ケー・ダブリュー・アイ	くい	kwi	○沖縄以外は未報告だが準備。	kwi	奄/宮/沖/八
0620	ちょん・く・い	ケー・ちょん・ダブリュー・アイ	'くい	k'wi	○無気音、あるいは喉頭の緊張有り。	ʔkwi	奄/宮/沖/八
0621	く・え	ケー・ダブリュー・イー	くえ	kwe	○沖縄以外は未報告だが準備。	kwe	奄/宮/沖/八
0622	ちょん・く・え	ケー・ちょん・ダブリュー・イー	'くえ	k'we	○無気音、あるいは喉頭の緊張有り。	ʔkwe	奄/宮/沖/八
0627	にょろ・こ	ケー・にょろ・オー	~こ	kõ		kõ	奄/宮/沖/八
0649	き・ゆ・まる	ケー・ワイ・ちょんちょん・アイ	きゆ	kyï	○湯湾。	kji	奄/宮/沖/八

0601 か k

0628		0629	
き・や	ケー・ワイ・エー	き・ゆ	ケー・ワイ・ユー
きゃ	kya	きゅ	kyu
○有気音、あるいは喉頭の緊張無し。		○有気音、あるいは喉頭の緊張無し。	
kja	奄 / 宮　沖 / 八	kju	奄 / 宮　沖 / 八

0634		0635	
にょろ・き・や	ケー・ワイ・にょろ・エー	にょろ・き・ゆ	ケー・ワイ・にょろ・ユー
~きゃ	kyã	~きゅ	kyũ
		○未報告だが準備。	
kjã	奄 / 宮　沖 / 八	kjũ	奄 / 宮　沖 / 八

0640		0641		0642		0643	
ちょん・か	ケー・ちょん・エー	ちょん・き	ケー・ちょん・アイ	ちょん・く	ケー・ちょん・ユー	ちょん・け	ケー・ちょん・イー
'か	k'a	'き	k'i	'く	k'u	'け	k'e
○無気音、あるいは喉頭の緊張有り。		○無気音、あるいは喉頭の緊張有り。		○無気音、あるいは喉頭の緊張有り。		○無気音、あるいは喉頭の緊張有り。	
ʔka	奄 / 宮　沖 / 八	ʔki	奄 / 宮　沖 / 八	ʔku	奄 / 宮　沖 / 八	ʔke	奄 / 宮　沖 / 八

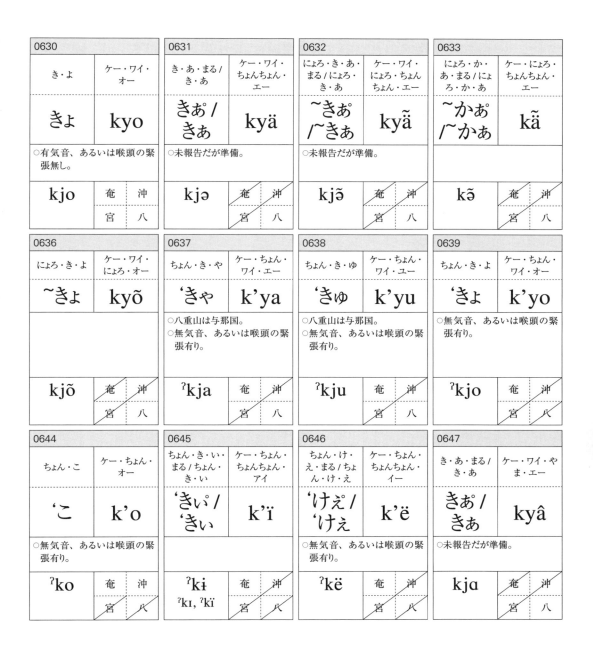

0701		0702		0703		0704	
が	ジー・エー	ぎ	ジー・アイ	ぐ	ジー・ユー	げ	ジー・イー
が	ga	ぎ	gi	ぐ	gu	げ	ge
ga	奄/宮 沖/八	gi	奄/宮 沖/八	gu	奄/宮 沖/八	ge	奄/宮 沖/八

0708						0709	
が・あ・まる/が・あ	ジー・ちょんちょん・エー					げ・え・まる/げ・え	ジー・ちょんちょん・イー
がぁ/がぁ	gä					げぇ/げぇ	gë
gə	奄/宮 沖/八					gë	奄/宮 沖/八

0710	
が・あ・まる/が・あ	ジー・やま・エー
がぁ/がぁ	gâ
○黒島。	
gɑ	奄/宮 沖/八

0711		0712		0713		0714	
にょろ・が	ジー・にょろ・エー	にょろ・ぎ	ジー・にょろ・アイ	にょろ・ぐ	ジー・にょろ・ユー	にょろ・げ	ジー・にょろ・イー
~が	gã	~ぎ	gĩ	~ぐ	gũ	~げ	gẽ
		○未報告だが準備。		○未報告だが準備。		○未報告だが準備。	
gã	奄/宮 沖/八	gĩ	奄/宮 沖/八	gũ	奄/宮 沖/八	gẽ	奄/宮 沖/八

0705		0706		0707	
ご	ジー・オー	ぎ・ず/ぐ・ず	ジー・ゼット・ちょんちょん・アイ	ぎ・い・まる/ぎ・い ぐ・い・まる/ぐ・い	ジー・ちょんちょん・アイ
ご	go	ぎず/ぐず	gzï	ぎぃ/ぎい ぐぃ/ぐい	gï
		○摩擦が強い場合。		○摩擦が弱い場合。 ○ID0727と対立する方言の場合は「ぎぃ/ぎい」で書くこと。	
go	奄 / 沖 宮 / 八	gʑ gz	奄 / 沖 宮 / 八	gɯ gï, gɪ, gɨ	奄 / 沖 宮 / 八

0701
が
g

0715		0716	
にょろ・ご	ジー・にょろ・オー	にょろ・が・あ	ジー・にょろ・ちょんちょん・エー
~ご	gõ	~がぁ	gã̈
○未報告だが準備。		○未報告だが準備。	
gõ	奄 / 沖 宮 / 八	gã̈	奄 / 沖 宮 / 八

0717		0718	
ぎ・ゃ	ジー・ワイ・エー	ぎ・ゅ	ジー・ワイ・ユー
ぎゃ	gya	ぎゅ	gyu
gja	奄/沖 宮/八	gju	奄/沖 宮/八

0722		0723	
にょろ・ぎ・ゃ	ジー・ワイ・にょろ・エー	にょろ・ぎ・ゅ	ジー・ワイ・にょろ・ユー
~ぎゃ	gyã	~ぎゅ	gyũ

○未報告だが準備。

| gjã | 奄/沖 宮/八 | gjũ | 奄/沖 宮/八 |

0726		0727		0728	
ぐ・わ	ジー・ダブリュー・エー	ぐ・い	ジー・ダブリュー・アイ	ぐ・え	ジー・ダブリュー・イー
ぐわ	gwa	ぐぃ	gwi	ぐぇ	gwe
gwa	奄/沖 宮/八	gwi	奄/沖 宮/八	gwe	奄/沖 宮/八

0719			0720			0721		
ぎ・よ		ジー・ワイ・オー	ぎ・あ・まる/ぎ・あ		ジー・ワイ・ちょんちょん・エー	ぎ・あ・まる/ぎ・あ		ジー・ワイ・やま・エー
ぎょ		gyo	ぎぁ゜/ぎぁ		gyä	ぎぁ゜/ぎぁ		gyâ
			○未報告だが準備。			○未報告だが準備。		
gjo			gjə	奄宮	沖八	gjɑ	奄宮	沖八

0724			0725			0731		
にょろ・ぎ・よ		ジー・ワイ・にょろ・オー	にょろ・ぎ・あ・まる/にょろ・ぎ・あ		ジー・ワイ・にょろ・ちょん・エー	ぎ・ゆ・まる		ジー・ワイ・ちょんちょん・アイ
~ぎょ		gyõ	~ぎぁ゜/~ぎぁ		gyä̃	ぎゅ		gyï
			○未報告だが準備。			○湯湾。		
gjõ	奄宮	沖八	gjə̃	奄宮	沖八	gjï	奄宮	沖八

0729			0730		
ぐ・お		ジー・ダブリュー・オー	ぐ・え・まる		ジー・ダブリュー・ちょんちょん・イー
ぐぉ		gwo	ぐぇ		gwë
○沖縄、未報告だが準備。					
gwo	奄宮	沖八	gwë	奄宮	沖八

0801 ふ・あ / エフ・エー	0802 ふぃ / エフ・アイ	0803 ふ / エフ・ユー	0804 ふぇ / エフ・イー
ふぁ / fa	ふぃ / fi	ふ / fu	ふぇ / fe
fa 　奄/沖/宮/八	fi 　奄/沖/宮/八	fu 　奄/沖/宮/八	fe 　奄/沖/宮/八

0807 にょろ・ふ・あ / エフ・にょろ・エー	0808 ふ・え・まる / エフ・ちょんちょん・イー	0809 ふ・や / エフ・ワイ・エー	0810 ふ・ゆ / エフ・ワイ・ユー
~ふぁ / fã	ふë / fë	ふゃ / fya	ふゅ / fyu
○西表。	○八重山は波照間。		
fã 　奄/沖/宮/八	fë 　奄/沖/宮/八	fja 　奄/沖/宮/八	fju 　奄/沖/宮/八

0813 ふ・あ / エイチ・ダブリュー・エー	0814 ふ・い / エイチ・ダブリュー・アイ	0815 ふ / エイチ・ダブリュー・ユー	0816 ふ・え / エイチ・ダブリュー・イー
ふぁ / hwa	ふぃ / hwi	ふ / hwu	ふぇ / hwe
○ID0801と区別がなくても、アルファベット表記はhwを使う。○"F"はIPAではないが、先行文献の中に用いられている記号であるため載せた。	○ID0802と区別がなくても、アルファベット表記はhwを使う。	○ɸuとhuを区別する場合のɸu。○ID0803と区別がなくても、アルファベット表記はhwを使う。○"F"はIPAではないが、先行文献の中に用いられている記号であるため載せた。	○ID0804と区別がなくても、アルファベット表記はhwを使う。
ɸa Fa 　奄/沖/宮/八	ɸi 　奄/沖/宮/八	ɸu Fu 　奄/沖/宮/八	ɸe 　奄/沖/宮/八

0821 にょろ・ふ・あ / エイチ・ダブリュー・にょろ・エー	0822 にょろ・ふ・い / エイチ・ダブリュー・にょろ・アイ	0823 にょろ・ふ / エイチ・ダブリュー・にょろ・ユー	0824 にょろ・ふ・え / エイチ・ダブリュー・にょろ・イー
~ふぁ / hwã	~ふぃ / hwĩ	~ふ / hwũ	~ふぇ / hwẽ
	○未報告だが準備。		○未報告だが準備。
ɸã 　奄/沖/宮/八	ɸĩ 　奄/沖/宮/八	ɸũ 　奄/沖/宮/八	ɸẽ 　奄/沖/宮/八

0805
ふ・お / エフ・オー
ふぉ / fo
fo 奄/沖/宮/八

0806
ふ・い・まる / ふ・う・まる / エフ・ちょんちょん・アイ
ふぃ / ふぅ / fï
○八重山は波照間。
fï / fï 奄/沖/宮/八

0811
ふ・よ / エフ・ワイ・オー
ふょ / fyo
fjo 奄/沖/宮/八

0812
ふ・わ / エフ・ダブリュー・エー
ふゎ / fwa
○波照間、ffa が妥当ではないかを検討した上で使用すべき。
fwa 奄/沖/宮/八

0817
ふ・お / エイチ・ダブリュー・オー
ふぉ / hwo
○沖縄、未報告だが準備。
○ID0805 と区別がなくても、アルファベット表記は hw を使う。
ɸo 奄/沖/宮/八

0818
ふ・い・まる / ふ・う・まる / エイチ・ダブリュー・ちょんちょん・アイ
ふぃ / ふぅ / hwï
○"F" は IPA ではないが、先行文献の中に用いられている記号であるため載せた。
ɸï / Fï 奄/沖/宮/八

0819
ふ・あ・まる / エイチ・ダブリュー・ちょんちょん・エー
ふぁ / hwä
○未報告だが準備。
ɸə 奄/沖/宮/八

0820
ふ・え・まる / エイチ・ダブリュー・ちょんちょん・イー
ふぇ / hwë
○"F" は IPA ではないが、先行文献の中に用いられている記号であるため載せた。
ɸë / Fë 奄/沖/宮/八

0801
ふぁ
f

0825
にょろ・ふ・お / エイチ・ダブリュー・にょろ・オー
~ふぉ / hwõ
○未報告だが準備。
ɸõ 奄/沖/宮/八

0826
にょろ・ふ・あ・まる / エイチ・ダブリュー・にょろ・ちょんちょん・エー
~ふぁ / hwä̃
○未報告だが準備。
ɸə̃ 奄/沖/宮/八

0827
ふ・あ・まる / エイチ・ダブリュー・やま・エー
ふぁ / hwâ
○黒島。
ɸɑ 奄/沖/宮/八

第 2 章　音の表記一覧

0901		0902		0903		0904	
う・てんてん・あ	ブイ・エー	う・てんてん・い	ブイ・アイ	う・てんてん・う	ブイ・ユー	う・てんてん・え	ブイ・イー
ゔぁ	va	ゔぃ	vi	ゔう	vu	ゔぇ	ve
○宮古ではしばしばwaで書かれる。対立もないと考えられる。							
va / ʋa	奄/宮 沖/八	vi / ʋi	奄/宮 沖/八	vu / ʋu	奄/宮 沖/八	ve	奄/宮 沖/八

0907		0908	
う・てんてん・や	ブイ・ワイ・エー	う・てんてん・ゆ	ブイ・ワイ・ユー
ゔゃ	vya	ゔゅ	vyu
vja / ʋja	奄/宮 沖/八	vju / ʋju	奄/宮 沖/八

0905	
う・てんてん・お	ブイ・オー
ゔぉ	vo
vo	奄／沖 宮／八

0906	
う・てんてん・い・まる	ブイ・ちょん・ちょん・アイ
ゔぃ	vï
○多良間。	
vɨ	奄／沖 宮／八

0909	
う・てんてん・よ	ブイ・ワイ・オー
ゔょ	vyo
○未報告だが準備。	
vjo	奄／沖 宮／八

0901
ゔぁ
v

1001
や	ワイ・エー
や	**ya**

○喉頭の緊張無し。

ja	奄	沖
	宮	八

1002
い・てんてん	ワイ・アイ
ゞ	**yi**

○iとjiを区別する場合のji。
○沖永良部のように話者が明確に「ヤ行」と意識している場合に用いる。

ji	奄	沖
	宮	八

1003
ゆ	ワイ・ユー
ゆ	**yu**

○喉頭の緊張無し。

ju	奄	沖
	宮	八

1004
い・え	ワイ・イー
いえ	**ye**

○喉頭の緊張無し。

je	奄	沖
	宮	八

1008
にょろ・や	ワイ・にょろ・エー
~や	**yã**

jã	奄	沖
	宮	八

★「いぃ」という表記は長母音と間違いやすいという意見が方言話者から出たために採用しなかった。

1009
にょろ・ゆ	ワイ・にょろ・ユー
~ゆ	**yũ**

○未報告だが準備。

jũ	奄	沖
	宮	八

1010
にょろ・い・え	ワイ・にょろ・イー
~いえ	**yẽ**

○未報告だが準備。

jẽ	奄	沖
	宮	八

1014
ちょん・や／い・や	ワイ・ちょん・エー
'や／いや	**y'a**

○喉頭の緊張有り。

ʔja	奄	沖
	宮	八

1015
ちょん・ゆ／い・ゆ	ワイ・ちょん・ユー
'ゆ／いゆ	**y'u**

○喉頭の緊張有り。

ʔju	奄	沖
	宮	八

1016
ちょん・い・え	ワイ・ちょん・イー
'いえ	**y'e**

○八重山、未報告だが準備。
○喉頭の緊張有り。

ʔje	奄	沖
	宮	八

1005			1006			1007		
よ		ワイ・オー	や・あ・まる/ や・あ		ワイ・ちょん ちょん・エー	や・あ・まる/ や・あ		ワイ・やま・ エー
よ		yo	やぁ/ やあ		yä	やぁ/ やあ		yâ
○喉頭の緊張無し。			○未報告だが準備。			○黒島。		
jo	奄 宮	沖 八	jə	奄 宮	沖 八	jɑ	奄 宮	沖 八

1011			1012			1013		
にょろ・よ		ワイ・にょろ・ オー	にょろ・や・ あ・まる/にょ ろ・や・あ		ワイ・にょろ・ ちょんちょん・ エー	い・てんてん・ い・まる/い・ てんてん・い		ワイ・ちょん ちょん・アイ
~よ		yõ	~やぁ /~やあ		ỹä	いぃ/ いぃ		yï
			○未報告だが準備。			○奄美以外、未報告だが準備。		
jõ	奄 宮	沖 八	jə̃	奄 宮	沖 八	jɨ	奄 宮	沖 八

1017			1018			1020		
ちょん・よ/い・ よ		ワイ・ちょん・ オー	い・てんてん・ え・まる/い・ え・まる		ワイ・ちょん ちょん・イー	ちょん・い・て んてん・い・ま る/ちょん・い・ てんてん・い		ワイ・ちょん・ ちょんちょん・ アイ
'よ/ いよ		y'o	いぇ/ いぇ		yë	'いぃ/ 'いぃ		y'ï
○八重山、未報告だが準備。 ○喉頭の緊張有り。			○湯湾。			○湯湾。		
ʔjo	奄 宮	沖 八	jë	奄 宮	沖 八	ʔjɨ	奄 宮	沖 八

1101 わ w

1105
う・お	ダブリュー・オー
うぉ	wo
wo	奄/沖 宮/八

1106
わ・あ・まる/わ・あ	ダブリュー・ちょんちょん・エー
わぁ/わあ	wä
○未報告だが準備。	
wə	奄/沖 宮/八

1107
わ・あ・まる/わ・あ	ダブリュー・やま・エー
わぁ/わあ	wâ
○黒島。	
wɑ	奄/沖 宮/八

1111
にょろ・う・お	ダブリュー・にょろ・オー
~うぉ	wõ
○未報告だが準備。	
wõ	奄/沖 宮/八

1112
にょろ・わ・あ・まる/にょろ・わ・あ	ダブリュー・にょろ・ちょんちょん・エー
~わぁ/~わあ	wä̃
○未報告だが準備。	
wə̃	奄/沖 宮/八

1117
う・え・まる	ダブリュー・ちょんちょん・イー
うぇ	wë
○喉頭の緊張無し。	
wë wə	奄/沖 宮/八

1118
にょろ・う・や	ダブリュー・ワイ・にょろ・エー
~うゃ	wyã
○八重山は祖納（西表）。	
wjã	奄/沖 宮/八

1121
ちょん・う・え・まる	ダブリュー・ちょん・ちょん・ちょん・イー
'うぇ	w'ë
○喉頭の緊張有り。	
ˀwë ˀwə	奄/沖 宮/八

第 2 章　音の表記一覧

1201		1202		1203		1204	
ま	エム・エー	み	エム・アイ	む	エム・ユー	め	エム・イー
ま	ma	み	mi	む	mu	め	me
○喉頭の緊張無し。		○喉頭の緊張無し。		○喉頭の緊張無し。		○喉頭の緊張無し。	
ma	奄/宮 沖/八	mi / mji	奄/宮 沖/八	mu	奄/宮 沖/八	me	奄/宮 沖/八

1208				1209	
ま・あ・まる/ま・あ	エム・ちょん・エー			め・え・まる/め・え	エム・ちょん・ちょん・イー
まぁ/まあ	mä			めぇ/めえ	më
○竹富。				○宮古は多良間。	
mə	奄/宮 沖/八			më	奄/宮 沖/八

1211		1212		1213	
ま・あ・まる/ま・あ	エム・やま・エー	ちょん・ま	エム・ちょん・エー	ちょん・み	エム・ちょん・アイ
まぁ/まあ	mâ	'ま	m'a	'み	m'i
○黒島。		○喉頭の緊張有り。		○喉頭の緊張有り。	
mɑ	奄/宮 沖/八	ʔma	奄/宮 沖/八	ʔmi	奄/宮 沖/八

1218		1219		1220		1221	
にょろ・ま	エム・にょろ・エー	にょろ・み	エム・にょろ・アイ	にょろ・む	エム・にょろ・ユー	にょろ・め	エム・にょろ・イー
~ま	mã	~み	mĩ	~む	mũ	~め	mẽ
mã	奄/宮 沖/八	mĩ	奄/宮 沖/八	mũ	奄/宮 沖/八	mẽ	奄/宮 沖/八

1205		1206		1207	
も	エム・オー	み・ず / む・ず	エム・ゼット・ちょんちょん・アイ	む・い・まる / む・い	エム・ちょん・ちょん・アイ
も	mo	みず / むず	mzï	むぃ / むい	mï
○喉頭の緊張無し。		○摩擦が強い場合。		○摩擦が弱い場合。	
mo	奄 / 沖 / 宮 / 八	mz / mz	奄 / 沖 / 宮 / 八	mɯ / mɨ, mï, mi, mɪ	奄 / 沖 / 宮 / 八

1210	
む・る	エム・アール
むる	mr
○宮古は伊良部。	
mlˌ	奄 / 沖 / 宮 / 八

1214		1215		1216		1217	
ちょん・む	エム・ちょん・ユー	ちょん・め	エム・ちょん・イー	ちょん・も	エム・ちょん・オー	ちょん・む・い・まる / ちょん・む・い	エム・ちょん・ちょんちょん・アイ
'む	m'u	'め	m'e	'も	m'o	'むぃ / 'むい	m'ï
○喉頭の緊張有り。		○喉頭の緊張有り。		○喉頭の緊張有り。		○喉頭の緊張有り。	
ˀmu	奄 / 沖 / 宮 / 八	ˀme	奄 / 沖 / 宮 / 八	ˀmo	奄 / 沖 / 宮 / 八	ˀmɨ	奄 / 沖 / 宮 / 八

1222		1223	
にょろ・も	エム・にょろ・オー	にょろ・ま・あ・まる / にょろ・ま・あ	エム・にょろ・ちょんちょん・エー
~も	mõ	~まぁ / ~まあ	mä̃
		○未報告だが準備。	
mõ	奄 / 沖 / 宮 / 八	mə̃	奄 / 沖 / 宮 / 八

1224			1225		
み・や	エム・ワイ・エー		み・ゆ	エム・ワイ・ユー	
みゃ	mya		みゅ	myu	
mja	奄	沖	mju	奄	沖
	宮	八		宮	八

1229			1230		
にょろ・み・や	エム・ワイ・にょろ・エー		にょろ・み・ゆ	エム・ワイ・にょろ・ユー	
~みゃ	myã		~みゅ	myũ	
			○未報告だが準備。		
mjã	奄	沖	mjũ	奄	沖
	宮	八		宮	八

1233			1234		
ちょん・み・や	エム・ちょん・ワイ・エー		ちょん・み・ゆ	エム・ちょん・ワイ・ユー	
'みゃ	m'ya		'みゅ	m'yu	
○喉頭の緊張有り。			○未報告だが準備。		
ʔmja	奄	沖	ʔmju	奄	沖
	宮	八		宮	八

1226		1227		1228		1237	
み・よ	エム・ワイ・オー	み・あ・まる/み・あ	エム・ワイ・ちょんちょん・エー	み・あ・まる/み・あ	エム・ワイ・やま・エー	み・ゆ・まる	エム・ワイ・ちょんちょん・アイ
みよ	myo	みぁ/みあ	myä	みぁ/みあ	myâ	みゅ	myï
		○未報告だが準備。		○未報告だが準備。		○湯湾。	
mjo	奄 / 宮 沖 / 八	mjə	奄 / 宮 沖 / 八	mjɑ	奄 / 宮 沖 / 八	mjï	奄 / 宮 沖 / 八

1231	
にょろ・み・よ	エム・ワイ・にょろ・オー
~みよ	myõ
mjõ	奄 / 宮 沖 / 八

1235		1236	
ちょん・み・よ	エム・ちょん・ワイ・オー	む・わ	エム・ダブリュー・エー
'みよ	m'yo	むゎ	mwa
○奄美、未報告だが準備。		○八重山は与那国。 ○波照間は現在確認できず。	
ʔmjo	奄 / 宮 沖 / 八	mwa	奄 / 宮 沖 / 八

みゃ
m

1301		1302		1303		1304	
な	エヌ・エー	に	エヌ・アイ	ぬ	エヌ・ユー	ね	エヌ・イー
な	na	に	ni	ぬ	nu	ね	ne
○喉頭の緊張無し。		○ɲiとni/nɪを区別しない場合。 ○ɲiとni/nɪを区別する場合のɲi。 ○喉頭の緊張無し。		○喉頭の緊張無し。		○喉頭の緊張無し。 ○neとɲeを区別しない場合。	
na	奄/宮 沖/八	ɲi nji, ni, nɪ	奄/宮 沖/八	nu	奄/宮 沖/八	ne ɲe	奄/宮 沖/八

1307				1308	
な・あ・まる/な・あ	エヌ・ちょん・ちょん・エー			ね・え・まる/ね・え	エヌ・ちょん・イー
なぁ/なあ	nä			ねぇ/ねえ	në
○竹富。					
nə	奄/宮 沖/八			në	奄/宮 沖/八

1309				1310		1311	
な・あ・まる/な・あ	エヌ・やま・エー			ちょん・な	エヌ・ちょん・エー	ちょん・に	エヌ・ちょん・アイ
なぁ/なあ	nâ			'な	n'a	'に	n'i
○黒島。				○喉頭の緊張有り。		○喉頭の緊張有り。	
nɑ	奄/宮 沖/八			ʔna	奄/宮 沖/八	ʔɲi ʔni	奄/宮 沖/八

1315		1316		1317		1318	
にょろ・な	エヌ・にょろ・エー	にょろ・に	エヌ・にょろ・アイ	にょろ・ぬ	エヌ・にょろ・ユー	にょろ・ね	エヌ・にょろ・イー
~な	nã	~に	nĩ	~ぬ	nũ	~ね	nẽ
		○未報告だが準備。					
nã	奄/宮 沖/八	nĩ	奄/宮 沖/八	nũ	奄/宮 沖/八	nẽ	奄/宮 沖/八

1305		1306	
の	エヌ・オー	ぬ・い・まる/ぬ・い	エヌ・ちょんちょん・アイ
の	no	ぬぃ/ぬい	nï
○喉頭の緊張無し。		○ɲiとni/nɪを区別する場合のni/nɪ。 ○八重山のnǐ。	
no	奄/宮 沖/八	nɯ nï, ɲï, ɲɨ, nɨ, ni, nɪ	奄/宮 沖/八

1348		1349	
き・まる・い・まる/き・まる・い	エング・ちょんちょん・アイ/にょろ・ジー・ちょんちょん・あい	け・まる・え・まる/け・まる・え	エング・ちょんちょん・イー/にょろ・ジー・ちょんちょん・イー
ぎぃ/ぎぃ	ŋï/~gï	げぇ/げぇ	ŋë/~gë
○小野津。		○奄美は小野津。	
ŋï ŋɨ, ŋɪ	奄/宮 沖/八	ŋë	奄/宮 沖/八

1312		1313		1314		1341	
ちょん・ぬ	エヌ・ちょん・ユー	ちょん・ね	エヌ・ちょん・イー	ちょん・の	エヌ・ちょん・オー	く・まる・わ	エング・ダブリュー・エー/にょろ・ジー・ダブリュー・エー
'ぬ	n'u	'ね	n'e	'の	n'o	ぐゎ	ŋwa/~gwa
○未報告だが準備。 ○喉頭の緊張有り。		○喉頭の緊張有り。		○未報告だが準備。 ○喉頭の緊張有り。			
ʔnu	奄/宮 沖/八	ʔne	奄/宮 沖/八	ʔno	奄/宮 沖/八	ŋwa	奄/宮 沖/八

1319		1320		1321		1322	
にょろ・の	エヌ・にょろ・オー	にょろ・な・あ・まる/にょろ・な・あ	エヌ・にょろ・ちょんちょん・エー	にょろ・に・あ・まる/にょろ・に・あ	エヌ・ワイ・にょろ・ちょんちょん・エー	に・あ・まる/に・あ	エヌ・ワイ・ちょんちょん・エー
~の	nõ	~なぁ/~なあ	nä̃	~にぁ/~にあ	nyä̃	にぁ/にあ	nyä
		○未報告だが準備。		○未報告だが準備。		○未報告だが準備。	
nõ	奄/宮 沖/八	nə̃	奄/宮 沖/八	ɲə̃ njə̃	奄/宮 沖/八	ɲə njə	奄/宮 沖/八

1301 な n

1323		1324		1325		1326	
に・や	エヌ・ワイ・エー	に・ゆ	エヌ・ワイ・ユー	に・よ	エヌ・ワイ・オー	にょろ・に・や	エヌ・ワイ・にょろ・エー
にゃ	nya	にゅ	nyu	にょ	nyo	~にゃ	nyã
○喉頭の緊張無し。		○喉頭の緊張無し。		○喉頭の緊張無し。			
ɲa nja	奄宮 / 沖八	ɲu nju	奄宮 / 沖八	ɲo njo	奄宮 / 沖八	ɲã njã	奄宮 / 沖八

1331		1332		1333		1334	
ちょん・に・や	エヌ・ちょん・ワイ・エー	ちょん・に・ゆ	エヌ・ちょん・ワイ・ユー	ちょん・に・よ	エヌ・ちょん・ワイ・オー	ちょん・ぬ・い・まる / ちょん・ぬ・い	エヌ・ちょん・ちょんちょん・アイ
'にゃ	n'ya	'にゅ	n'yu	'によ	n'yo	'ぬぃ / 'ぬい	n'ï
○喉頭の緊張有り。		○喉頭の緊張有り。		○喉頭の緊張有り。 ○沖縄、未報告だが準備。		○未報告だが準備。	
ʔɲa ʔnja	奄宮 / 沖八	ʔɲu ʔnju	奄宮 / 沖八	ʔɲo ʔnjo	奄宮 / 沖八	ʔnɨ	奄宮 / 沖八

1335		1336		1337		1338	
き・まる・や	エング・ワイ・エー / にょろ・ジー・ワイ・エー	き・まる・ゆ	エング・ワイ・ユー / にょろ・ジー・ワイ・ユー	ぬ・わ	エヌ・ダブリュー・エー	か・まる	エング・エー / にょろ・ジー・エー
ぎゃ	ŋya/~gya	ぎゅ	ŋyu/~gyu	ぬゎ	nwa	が	ŋa/~ga
						○八重山は与那国。	
ŋja	奄宮 / 沖八	ŋju	奄宮 / 沖八	nwa	奄宮 / 沖八	ŋa	奄宮 / 沖八

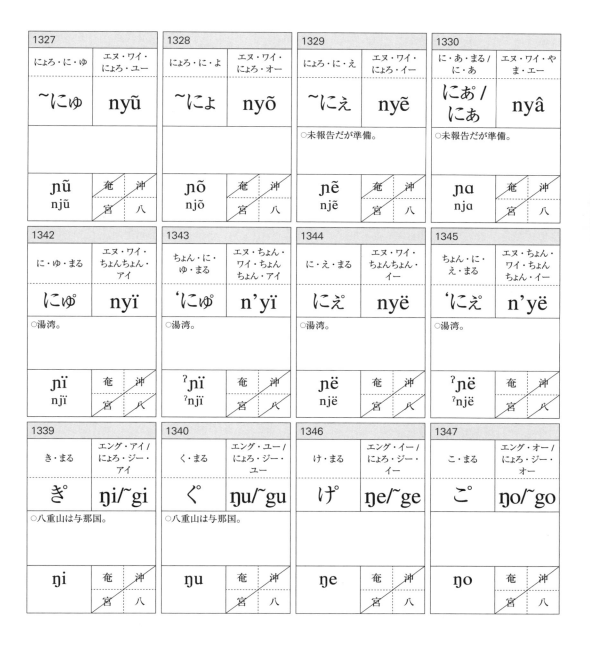

ID	仮名	ローマ字表記	発音	報告地域
1401	さ	エス・エー / sa	sa	奄/沖/宮/八
1402	し	エス・エイチ・アイ / エス・ワイ・アイ / shi/syi	ʃi / ɕi	奄/沖/宮/八
1403	す/すぅ	エス・ユー / su	su	奄/沖/宮/八
		○ID1406と対立する方言の場合は「すぅ」で書くこと。		
1404	せ	エス・イー / se	se	奄/沖/宮/八
1408	さぁ/さぁ	エス・ちょん・ちょん・エー / sä	sə	奄/沖/宮/八
		○竹富。		
1409	すぃ	エス・アイ / si	si	奄/沖/宮/八
		○報告は伊江島、多良間、首里。○奄美は報告ないが準備。		
1410	せぇ/せぇ	エス・ちょん・ちょん・イー / së	së	奄/沖/宮/八
1412	さぁ/さぁ	エス・やま・エー / sâ	sɑ	奄/沖/宮/八
		○黒島。		
1413	～さ	エス・にょろ・エー / sã	sã	奄/沖/宮/八
1414	～すぃ	エス・にょろ・アイ / sĩ	sĩ	奄/沖/宮/八
		○未報告だが準備。		
1415	～す	エス・にょろ・ユー / sũ	sũ	奄/沖/宮/八
1416	～せ	エス・にょろ・イー / sẽ	sẽ	奄/沖/宮/八
		○未報告だが準備。		

1405		1406		1407	
そ	エス・オー	す	エス・ちょん ちょん・アイ	す・い・まる／ す・い	エス・ちょん ちょん・アイ
そ	so	す	sï	すぃ／すい	sï
so	奄／沖 宮／八	sɿ sï, sɨ, sɯ	奄／沖 宮／八	sɨ sï, sɯ	奄／沖 宮／八

1411	
し・い・まる／ し・い	エス・エイチ・ちょんちょん・アイ／エス・ワイ・ちょんちょん・アイ
しぃ／しい	shï／syï
ʃɨ çɨ, çɪ, çï, ʃɪ, ʃï	奄／沖 宮／八

1432	
す・わ	エス・ダブリュー・エー
すわ	swa
○八重山は与那国。 ○波照間は現在確認できず。	
swa	奄／沖 宮／八

1417		1418	
にょろ・そ	エス・にょろ・オー	にょろ・さ・あ・まる／にょろ・さ・あ	エス・にょろ・ちょんちょん・エー
~そ	sõ	~さぁ／~さぃ	sã̈
		○未報告だが準備。	
sõ	奄／沖 宮／八	sã̈	奄／沖 宮／八

1401 さ s

1419		1420		1421	
し・や	エス・エイチ・エー / エス・ワイ・エー	し・ゆ	エス・エイチ・ユー / エス・ワイ・ユー	し・え	エス・エイチ・イー / エス・ワイ・イー
しゃ	sha/sya	しゅ	shu/syu	しぇ	she/sye
ʃa ça	奄宮 / 沖八	ʃu çu	奄宮 / 沖八	ʃe çe	奄宮 / 沖八

1425		1426		1427		1428	
にょろ・し・や	エス・エイチ・にょろ・エー / エス・ワイ・にょろ・エー	にょろ・し	エス・エイチ・にょろ・アイ / エス・ワイ・にょろ・アイ	にょろ・し・ゆ	エス・エイチ・にょろ・ユー / エス・ワイ・にょろ・ユー	にょろ・し・え	エス・エイチ・にょろ・イー / エス・ワイ・にょろ・イー
~しゃ	shã/syã	~し	shĩ/syĩ	~しゅ	shũ/syũ	~しぇ	shẽ/syẽ
		○未報告だが準備。		○未報告だが準備。			
ʃã	奄宮 / 沖八	ʃĩ	奄宮 / 沖八	ʃũ	奄宮 / 沖八	ʃẽ	奄宮 / 沖八

1422		1423		1424	
し・よ	エス・エイチ・オー/エス・ワイ・オー	し・あ・まる/し・あ	エス・エイチ・ちょんちょん・エー/エス・ワイ・ちょんちょん・エー	し・え・まる	エス・エイチ・ちょんちょん・イー/エス・ワイ・ちょんちょん・イー
しょ	sho/syo	しぁ/しあ	shä/syä	しぇ	shë/syë
		○竹富。			
ʃo ço	奄 沖 宮 八	ʃə çə	奄 沖 宮 八	ʃë	奄 沖 宮 八

1429		1430		1431	
にょろ・し・よ	エス・エイチ・にょろ・オー/エス・ワイ・にょろ・オー	にょろ・し・あ・まる/にょろ・し・あ	エス・エイチ・にょろ・ちょんちょん・エー/エス・ワイ・にょろ・ちょんちょん・エー	し・あ・まる/し・あ	エス・エイチ・やま・エー/エス・ワイ・やま・エー
~しょ	shõ/syõ	~しぁ/~しあ	shä̃/syä̃	しぁ/しあ	shâ/syâ
				○未報告だが準備。	
ʃõ	奄 沖 宮 八	ʃə̃ çə̃	奄 沖 宮 八	ʃɑ çɑ	奄 沖 宮 八

1419 しゃ s

1501		1502	
づぃ/ず・い	ゼット・アイ	ず・い	ゼット・アイ
づぃ/ずぃ	zi	ずぃ	zi
○首里。		○宮古（多良間は除く）では、CCV構造限定。	
zi	奄/宮 沖/八	zi	奄/宮 沖/八

1601		1602		1603		1604	
ざ	ゼット・エー	じ	ジェー・アイ/ゼット・ワイ・アイ	ず/ず・う	ゼット・ユー	ぜ	ゼット・イー
ざ	za	じ	ji/zyi	ず/ずぅ	zu	ぜ	ze
		○(d)ziと(d)zi/(d)ʒiを区別しない場合。		○ID1606と対立する方言の場合は「ずぅ」で書くこと。			
(d)za	奄/宮 沖/八	(d)ʒi (d)ʑi	奄/宮 沖/八	(d)zu	奄/宮 沖/八	(d)ze	奄/宮 沖/八

1608		1609	
ざ・あ・まる/ざ・あ	ゼット・ちょん・ちょん・エー	ぜ・え・まる/ぜ・え	ゼット・ちょん・ちょん・イー
ざぁ/ざぁ	zä	ぜぇ/ぜえ	zë
○竹富。			
(d)zə	奄/宮 沖/八	(d)zë	奄/宮 沖/八

1611	
ざ・あ・まる/ざ・あ	ゼット・やま・エー
ざぁ/ざぁ	zâ
○黒島。	
(d)zɑ	奄/宮 沖/八

1605	
ぞ	ゼット・オー
ぞ	zo
○八重山は黒島。	
(d)zo	奄 沖 / 宮 八

1606	
ず	ディー・ゼット・ちょんちょん・アイ
ず	dzï
(d)zɯ	奄 沖 / 宮 八
(d)zï, (d)zɨ, (d)zɿ, (d)z	

1607	
ず・い・まる / ず・い	ディー・ゼット・ちょんちょん・アイ / ゼット・ちょんちょん・アイ
ずぃ / ずぃ	dzï/zï
○アルファベット表記は奄美では右側、八重山では左側を原則とする。	
(d)zɨ	奄 沖 / 宮 八
(d)zï, (d)z	

1610	
じ・い・まる / じ・い	ジェー・ちょんちょん・アイ / ゼット・ワイ・ちょんちょん・アイ
じぃ / じぃ	jï/zyï
(d)ʒɨ	奄 沖 / 宮 八
(d)zɨ, (d)ʑï, (d)zɿ, (d)ʒɪ, (d)ʒï	

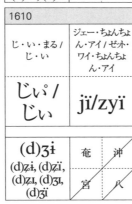

1612		1613		1614		1615	
にょろ・ざ	ゼット・にょろ・エー	にょろ・じ	ジェー・にょろ・アイ / ゼット・ワイ・にょろ・アイ	にょろ・ず / にょろ・ず・う	ゼット・にょろ・ユー	にょろ・ぜ	ゼット・にょろ・イー
~ざ	z̃ã	~じ	j̃ĩ/zỹĩ	~ず / ~ずう	z̃ũ	~ぜ	z̃ẽ
(d)z̃ã	奄／沖　宮／八	(d)z̃ĩ	奄／沖　宮／八	(d)z̃ũ	奄／沖　宮／八	(d)z̃ẽ	奄／沖　宮／八

1619				1620		1621	
じ・や	ジェー・エー / ゼット・ワイ・エー			じ・ゆ	ジェー・ユー / ゼット・ワイ・ユー	じ・え	ジェー・イー / ゼット・ワイ・イー
じゃ	ja/zya			じゅ	ju/zyu	じぇ	je/zye
(d)ʒa (d)ʑa	奄／沖　宮／八			(d)ʒu (d)ʑu	奄／沖　宮／八	(d)ʒe (d)ʑe	奄／沖　宮／八

1625		1626		1627		1628	
にょろ・じ・や	ジェー・にょろ・エー / ゼット・ワイ・にょろ・エー	にょろ・じ	ジェー・にょろ・アイ / ゼット・ワイ・にょろ・アイ	にょろ・じ・ゆ	ジェー・にょろ・ユー / ゼット・ワイ・にょろ・ユー	にょろ・じ・え	ジェー・にょろ・イー / ゼット・ワイ・にょろ・イー
~じゃ	j̃ã/zỹã	~じ	j̃ĩ/zỹĩ	~じゅ	j̃ũ/zỹũ	~じぇ	j̃ẽ/zỹẽ
(d)ʒ̃ã (d)ʑ̃ã	奄／沖　宮／八	(d)ʒ̃ĩ (d)ʑ̃ĩ	奄／沖　宮／八	(d)ʒ̃ũ (d)ʑ̃ũ	奄／沖　宮／八	(d)ʒ̃ẽ (d)ʑ̃ẽ	奄／沖　宮／八

★重子音のzとdzの違いについては以下のようにする。

例）　zza →ずざ　　　tuzzu〈鳥を〉　とぅずずう
　　　ddza →っざ　　 tuddzu〈妻を〉　とぅっずう

　zzaとddzaを区別する方言の促音では、前者に「(小文字)ず」、後者に「っ」を使った表記を用いる。その区別がない方言では「っ」を基本とするが、方言の状況によっては「(小文字)ず」でも良い。

1616		1617		1618	
にょろ・ぞ	ゼット・にょろ・オー	にょろ・ざ・あ・まる/にょろ・ざ・あ	ゼット・にょろ・ちょんちょん・エー	ず・わ	ゼット・ダブリュー・エー
~ぞ	zõ	~ざぁ/~ざぁ	zã	ずわ	zwa
		○未報告だが準備。		○八重山は波照間だが現在は確認できず。	
(d)zõ	奄/沖/宮/八	(d)zə̃	奄/沖/宮/八	zwa	奄/沖/宮/八

1622		1623		1624	
じ・よ	ジェー・オー/ゼット・ワイ・オー	じ・あ・まる/じ・あ	ジェー・ちょんちょん・エー/ゼット・ワイ・ちょんちょん・エー	じ・え・まる	ジェー・ちょんちょん・イー/ゼット・ワイ・ちょんちょん・イー
じょ	jo/zyo	じぁ/じあ	jä/zyä	じぇ	jë/zyë
○八重山は鳩間。		○竹富。			
(d)ʒo (d)zo	奄/沖/宮/八	(d)ʒə (d)zə	奄/沖/宮/八	(d)ʒë (d)zë	奄/沖/宮/八

1629		1630		1631	
にょろ・じ・よ	ジェー・にょろ・オー/ゼット・ワイ・にょろ・オー	にょろ・じ・あ・まる/にょろ・じ・あ	ジェー・にょろ・ちょんちょん・エー/ゼット・ワイ・にょろ・ちょんちょん・エー	じ・あ・まる/じ・あ	ジェー・やま・エー/ゼット・ワイ・やま・エー
~じょ	jõ/zyõ	~じぁ/~じあ	jã/zyã	じぁ/じあ	jâ/zyâ
				○未報告だが準備。	
(d)ʒõ (d)zõ	奄/沖/宮/八	(d)ʒə̃	奄/沖/宮/八	(d)ʒɑ (d)zɑ	奄/沖/宮/八

1612 ~ざ (d)z

ID	かな	カナ読み	表記	IPA	方言
1701	つ・あ	ティー・エス・エー	つぁ	tsa	tsa (奄/宮, 沖/八)
1702	ち	シー・エイチ・アイ	ち	chi	tʃi / tɕi (奄/宮, 沖/八)
1703	つ/つ・う	ティー・エス・ユー	つ/つぅ	tsu	tsu (奄/宮, 沖/八)
1704	つ・え	ティー・エス・イー	つぇ	tse	tse (奄/宮, 沖/八)

1703: ○ID1707と対立する方言の場合は「つぅ」で書くこと。

ID	かな	カナ読み	表記	IPA	方言
1708	つ・あ・まる	ティー・エス・ちょんちょん・エー	つぁ̈	tsä	tsə (奄/宮, 沖/八)
1709	つ・え・まる	ティー・エス・ちょんちょん・イー	つぇ̈	tsë	tsë (奄/宮, 沖/八)

1708: ○未報告だが準備。
1709: ○石垣。○波照間は現在確認できず。

ID	かな	カナ読み	表記	IPA	方言
1712	つ・あ・まる	ティー・エス・やま・エー	つぁ̂	tsâ	tsɑ (奄/宮, 沖/八)
1713	ち・え・まる	シー・エイチ・ちょんちょん・イー	ちぇ̈	chë	tʃë / tɕë (奄/宮, 沖/八)

1712: ○黒島。

ID	かな	カナ読み	表記	IPA	方言
1715	にょろ・つ・あ	ティー・エス・にょろ・エー	~つぁ	tsã	tsã (奄/宮, 沖/八)
1716	にょろ・ち	シー・エイチ・にょろ・アイ	~ち	chĩ	tʃĩ / tɕĩ (奄/宮, 沖/八)
1717	にょろ・つ	ティー・エス・にょろ・ユー	~つ	tsũ	tsũ (奄/宮, 沖/八)
1718	にょろ・つ・え	ティー・エス・にょろ・イー	~つぇ	tsẽ	tsẽ (奄/宮, 沖/八)

1715: ○未報告だが準備。
1716: ○未報告だが準備。
1717: ○未報告だが準備。
1718: ○未報告だが準備。

1705
つ・お	ティー・エス・オー
つぉ	tso

tso | 奄/宮 | 沖/八 |

1706
つ・い	ティー・エス・アイ
つぃ	tsi

○伊江島。

tsi | 奄/宮 | 沖/八 |

1707
つ	ティー・エス・ちょんちょん・アイ
つ	tsï

○中舌～舌先母音。

tsɯ / ts, tsɿ, tsï, tsɨ | 奄/宮 | 沖/八 |

1710
ち・い・まる/ち・い	シー・エイチ・ちょんちょん・アイ
ちぃ/ちぃ	chï

tʃɨ / tʃï, tʃɪ, tɕɨ, tɕï, tɕɪ | 奄/宮 | 沖/八 |

1711
つ・い・まる/つ・い	ティー・エス・ちょんちょん・アイ
つぃ/つぃ	tsï

○中舌～舌先母音。

tsɨ / ts, tsɿ, tsï | 奄/宮 | 沖/八 |

1714
つ・わ	ティー・エス・ダブリュー・エー
つゎ	tswa

○波照間。

tswa | 奄/宮 | 沖/八 |

1746
ちょん・つ・わ	ティー・ちょん・エス・ダブリュー・エー
'つゎ	t'swa

○与那国。

ʔtswa | 奄/宮 | 沖/八 |

1701
つぁ
ts

1719
にょろ・つ・お	ティー・エス・にょろ・オー
~つぉ	tsõ

tsõ | 奄/宮 | 沖/八 |

1720
にょろ・つ・あ・まる	ティー・エス・にょろ・ちょんちょん・エー
~つぁ	tsã̈

○未報告だが準備。

tsã̈ | 奄/宮 | 沖/八 |

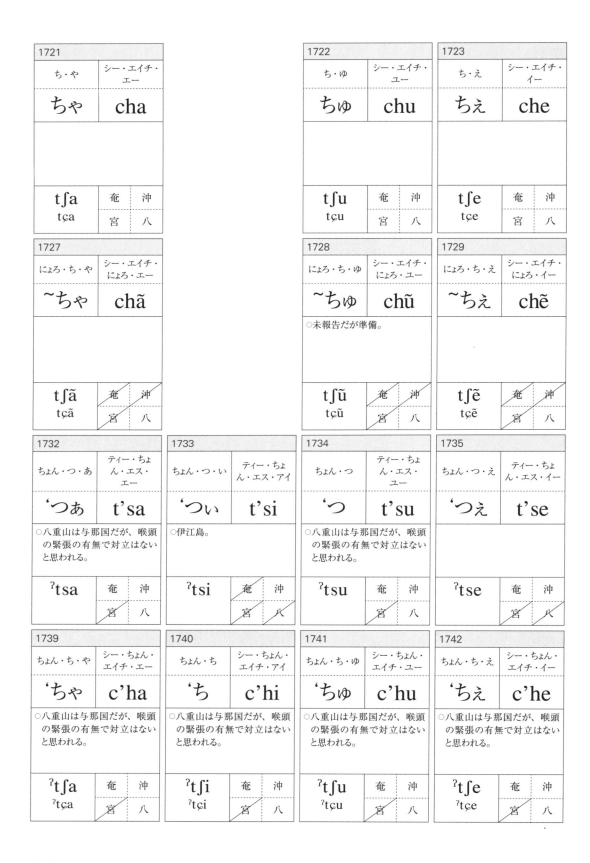

1724		1725		1726	
ち・よ	シー・エイチ・オー	ち・あ・まる / ち・あ	シー・エイチ・ちょんちょん・エー	ち・あ・まる / ち・あ	シー・エイチ・やま・エー
ちょ	cho	ちぁ / ちあ	chä	ちぁ / ちあ	châ
		○未報告だが準備。		○未報告だが準備。	
tʃo / tɕo	奄 / 沖 / 宮 / 八	tʃə / tɕə	奄 / 沖 / 宮 / 八	tʃɑ	奄 / 沖 / 宮 / 八

1730		1731	
にょろ・ち・よ	シー・エイチ・にょろ・オー	にょろ・ち・あ・まる / にょろ・ち・あ	シー・エイチ・にょろ・ちょんちょん・エー
~ちょ	chõ	~ちぁ / ~ちあ	chä̃
		○未報告だが準備。	
tʃõ / tɕõ	奄 / 沖 / 宮 / 八	tʃə̃ / tɕə̃	奄 / 沖 / 宮 / 八

1736		1737		1738	
ちょん・つ・お	ティー・ちょん・エス・オー	ちょん・つ・い・まる / ちょん・つ・い	ティー・ちょん・エス・ちょんちょん・アイ	ちょん・ち・い・まる / ちょん・ち・い	シー・ちょん・エイチ・ちょん・アイ
'つぉ	t'so	'つぃ / 'つい	t'sï	'ちぃ / 'ちい	c'hï
○未報告だが準備。				○無気音、あるいは喉頭の緊張有り。	
ʔtso	奄 / 沖 / 宮 / 八	ʔtsi	奄 / 沖 / 宮 / 八	ʔtʃɨ	奄 / 沖 / 宮 / 八
		ʔtsï, ʔtsɪ		ʔtʃï, ʔtʃɪ	

1743		1744		1745	
ちょん・ち・よ	シー・ちょん・エイチ・オー	ちょん・つ・え・まる	ティー・ちょん・エス・ちょんちょん・イー	ちょん・ち・え・まる	シー・ちょん・エイチ・ちょん・イー
'ちょ	c'ho	'つぇ	t'së	'ちぇ	c'hë
○八重山、未報告だが準備。					
ʔtʃo / ʔtɕo	奄 / 沖 / 宮 / 八	ʔtsë	奄 / 沖 / 宮 / 八	ʔtʃë / ʔtɕë	奄 / 沖 / 宮 / 八

1801		1802		1803		1804	
は	エイチ・エー	ひ	エイチ・アイ	ほ・う	エイチ・ユー	へ	エイチ・イー
は	ha	ひ	hi	ほう	hu	へ	he
				○fu/ɸuとhuを区別する場合のhu。			
ha	奄/宮 沖/八	çi çɪ, hi	奄/宮 沖/八	hu	奄/宮 沖/八	he	奄/宮 沖/八

1807				1808	
は・あ・まる/は・あ	エイチ・ちょん・ちょん・エー			へ・え・まる/へ・え	エイチ・ちょん・ちょん・イー
はぁ/はあ	hä			へえ/へえ	hë
○竹富。				○八重山は波照間。	
hə	奄/宮 沖/八			hë	奄/宮 沖/八

1809	
は・あ・まる/は・あ	エイチ・やま・エー
はぁ/はあ	hâ
○黒島。	
hɑ	奄/宮 沖/八

1810		1811		1812		1813	
にょろ・は	エイチ・にょろ・エー	にょろ・ひ	エイチ・にょろ・アイ	にょろ・ほ・う	エイチ・にょろ・ユー	にょろ・へ	エイチ・にょろ・イー
~は	hã	~ひ	hĩ	~ほう	hũ	~へ	hẽ
		○未報告だが準備。		○未報告だが準備。			
hã	奄/宮 沖/八	çĩ	奄/宮 沖/八	hũ	奄/宮 沖/八	hẽ	奄/宮 沖/八

1805

ほ	エイチ・オー
ほ	ho

ho	奄 / 沖
	宮 / 八

1806

ひ・い・まる/ひ・い	エイチ・ちょんちょん・アイ
ひぱ/ひぃ	hï

hɨ / xɨ	奄 / 沖
	宮 / 八

1814

にょろ・ほ	エイチ・にょろ・オー
~ほ	h õ

hõ	奄 / 沖
	宮 / 八

1815

にょろ・は・あ・まる/にょろ・は・あ	エイチ・にょろ・ちょんちょん・エー
~はぁ゚/~はぁ	hã̈

○未報告だが準備。

hã̈	奄 / 沖
	宮 / 八

1801
は
h

1816		1817	
ひ・や	エイチ・ワイ・エー	ひ・ゆ	エイチ・ワイ・ユー
ひゃ	hya	ひゅ	hyu
ça / hja	奄/宮 沖/八	çu / hju	奄/宮 沖/八

1821		1822	
にょろ・ひ・や	エイチ・ワイ・にょろ・エー	にょろ・ひ・ゆ	エイチ・ワイ・にょろ・ユー
~ひゃ	hyã	~ひゅ	hyũ
		○未報告だが準備。	
çã / hjã	奄/宮 沖/八	çũ / hjũ	奄/宮 沖/八

1825		1826		1827		1828	
ふ・あ	エイチ・ダブリュー・エー	ふ・い	エイチ・ダブリュー・アイ	ふ	エイチ・ダブリュー・ユー	ふ・え	エイチ・ダブリュー・イー
ふあ	hwa	ふい	hwi	ふ	hwu	ふえ	hwe
○与那国。		○与那国。		○与那国。		○与那国。	
ʍa	奄/宮 沖/八	ʍi	奄/宮 沖/八	ʍu	奄/宮 沖/八	ʍe	奄/宮 沖/八

★ ID1825〜ID1829[ʍ]については、与那国で報告があるが、今のところ[ɸ]との区別は無いと考えられる。

1818		1819		1820	
ひ・よ	エイチ・ワイ・オー	ひ・あ・まる / ひ・あ	エイチ・ワイ・ちょんちょん・エー	ひ・あ・まる / ひ・あ	エイチ・ワイ・やま・エー
ひょ	hyo	ひあ゚ / ひあ	hyä	ひあ゚ / ひあ	hyâ
		○竹富。		○未報告だが準備。	
ço hjo	奄 沖 宮 八	çə	奄 沖 宮 八	ça	奄 沖 宮 八

1823		1824	
にょろ・ひ・よ	エイチ・ワイ・にょろ・オー	にょろ・ひ・あ・まる / にょろ・ひ・あ	エイチ・ワイ・にょろ・ちょんちょん・エー
~ひょ	hyõ	~ひあ゚ / ~ひあ	hyä̃
○未報告だが準備。			
çõ hjõ	奄 沖 宮 八	çə̃	奄 沖 宮 八

1829		1830		1831	
ふ・お	エイチ・ダブリュー・オー	やま・か	エックス・エー	やま・が	キュー・エー
ふお	hwo	∧か	xa	∧が	qa
○与那国。		○島尻、仲地において -aka- から変化。		○この表記の示す子音は有声音だが、対応するID1830の隣に配置している。	
ʍo	奄 沖 宮 八	χa xa	奄 沖 宮 八	ʁa ɣa	奄 沖 宮 八

1901			1902			1903			1904		
ら		アール・エー	り		アール・アイ	る		アール・ユー	れ		アール・イー
ら		ra	り		ri	る		ru	れ		re
○ɾとrを区別しない場合。(ID19xx番はすべて同じ)			○ɾiとɾɪ/ɾi/ɾï を区別しない場合。○ɾiとɾɪ/ɾi/ɾï を区別する場合のɾi。								
ɾa ra	奄	沖	ɾi ri	奄	沖	ɾu ru	奄	沖	ɾe re	奄	沖
	宮	八		宮	八		宮	八		宮	八

1907						1908		
ら・あ・まる/ら・あ		アール・ちょん・ちょん・エー				れ・え・まる/れ・え		アール・ちょん・ちょん・イー
らぁ゚/らぁ		rä				れえ゚/れえ		rë
○竹富。						○宮古は多良間。		
ɾə	奄	沖				ɾë	奄	沖
	宮	八					宮	八

1909			1910			1911		
ら・あ・まる/ら・あ		アール・やま・エー	ちょん・ら		アール・ちょん・エー	ちょん・り		アール・ちょん・アイ
らぁ゚/らぁ		râ	'ら		r'a	'り		r'i
○黒島。			○伊江島。○沖縄以外未報告だが準備。			○伊江島。○沖縄以外未報告だが準備。		
ɾɒ	奄	沖	ʔɾa	奄	沖	ʔɾi	奄	沖
	宮	八		宮	八		宮	八

1905	
ろ	アール・オー
ろ	ro
ɾo	奄宮 / 沖八

1906	
る・い・まる / る・い	アール・ちょん ちょん・アイ
るぴ / るい	rï
○ɾi と ɾɪ/ɾɨ/ɾï を区別する場合の ɾɪ/ɾɨ/ɾï。	
ɾɯ ɾɪ, ɾɨ, ɾï	奄宮 / 沖八

1912	
ちょん・る	アール・ちょん・ユー
'る	r'u
○未報告だが準備。	
ˀɾu	奄宮 / 沖八

1913	
ちょん・れ	アール・ちょん・イー
'れ	r'e
○未報告だが準備。	
ˀɾe	奄宮 / 沖八

1914	
ちょん・ろ	アール・ちょん・オー
'ろ	r'o
○未報告だが準備。	
ˀɾo	奄宮 / 沖八

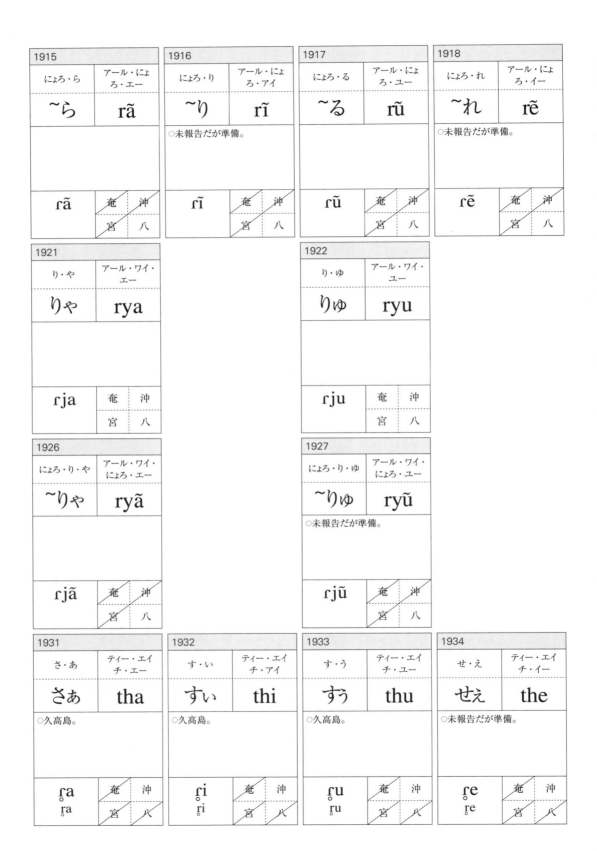

1919
にょろ・ろ	アール・にょろ・オー
~ろ	rõ

r̃õ	奄 / 沖 / 宮 / 八

1920
にょろ・ら・あ	アール・にょろ・ちょんちょん・エー
~らあ	rã

○未報告だが準備。

r̃ã	奄 / 沖 / 宮 / 八

1923
り・よ	アール・ワイ・オー
りょ	ryo

ɾjo	奄 / 沖 / 宮 / 八

1924
り・あ・まる / り・あ	アール・ワイ・ちょんちょん・エー
りぁ / りあ	ryä

○未報告だが準備。

ɾjə	奄 / 沖 / 宮 / 八

1925
り・あ・まる / り・あ	アール・ワイ・やま・エー
りぁ / りあ	ryâ

○未報告だが準備。

ɾjɑ	奄 / 沖 / 宮 / 八

1928
にょろ・り・よ	アール・ワイ・にょろ・オー
~りょ	ryõ

ɾjõ	奄 / 沖 / 宮 / 八

1929
にょろ・り・あ・まる / にょろ・り・あ	アール・ワイ・にょろ・ちょんちょん・エー
~りぁ / ~りあ	ryä̃

○未報告だが準備。

ɾjə̃	奄 / 沖 / 宮 / 八

1930
る・わ	アール・ダブリュー・エー
るわ	rwa

○八重山は波照間。

ɾwa	奄 / 沖 / 宮 / 八

1935
そ・お	ティー・エイチ・オー
そお	tho

○未報告だが準備。

ɾ̊o	奄 / 沖 / 宮 / 八

1915 ~ら r

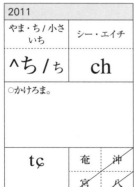

★ ID2001～ID2011 の仮名表記は、重子音に用いない。

★ ID2001～ID2011 において、やま付き文字と小文字が併記されている箱があるが（ex. ^ふ / ふ）、推奨される使い分けとしては、
　やま付きは　Coda　あるいは　Onset　で用いる。
　小文字は　Coda　でも　Onset　でもない中核音として用いる。

2012	
ん	エヌ
ん	n

○いわゆる撥音（逆行同化する鼻音）。
○長短の区別有。

/N/	奄	沖
	宮	八

2013	
よこぼう	*****
ー	重ね書き /ː/

○いわゆる引く音（子音・母音ともに）。
○子音に用いない方言では「母音を重ねる」とアルファベット表記を説明してよい。

/ː/	奄	沖
	宮	八

2014	
小さいつ	*****
(小文字)つ	子音を重ね書き

○いわゆる促音。ここでは子音連続についてのみ用いる。

/Q/	奄	沖
	宮	八

★アルファベット表記において、子音を重ねる場合は、表記の最初の子音1つを重ねる。
例）kachi → kacchi, *kachchi

★アルファベット表記において、母音を重ねる場合は、母音の記号も付けたまま重ねる。
例）kā → kāā, *kāa, *kaā

2015	
ん・まる	エイチ・エヌ
ん̥	hn

○無声化の場合。
○池間のNNVの最初のNなど。

/N̥/	奄	沖
	宮	八

★アルファベット表記において、語中の撥音の次に母音が来る場合はn-母音（エヌ・ハイフン・母音）で書く。
★ [m] が連続する場合には、
[mː]^むー
[kamma] かんま kanma, か^むま kamma
とする。最後の例のように、ID2005とID2012のどちらを使ってもよい場合がある。cf. [kam] か^む

2016	
ちょん・ん	エヌ・ちょん
'ん	n'

○首里。

/ʔN/	奄	沖
	宮	八

2017	
やま・ん / 小さいん	エヌ
^ん / ん	n

○coda位置で -m, -n, -N の区別がある場合に使用。その場合、撥音（ID2012）のアルファベット表記は例外的にやま付きの n^ とする。

n	奄	沖
	宮	八

★仮名表記の小文字は前の文字とセットで音節を作る場合にのみ使う。すなわち、オンセットを持った中核音である。（但し、「っ」は除く。）

第3章
音の表記の補足

3.1 補助記号と代替表記

　上の2章で示した表記の中には、キーボードで直接入力が難しいものなど、要するに一般的なワープロソフトや携帯電話の設定では打ちにくい表記が存在する。それらについては、より打ちやすい代替表記として次のものを認める。

　補助記号『ちょん』（引用符）については、向きはどちらでも良いこととする。例えば、「'ぱ」と「'ぱ」、あるいは「p'a」と「p'a」は同じ表記として扱う。仮名表記では全角、アルファベット表記では半角を推奨する。

　補助記号『ちょんちょん』（ウムラウト）については、『ちょん』を2つ連続させて当該母音の直前に置くことによって代替表記と見なすこととする。すなわち、「ï」と「pï」はそれぞれ「''i」と「p''i」でも良いこととする。二重引用符（"）を使用しても良い。もともと『ちょん』がついている「'ï」であれば、『ちょん』を3つ並べて「'''i」と表すこともできる。この代替表記を用いた場合でも、『ちょん』が1つなら喉頭の緊張を伴う音、『ちょん』が2つならウムラウト、『ちょん』が3つなら喉頭の緊張を伴う音とウムラウトを同時に表すということになり、混乱はないはずである。

　補助記号『にょろ』（ティルダ記号）については、アルファベット表記の場合に母音の上でなく、母音の直前に置くことを認める。例えば、「ã」と「pã」については、それぞれ半角の『にょろ』を母音の直前に出して「~a」もしくは「~a」、「p~a」もしくは「p-a」でも良いこととする。仮名表記についても「~あ」は「~あ」、または全角の『にょろ』を使って「〜あ」でも良い。

　補助記号『やま』（アクサン記号）についても、アルファベット表記の場合に母音の上でなく、母音の直前に置くことを認める。例えば、「â」については半角の『やま』を母音の直前に置いて「^a」でも良いこととする。

　繰り返しになるが、日本語の仮名文字でも用いられる濁点と半濁点（※別の言い方をすれば、濁点および半濁点付きの仮名フォントが今現在の時点で準備してある場合の濁点と半濁点）については補助記号として取り扱わない。日本語の仮名文字で用いられない（※濁点および半濁点付きの仮名フォントが準備されていない場合の濁点と半濁点）はそれぞ

れ『てんてん』と『まる』と呼び、これらは補助記号に含める。

　小文字につく『まる』のフォントサイズについては、「きぃ゚」(『まる』が小文字のフォントサイズと同じ)でも「きぃ゚」(『まる』が大文字のフォントサイズと同じ)でも良い。

　実際に表記を使って書く場面では、上で述べたいずれの代替表記についても一旦代替表記で書き、最後にワープロソフトの置換機能を使って一気にすべてを正式な表記に直すということも可能である。代替表記でも良いが、読みやすさの観点から最終版ではできる限り正式表記で示して頂ければと思う。

（5）　記号のまとめ
　　　『ちょん』：引用符（'）のこと。記号の向きはどちらでもよく、仮名表記では全角、アルファベット表記では半角が推奨される。喉頭の緊張を意味している。

　　　『ちょんちょん』：ウムラウト記号のこと。二重引用符（"）もしくは引用符の連続（''）で代替表記とできる。記号の向きはどちらでもよく、アルファベット表記にしか用いられない。半角推奨。

　　　『にょろ』：ティルダ記号（〜）のこと。アルファベット表記の正式表記において母音の上に書かれている場合（ã）は、母音の直前に半角のティルダ記号を置く代替表記（~a, ~a）も認める。代替表記におけるティルダ記号の位置は中段でも上段でも良い。仮名表記の場合は「〜あ」のように全角でも良い。空気を鼻に抜いて発音することを意味している。

　　　『やま』：アクサン記号（^）のこと。アルファベット表記の正式表記において母音の上に書かれている場合（â）について、母音の直前に半角のアクサン記号を置く代替表記（^a）も認める。仮名表記の場合は、「＾あ」のように全角でも良い。特定の音声特徴との一対一対応はしておらず、「特別な音」であることを表す。

　　　『てんてん』：濁点（゛）のこと。ただし、日本語では主に無声音を有声音にするという意味で用いられるものは文字（主仮名）の一部とし、補助記号とは見なさない。本書においてはそうでない意味で用いる場合の濁点を特に指して『てんてん』と呼び、かつ補助記号と見なしている。「ゔ」や「いﾞ」など、一貫した意味では用いられていない。

　　　『まる』：半濁点（゜）のこと。ただし、表記の名づけにおいては（日本語とは違う使い方である）「ぱぴぷぺぽ」以外の仮名文字で使われる場合の半濁点を特に指しており、かつ補助記号と見なしている。「ん゜」、「が゜」、「い゜」、「え゜」、「あ゜」など、一貫して同じ音声特徴を示すという使い方はしていな

いが、使われている記号の数としては中舌母音の記号として使っている場合が多数を占める。

3.2 補助記号の省略

仮名表記およびアルファベット表記の補助記号については、方言の性格によっては省略できる場合がある。特に『ちょん』については、音が中和する環境と方向性が予測できるのであれば、そのことを注釈として書いた上で省略しても良い。具体的な例としては、喉頭の緊張を伴うかどうかで区別される音が、語頭（や複合語を構成する要素の頭）でのみ対立して、語中では対立を失う場合が考えられる。そのような場合、特に語中で喉頭の緊張を伴う音のほうに中和する場合は、すべての喉頭の緊張を伴う音に『ちょん』をつけるのは手間である。「この方言の語中では、喉頭の緊張（『ちょん』）の有無による対立が中和し、一般に緊張を伴う音のほうに統合する。そのため、語中では『ちょん』の記号を省略する。」といったような注釈をつけた上で、補助記号を省略して良い。ただし、補助記号を省略する場合の注釈は必須である。ここでは、首里方言の例を示す。2段構成で上段が仮名表記、下段がアルファベット表記となっており、「鳥が犬に追われる。」という意味の文である。（「＝」と「。」の記号については後述する。）

（6）　とぅ'い＝ぬ　　'い'ん＝に　　'わーりゅ'ん。
　　　　tu'i=nu　　　　'i'n=ni　　　　w'a'ariyun'

　　　↓語中の『ちょん』を省略

　　　とぅい＝ぬ　　'いん＝に　　'わーりゆん。
　　　tui=nu　　　　'in=ni　　　　w'aariyun

　もっとも、本表記法は『ちょん』以外の記号を省略するということを想定して設計されていない。従って、例えば ID0406 のように表記が「てぃ / てぃ」となっている場合、『まる』なしの「てぃ」を用いることができるのだが、それは『まる』を省略したのではなくて右側の表記を（左側推奨であるにもかかわらず特別な理由から）採用したというのが厳密なところである。一般向けには「『まる』を省略した」と書いても良いのかもしれないが、厳密には『まる』（などの『ちょん』以外の記号）は省略することを前提としていない記号である。従って、ID1712 の場合のように「つぁ」という『まる』有りのみが示されている表記の『まる』を書かずに「つぁ」のようにすることは避けるべきである。区別されるべき音の混同など、問題となる可能性があるためである。

第4章
音の表記以外の約束事

　本書の表記は原則として横書きで文を左から右に向かって書くことを前提に作られている。これは、縦書きで書かれることが少なくなった時代の流れに即したものである。また、使用可能で使いやすい記号を考えた場合に、横書きのほうが見やすいという台所事情にもよっている。音の表記以外の約束事については以下のように定める。

4.1　漢字使用の非推奨

　漢字は原則として使用しないこととする。漢字をどう読むのか、日本語との関係で混乱が起きる可能性があるだけでなく、方言の特定の語にどの漢字をあてれば良いのかということが方言内・方言間で不揃いになる可能性が極めて高いからである。しかしながら、場合によっては固有名詞など漢字をどうしても使いたいケースも考えられる。そのようなケースにおいて漢字を使用するときは、振り仮名を必ず使用することとする。振り仮名の振り方は、漢字の上に小文字で振るか、丸括弧を使って漢字の後に記すことを原則とする。例を示すと、「琉球諸語統一的表記法」あるいは「琉球諸語統一的表記法（りゅーきゅーしょごとーいつてきひょーきほー）」となる。アルファベット表記による振り仮名も可能である。

4.2　送り仮名

　本表記法では原則として漢字使用をしないことにしているので、送り仮名については本来不要だが、どうしても漢字を使いたいという場合のために、活用する語の送り仮名について定めておく。活用語については、活用したときに変化しない部分までを漢字で書く。すなわち、活用しても子音・母音のいずれもが変化しない音節までを語幹と見なし、その音節までを漢字の中に含めて書くことにする。この場合の漢字の振り仮名も必須である。日本語の動詞を例にして振り仮名のつけ方を示すと以下のようになる。

（7）　飲む、食る、下げる、下る

一般に、研究が進んで動詞の分析ができていないと一貫した送り仮名は使えないという難しさがあることからも、そもそも漢字を使用して送り仮名を振るということは本書で推奨しない。

4.3 分かち書き

　分かち書きについては、学校文法でいうところの文節を目安として行うことにする。文節の感覚が話者によって異なる可能性があるが、名詞・代名詞という物を指し示す語、あるいは動詞や形容詞という活用する語を中心とした塊を、分けずに書く（＝スペースを入れない）1つの単位とする。この節ではその塊を［　］に入れて日本語の例とともに示す。ここに載っていない周辺的な事例については書き手に委ねる。また、分けて書くべき箇所の音が融合してしまっている場合には分けて書くことができないので、分けないことにする。第2部の個別方言の文例も参考にして頂きたい。

☞ **名詞**
- 接頭辞とは分けずに書く。(e.g. ［おとうさん］)
- 助詞（非自立的で活用しない）とは分けずに書く。
  (e.g. ［いぬが］（格助詞）、［いぬさえ］（副助詞）、［いぬからも］（助詞の連続）)
- 名詞といわゆるコピュラ（動詞）は分けるが (e.g. ［いぬ］［だった］)、助詞のように活用しないコピュラなら分けない。また、コピュラ動詞の前の要素との間に助詞が入れられる (e.g. ［いぬも］［だった］) なら分けて書くが、助詞が入らない場合はそのコピュラを助詞と見なして分けずに書く。
- 複合名詞は分けずに書く。(e.g. ［よもぎまんじゅう］)
- 連体修飾部と名詞は分けて書く。(e.g. ［みみが］［ながい］［いぬ］、［ほえる］［いぬ］)
- 形式名詞（形態統語論的には名詞と同じ働きをして、実質的な意味を表さない（＝文法的意味を持つ））の前では分ける。(e.g. ［書く］［ところ］［だ］、［行く］［ことに］［する］)

☞ **動詞**
- 動詞連続で、間に助詞が入れられないものは分けずに書く。
  (e.g. ［書ききる］、［食べてしまう］)
- 動詞連続で、間に助詞が入れられるものは分けて書く。
  (e.g. ［飛んで（は）］［いく］、［走って（は）］［いる］、［食べて（は）］［みる］、［読んで（は）］［もらう］)

- 判断に迷う例（e.g. 読んでしまう）は、方言の実状に合わせて、形式ベースで決めても（[読んで] [しまう]）、統語ベースで決めても良い（[読んでしまう]）。
- 「する」のように名詞に後続して一語を作るような動詞において、名詞側に助詞がついていない場合でも（e.g. 勉強する）、その名詞が動詞の補語になっており二語であると判断される場合は分かち書きする。「名詞＋する」が一語かどうか迷う場合には、その前の名詞と句をなすかどうか（＝修飾語＋名詞）で判断できる（e.g. [英語の] [**勉強**] [**する**]、[英語を] [**勉強する**]）。ただし、判断が難しい場合の分け方は自由とする（e.g. [勉強する]、[勉強] [する]）。

☞ **形容詞**
- 動詞の基準に準じる。
  (e.g. [書きやすい]、[書きにくい])

☞ **副詞**
- 副詞については、もれなく前後の要素と分けて書く。

4.4　句読点

句読点については、仮名表記の場合は「、」「。」もしくは「, 」「。」とする。アルファベット表記の場合は「, 」「. 」とする。

4.5　平仮名と片仮名

仮名表記は平仮名で示しているが、片仮名の使用を制限するものではない。むしろ、日本語と同様に外来語を片仮名で書くなど、表現の幅を広げることに使えるはずである。すべてを片仮名で書く表現方法もありえる。片仮名で書いても平仮名表記に準じた記号の使い方をするのであれば、大きな問題はない。ただし、平仮名表記と異なる音を表す目的で片仮名表記をするのは本書の表記法の意図するところではない。例えば、「'あ」と「'ア」は表現方法（音以外の表現）の違いとして使い分けることは良いが、音は常に同じものを表すようにするべきである。原則として平仮名表記で書き、外来語（および固有名詞）に片仮名を使用するというのが、読みやすさのバランスから推奨される。

4.6　補助表記

方言で何か書く場合、方言の直感のある話者に向けてのみ書かれるものと、方言の直感のない（直感の薄い）人に向けて書かれるものがあるはずである。そのような、特に方言の直感のない話者に向けたものの場合には、次のような補助表記を追加使用することを推

奨する。必須ではないが、直感を持たない話者の理解のしやすさを考えた場合には使用して頂きたい補助的な表記である。以下に2つ（（8）、（9））示す。例は（8）が与那国方言で、（9）が宮良方言である。4段表記しており、上から仮名表記、アルファベット表記、逐語訳、日本語訳となっている。

（8） 自立語と付属語の境界を「＝」（イコール）で表す。
　　　あがみ＝んき＝や　あつぁ　ひさ　だだ　きみり。
　　　agami=nki=ya　　atsa　　hisa　dasa　kimiri.
　　　子ども＝に＝は　　暑さ　　寒さ　ひもじさ　させろ。
　　　（小さいときに暑さ、寒さ、ひもじさなどの経験をさせよ。）

なお、仮名表記の場合は全角、アルファベット表記の場合は半角を推奨する。

（9） 複合語に含まれる要素の境界を「-」（半角ハイフン）で表す。
　　　びつびつ＝ぬ　　いずよー　　ひー-おれーる　　グループ
　　　bitsubitsu=nu　izuyoo　　hii-oreeru　　　guruupu
　　　別々＝の　　　　歌い方　　する-なさる　　　グループ
　　　（別々の歌い方をしておられるグループ）

　仮名表記、アルファベット表記のいずれにおいても半角ハイフンを推奨する。特に仮名表記の場合に、長い母音を表す『よこぼう』（「ー」）との区別をしやすくするためである。
　上記の（9）は、撥音のアルファベット表記で定められている「アルファベット表記において、語中の撥音の次に母音が来る場合は n- 母音（エヌ・ハイフン・母音）で書く」と混乱が生じる可能性も危惧される。だが、撥音の直後に半角ハイフンを使う場合のほとんどが（9）に含まれるため、大きな問題は生じないと考えられる。
　また、本書の第2部11章の与那国方言の例のように、一般に語中では音の対立が中和するが、複合語の（後部）要素の頭では音の対立が中和しないというような方言の場合は、複合語の要素を示す「-」（半角ハイフン）は必須と考えられる。すなわち、3.2節で述べた語中の『ちょん』を省略する書き方を採用した場合であっても、半角ハイフンの直後（複合語の後部要素の頭）は語頭と同じように『ちょん』の有無を明示する位置とすることができる。そのような方言の場合は、半角ハイフンが必須である（あるいは、表記上で重要な役割を担っている）ことを注釈で明記して頂きたい。
　半角ハイフンを入れるべき箇所の音が融合してしまって、音を表記したときに半角ハイフンが挿入できない場合は、挿入しないこととする。

4.7　フォントサイズ

　現時点では、本書の表記で用いる小文字の仮名がフォントとして準備されていない場合がある。将来的に Unicode によるフォントの登録も目指したいが、フォントが準備されていない小文字の仮名（「ｽ」など）はフォントサイズを大文字より小さくすることで対応するしかない。この場合の大文字と小文字のフォントサイズ比は 10:7 程度になることを推奨する。大文字フォントサイズが 10.5pts で小文字フォントサイズが 8pts というのが比較的汎用性の高いフォントサイズだと考える。なお、上の 4.6 節で示した 4 段表記において、日本語用のフォントが全体的に明朝体を基調とする場合、逐語訳の部分（3 段目）についてはフォントサイズを少し小さめにしてゴシック体を用いると見栄えが良くなり、読みやすいように思われる。

4.8　アクセントまで書きたい場合

　話者の中には、方言を表記するのみならず、アクセントまで書きたいという方がいるかもしれない。その場合、モーラ間（や音節間）でピッチが上昇・下降する場合の記号は、「［」（上昇）および「］」（下降）を推奨する。これはキーボードで打ちやすく、仮名表記・アルファベット表記に共通して使用できるのが良い（e.g. お［と］ーさん＝が、o[to]osan=ga）。

　語全体など、より広い範囲をドメインとしたピッチの変化（「式」と呼ぶことにする）が問題になるような方言の場合は、キーボードで打ちやすい記号がないので、特定の記号のみを推奨することはしない。「上」（上昇式）、「下」（下降式）のように文字で書いても良いであろうし、キーボードで打ちにくいが、IPA の「∧」（上昇）、「∨」（下降）、あるいは「↗」（全体的上昇）、「↘」（全体的下降）系統の記号を利用して表現することもありえるだろう（e.g. ∧じょーしょーしき、∨かこーしき）。場合によっては矢印の「↑」や「↓」でも良いと思われる。

4.9　個別方言の表記を解説する場合の構成について

　この第 1 部の内容に従って一般向けの個別方言表記について解説する第 2 部のようなものを作る場合には、3 つの情報を盛り込むとわかりやすいと考え、本書の第 2 部ではすべての個別方言表記について同じ構成で説明をしている。まず、日本語でいう五十音図にあたるもの、すなわちその方言で用いる表記の一覧表を載せる。次に、個々の表記がどのような語に用いられるかを示す。最後に方言の文例を書く、という構成である。この方言の文例について、方言の解説をする場合は 3 段以上の構成を推奨する。4.6 節で示した例は 4 段構成で、上から仮名表記、アルファベット表記、逐語訳、日本語訳を示す方式である。これによって言語直感のない人にも理解がしやすくなるはずである。ただし、紙面

の都合などがあるときには、仮名表記かアルファベット表記を除外した3段構成でも良いと思われる。重要なことは、（仮名あるいはアルファベットによる）表記・逐語訳・日本語訳という3段は確保することである。

4.10　引用符

　引用符について仮名表記の場合は日本語と同じ「…」で、アルファベット表記の場合は英語と同じ"…"を原則とする。ただし、アルファベット表記については『ちょんちょん』（ウムラウト）を代替表記で書くときの引用符は [[…]] を用いることとする。そして、アクセントを [や] を用いて書く場合など、状況次第では引用符を <<…>> にしてもよいことにする。どの引用符を用いるにせよ、1つの文章中では一貫させることが重要である。

第2部
個別方言の表記例

浦方言
→ p.095

湯湾方言
→ p.117

首里方言
→ p.151

津堅方言
→ p.135

佐和田長浜方言
→ p.195

池間方言
→ p.179

大神方言
→ p.169

与那国方言
→ p.269

多良間方言
→ p.215

波照間方言
→ p.253

宮良方言
→ p.237

国土交通省「国土数値情報（海岸線データ）」をもとにトマ・ペラールが加工

　第2部の各章は第1部にもとづいて作られた個別の方言の表記について書かれています。北から南まで全部で11の方言が本書で提案する表記法で書かれています。奄美・沖縄・宮古・八重山と、どの地域の方言も本書の表記法を用いて書くことができます。馴染みのある方言についての章をお読みになる方が多いと思いますが、各章を横断的にお読みになる方もいらっしゃるでしょう。そのような方は、各章ごとに少しずつですが表記法が異なっている場合があることに気付くかもしれません。
　それは本書の「琉球のことば全てを統一的に書けるようにするが、画一的にはしない」という考え方によるものです。すべての方言を完全に1つの表記法に押し込めてしまうと、音の違いなど方言ごとに事情が少しずつ異なっているので、必ず無理が出てきます。ですから、方言ごとに少しずつの異なり（揺れ）というのを認めることで、方言ごとの事情が反映できるような遊びが作ってあるということです。その一方で、何でも自由に認めてしまうと書く人ごとに様々な異なりが生まれて収拾がつかなくなりますので、「異なり（揺れ）は予測できる範囲内に収める」という考え方も同時に持っています。予測できる範囲内というのは本書の第1部で提案している範囲内ということです。次ページ以降の第2部の最初のところにも重要な提案は書いてあります。このように、本書の表記法は相反するような2つの考え方（「統一的にする」と「異なりを認める」）のバランスを取りながら作られています。

序章

　この第2部では琉球の様々な地域のことば(方言)を同一の文字体系を用いて表記する方法を、例を使って説明します。琉球のことばは多様ですから、全てを本書の中に収めることはできません。それでも、奄美から八重山まで幅広い地域のことばを収めてありますので、直接自分が書きたいことばが収められていないという場合は、近隣の例を参考にして頂くのが一つの方法です。あるいは、言語学の知識のある人に依頼して、自分のことばについてこの第2部のようなものを作ってもらってください。言語学の知識がある人であれば、第1部の内容をもとに、この第2部のような解説を作ることはそれほど難しくありません。表記を示して解説する音については、伝統的な方言で使うものは網羅することが必要です。それに加えて、借用語などに出てくる新しい形を示したほうが便利だと思われる場合は、解説する方の判断で新しい音も付け加えておいて良いでしょう。そのような新しい音の表記を示す場合には、本書で使用している【新】など、伝統的方言では使っていなかった新しい音であることがわかる記号を語例に書き添えておくと理解の助けになります。

　第2部の各章で解説するそれぞれのことば(個別の方言)については、著者によって書き方や内容が若干異なるところもありますが、共通する以下の三つの情報(①～③)を必ず盛り込んで表記の仕方を説明してあります。

　①表記一覧　②表記を使った語例　③表記を使った文例

　まずは、表記に使う文字の一覧(①)です。これは日本語でいう五十音図のようなものと考えて頂ければ良いでしょう。その一覧表にある文字・記号を用いれば、そのことばについては書けるというものです。仮名文字を使った表記と、アルファベットを使った表記の2通りが準備してあります。日本語の仮名文字とローマ字が対応するように、仮名文字表記とアルファベット表記のどちらで書いても、何の音を表すのかがわかるようになっています。使いやすいほうを使って書いて頂ければと思います。

　次にそれぞれのことばの語例(②)を示します。文字・記号の一つ一つについて、それ

が使われる単語を示します。語例については次のような形式で説明をします。

仮名表記	アルファベット表記	語例（仮名表記）語例（アルファベット表記）〈語例の日本語訳〉	ID番号

奄美大島の浦方言（第2部1章）からの例

び	bi	びっきゃ bikkya〈蛙〉、かび kabi〈紙〉	0302

　語例が示されるべき箇所に「著者未確認」と記され、語例が挙がっていない場合があります。これは、「その方言の先行研究や資料によっては挙がっている音（音節）だが、著者が語例やその音（音節）を確認できない/存在しないと考える」場合、あるいは「その方言に存在する子音と母音の組み合わせであることから、存在する音節ではないかと推測されるが、語例は未確認」という場合です。

　また、ID番号については、琉球のことば全体を見渡して振った文字・記号に固有の番号ですので、個々の方言の解説では使われない文字・記号のところのID番号は飛びます。ID番号が連続しなくても気にしないでください。そもそも、本書の表記体系を作る過程で削除されてなくなったID番号もあります。

　最後に文例（③）です。それぞれのことばについて、本書で提案する表記を使って文が書いてあります。単語と単語の間は空けることが推奨されるなど、本書で提案する表記法を使った場合に、どのような体裁になるのかを確認するとともに、それを真似して何かを書いて頂ければと思います。伝統的なことばには無いような単語（例えば「テレビ」「コンピューター」「けーたいでんわ」）などは、どんどん借用して使っても問題ありませんので、自身がこどものころから使ってきたことば、あるいは、地域に先祖から伝わってきたことばで書くという楽しみを見つけて頂ければと思います。伝統的なことばで小説やエッセーなどの文学作品を書くことも可能なはずです。句読点（「。」「、」「,」「.」）については日本語（仮名表記）や英語（アルファベット表記）と同じ要領でよいと考えています。本書で示す文例は四段構成になっていて、上から「仮名表記の文」「アルファベット表記の文」「逐語訳（日本語）」「意訳（日本語）」となっています。本書の波照間方言から四段構成の例を示しておきます。

```
一段目    また    んぎ    ぶす    ふまるぬがらよー
二段目    mata    ngi     busu    fumarunugarayoo
三段目    また    行って  海水    汲めないからね
四段目    （また行って海水を汲むことはできないからね、）
```

ことばが十分にわかる人どうしの手紙やメモ書きなどでは、一段目か二段目のどちらかだけがあれば十分です。三段目と四段目については、ことばをよく知らない人や、子どもたちに向けた教材を作る場合などにあると助かるというものです。
　語例や文例のところを見ると、手書きする場合は良いかもしれませんが、キーボードを使って書こうという方にとっては打ちにくい記号があるかと思います。本書の語例や文例のところでは正式（精密）表記をして示しているのですが、キーボードなどで打ちやすい代替表記が定めてありますので、それを説明したいと思います。こちらを使って頂いても同じ音を表すことができます。
　まず、記号の『ちょん（＇）』は、どちらの方向を向いていても構いません。すなわち、「＇か」と「＇か」は同じ意味ですから、記号の向きに神経質になることはありません。
　正式表記における記号の『にょろ（～）』は、仮名表記であれば仮名文字の左肩に、アルファベット表記であれば母音（a, i, u, e, o）の上につけて、「˜か」や「kā」のような文字になりますが、代替表記では「～か」や「k～a」のように、当該文字の直前の中段に書いても構いません。
　正式表記のアルファベット表記における『ちょんちょん（‥）』（ウムラウト）の記号は、「ï」や「ë」の記号に使われますが、普通のキーボードでは打てません。したがって、「"i」や「"e」のように、『ちょん（＇）』の記号を二つ並べて母音の左肩に打つことで代わりにできることにします。子音が付いた場合も「kï」であれば「k"i」で表記して構いません。
　これらと同様に、『やま（＾）』の記号は、仮名表記であれば左肩に「＾あ」のようにして下さい。アルファベット表記の場合、正式には「â」のようにアルファベットの上に付けるのですが、これも「＾a」のように『やま』を左肩に付けても良いことにします。
　本書で提案する文字のなかには「い゛」（「い」に『てんてん』）のように、日本語では『てんてん』（濁点）を付けない文字に濁点を付けている場合があります。この場合の『てんてん』は、ワープロで「濁点」と打って変換をすることによって「゛」が現れますので、そのようにして仮名文字の後に付けて下さい。「い゜」（「い」に『まる』）のような場合も同じです。『まる』（半濁点）を付けたい場合には、「まる」もしくは「半濁点」と打って変換すると「゜」が現れます。
　それから、地域によっては伝統的に使われてきた表記があり、どうしてもそれを使って書きたいという人がいらっしゃるかもしれません。この本を作った意図からすると、できる限り異なった表記をするのは避けて頂きたいところですが、そのような場合は「原則として『琉球のことばの書き方』に従うが、ID 番号 XXXX 番の表記については、地域伝統の表記である Y という風に書く」といった注釈を付けた上で、本書には無い表記を使って頂きたいのです。そうすれば、本書『琉球のことばの書き方』での表記法を知っている

人にとっては、注釈のところだけ気を付けることで全てが読めるということになります。

最後に、本書で提案している表記法の特徴として、漢字の使用を推奨しないということがあります。これは重要な点です。普段使っている日本語の表記法では当たり前のように使う漢字ですから、琉球のことばで書くときも漢字を使いたくなるかもしれません。しかしながら、琉球のことばに漢字を使用することは現在においては大きく3つの問題があります。

まず1つ目の問題としては、漢字で書いてあると読み方がわからないということがあります。「肝」という漢字を例にして説明しますと、日本語では「きも」という訓読みができますが、これは日本語で教育が行われる中で多くの人が使ったり、あるいは辞書が整備されたりしていることによって保障されている読み方と言えます。伝統的な琉球のことばは書かれてきた歴史がありませんし、話者数も日本語（共通語）よりははるかに少なく、そのことばで教育も行われていません。漢字の読み方についての決め事が記された辞書（日本語の漢和辞典にあたるもの）もありません。そのような状況で漢字を使うと、読み方がわからないということが頻発するでしょうし、人によって同じ意味の単語に異なる漢字をあてるという混乱も生じることは想像に難くありません。ましてや、琉球のことばに習熟していない若者などには全くわからないということになります。上で挙げた「肝」も地域によって「きむ」や「ちむ」などいろいろに読み得るものです。その点から漢字の使用は避けて頂きたいのです。

2つ目の問題として意味に関することがあります。上で挙げた「肝」ですが、日本語では主に内臓（肝臓）を表しますが、琉球のことばにある「きむ」や「ちむ」などは、精神的なことや気持ちを表すことがあります。漢字を使うとすれば、その意味は「肝」ではなく「心」ではないのだろうかと言った疑問が生じます。それとも、「肝」も「心」もいずれも「きむ」と読むのでしょうか。そうした場合に「こころ」や「くくる」のような語にはどのような漢字をあてるでしょうか。誰もが納得できるような答えはないと思われます。今生きている世代の人は、年齢が若くなるほど生きていく上で日本語使用が必須となっています。日本語との関係において混乱が起きるような状況は避けるべきだと考えますので、意味の面からも琉球のことばに漢字を使用することは避けた方が良いと思われます。

3つ目は送り仮名の問題です。これは、話者数や安定度の観点から大言語と言える現代日本語ですら解決をしていない問題です。実際の使用においては話者の間でも揺れが頻繁に起こっています。「行う」「行なう」のような例が挙がります。琉球のことばで漢字を使わなければこの問題も回避できるというのが本書の考えです。

ことばを書くのに漢字をつかわないと子供っぽいというような悪い印象を持ってしまうかもしれませんが、それは日本語に限定された印象であって、琉球のことばの問題ではありません。英語には漢字がありませんし、韓国語もほとんど漢字を使いませんが、いずれも子供っぽくありません。漢字使用を推奨しない一番の理由は上で述べた問題ですが、逆

に漢字を使わないことが琉球のことばの個性であると考えてもいいのではないでしょうか。本書では漢字の使用を推奨しないかわりに二つの提案をしています。一つ目の提案は分かち書きです。単語（＋助詞）と単語の間にすき間を空けて書くことで、どこで区切れがあるのかの目安になります。日本語の場合は漢字を使うために単語の区切れがわかりやすいという側面があるのですが、漢字を使わない場合にはすき間を空けて書くことで区切れがわかりやすくなります。この分かち書きをするというのは、上で述べた英語や韓国語でも取り入れられている方法です。英語を例にすると"Thisisapen."ではなくて、"This is a pen."と分かち書きしています。上の波照間方言の例でも分かち書きしていましたが、本書に掲載されている多良間方言の例も示すと、以下のようになります。

にんぎん=や　すでぃん　よー=ん　なり゜。
ningin=ya　sïdin　yoo=n　nar.
人間=は　　脱皮しない　よう=に　なる
（人間は若返らないようになった。）

この例ではイコール（=）の記号が使われていることにも気づかれると思いますが、このイコールの記号は、そのことばをよく知らない人に書いて示す場合や、子どもたちに向けた教材を作る場合などに推奨している記号です。単語と助詞の間にイコール記号を挟むことで、文の意味が理解しやすくなると考えられます。なお、単語と助詞の音が一体化してしまっている場合には無理に挟む必要はないでしょう。

　漢字の使用を推奨しないかわりの二つ目の提案は、振り仮名を必須にするという条件で漢字を使用するというものです。人名などの固有名詞に対して、あるいは表現の問題などで、漢字をどうしても使いたい場面もあると思います。その場合は是非とも、漢字に振り仮名を振って下さい。そうすることで読み方がわからないという問題は解決します。振り仮名という意味では、数字も同じような問題を抱えています。例えば、意味は同じなのですが、「10」をどう読む（発音する）のかは地域によって異なります。このように、数字を使う場合にも、特にそのことばが得意でない若い人などが読む可能性のあるものについては振り仮名を振って頂ければと思います。

　この後は、本書で提案する表記法に基づいて書かれた各地のことばの書き方を個別に示していきます。琉球のことばが使われる地域の中から、北から南まで幅広い地域のことばを取り上げて書き方の例を示していますので、ご自身のことばでないところの説明も眺めてみて頂ければと思います。ページ数の問題もあり、本書では11の方言を取り上げましたが、いずれの方言も同じ表記体系で書かれています。本書の表記を用いると、琉球のどの地域のことばも書き表せるようになっていることを例示しているのです。

第1章

浦方言（鹿児島県大島郡龍郷町浦）

1.1 浦方言を書くために

　この章では浦方言の書き方について具体的に説明します。後述する1.2で表記一覧、1.3で語例、1.4で文例を示しますが、まず1.1でこの方言を書くにあたって有用だと思われることをまとめておきます。

　浦方言は、鹿児島県大島郡龍郷町の浦集落で話されている言葉です。浦集落は奄美大島の北部に位置している集落です。行政区画上は鹿児島県ですが、方言としては沖縄県で話されている言葉の仲間で、琉球方言に分類されます。浦方言の特徴の1つとして、日本語共通語（以下、日本語と略します）より使う音の数が多いことがあげられます。この問題は、浦方言だけではなく、琉球列島で話されている言葉に共通して言えることです。そのため、日本語の表記法で方言を書こうとした場合、ない音をどのように書くのか、という問題が出てきます。これを解決するために、本表記法では浦方言にあるすべての音に対応する表記を提案します。本表記法は日本語の表記法と矛盾しない「仮名表記」と「アルファベット表記」の2種類を用意しています。この2種の表記の対応が分かるように「仮名表記」と「アルファベット表記」は「あa」のように並べて示します。

　さきほど、浦方言は日本語より音が多いことが特徴だと述べました。浦方言は、「あa」「いi」「うu」「えe」「おo」の5つの母音の他に、「い」の唇のままで舌を少し後ろに引いて「う」の音に近づけた「ぃ゚ï」と、「え」の唇のままで舌を少し後ろに引いて「お」の音に近づけた「ぇ゚ë」の音があります（これらの音は、音声学では「中舌母音（なかじたぼいん・ちゅうぜつぼいん）」と呼ばれます）。浦方言では「いぃ゚ï」や「えぇ゚ë」のように母音だけでは現れず、必ず前に子音を伴います。「ぃ゚ï」の例としては、「目」を表す「むぃ゚ mï」（ID1207）や、「手」を表す「てぃ゚ tï」（ID0406）に使われる音がそれにあたります。また、「ぇ゚ë」の例としては、「前（まえ）」を表す「めぇ゚ më」（ID1209）に使われる音がそれにあたります。これらの中舌母音を表記するために、本表記法では、小文字の「ぃ」と「ぇ」の右上に『まる』の記号をつけた「ぃ゚」と「ぇ゚」を用意しています。

　もっとも、1.2の「浦方言の表記一覧」の中舌母音の仮名表記には、「むぃ゚/むぃ mï」のように『まる』がついているものとついていないものの両方が並べられている場合がありま

す。これは、例えば「目」を浦方言で書くときに、『まる』つきで「むぃ゚」と書いても良いし、『まる』無しで「むぃ」と書いても良い、ということを表しています。原則として、一覧表の左側にあげた表記をお薦めする関係上、1.4で示す「浦方言の文例」では中舌母音には小文字の「ぃ」と「ぇ」の右上に『まる』の記号をつけた「ぃ゚」と「ぇ゚」を使います。中舌母音を表記するために、小文字の「ぃ」と「ぇ」の右上に『まる』の記号をつけた「ぃ゚」と「ぇ゚」の仮名表記を採用すると決めたなら、『まる』をつけたりつけなかったりということはせずに、最初から最後まで中舌母音には『まる』をつけるようにしてください。

一方、「屁」を表す「ふぃ゚ / ふぅ゚ hwï」（ID0818）のように、必ず『まる』が必要であるとともに、その音に対応する仮名表記が2つ用意されている音もあります。原則、「い」と「う」の中間の音を表す中舌母音には「ぃ゚」の表記を与えていますが、「屁」を表す「hwï」を発音したときに、最後の音（中舌母音「ぃ゚ï」）が「い」よりも「う」の音に聞こえる人がいるからです。中舌母音「ぃ゚ï」は「い」と「う」の中間の音なのでこのようなことが起こります。そのため、原則、本表記法では中舌母音「ï」は「ぃ゚」の表記を採用するものの、「ぅ゚」と書いた方が実際の発音に近いと感じる場合は、中舌母音「ï」を「ぅ゚」で書いても構いません。また、この「ぅ゚」を採用したからといって、最初から最後まで中舌母音「ぅ゚」で統一する必要はありません。なぜなら、中舌母音「ï」が「い」と「う」のどちらにより近く聞こえるかは単語ごとに違うからです。

浦方言には中舌母音「ぃ゚ï」「ぇ゚ë」の他にも、喉の奥を一瞬詰まらせたような音（音声学では「喉頭化音」と呼ばれます）があります。日本語において、この音は意味の区別に使われませんが、浦方言ではこの音があるかないかで単語の意味が変わります。例えば、「豚」を表す「'わ w'a」や、「魚」を表す「'ゆ y'u」などの最初の音がそれにあたります。喉頭化音のない「輪」を表す「わ wa」や「湯」を表す「ゆ yu」とは、最初の音の出し方が違います。『ちょん』（引用符）の記号（「'」あるいは「'」）が喉の奥（喉頭）の緊張を表す記号です（仮名表記の場合は最初の文字の左側、アルファベット表記の場合は最初の文字の右側に『ちょん』をつけます）。『ちょん』の向きは統一しているのなら「'」「'」のどちらの向きでも構いません。仮名表記では全角、アルファベット表記では半角をお薦めします。浦方言では、パ行の音、「っ」（促音）の後はすべて喉頭化します。また、「k」「t」「m」「n」「w」「y」の音の一部が喉頭化します。これらを正確に表現するためには、例えば、「ぺん（ペン）」を表す「'ぺん p'en」、「もち（餅）」を表す「むっ'ち muc'c'hi」のように書く必要がありますが、これらの音は必ず喉頭化することが分かっているので、本章では『ちょん』の表記を省略して書くことにします。つまり、「ぺん pen」、「むっち mucchi」のように表記します。他の喉頭化音は、「豚」を表す「'わ w'a」や、「魚」を表す「'ゆ y'u」のように『ちょん』をつけて表記します。

まず、1.2の「浦方言の表記一覧」では浦方言で使われているすべての音を示します。次

に、1.3 の「浦方言の表記を使った語例」でそれらの音を使った単語の例を示します。音としては浦方言にあるけれども、語例が見つかっていないところは日本語の例をあげています。また、研究が進んでいないなどの理由で浦方言に確実にあるとは言えないけれども、存在する可能性がある音には語例のところに「著者未確認」としております。最後の 1.4 の「浦方言の文例」では、浦方言話者から実際聞いた話を本表記法で書き起こしたものを示します。

　浦方言を書く場合のポイントについて述べます。日本語と同じように、仮名表記では音が長い場合は「ー」、音が詰まる場合は「っ」を使って表記します。浦方言を書くときに難しい音は、中舌母音「ぃ゚ï」「ぇ゚ë」と、喉の奥を一瞬詰まらせたような音である喉頭化音（「豚」を表す「'わ w'a」や、「魚」を表す「'ゆ y'u」のように『ちょん』をつける表記）だと思います。その他にも「'くゎ k'wa」や「い゛ yi」や「をぅ wu」など日本語にはない発音があるので注意が必要です。

　中舌母音の仮名表記は小さい「ぃ」「ぇ」の右上に『まる』をつけます。アルファベット表記の中舌母音の「ï」「ë」は日本語をパソコンで入力する際には使わない記号です。「i」「e」の上に『ちょんちょん』（ウムラウト）をつけることで中舌母音を表します。「ï」「ë」は、国際音声字母（通称 IPA 表記）と呼ばれる特殊な記号なので、パソコンや携帯のキーボードで直接入力することが難しいでしょう。パソコンでこの記号を入力する際は、Word の「挿入」→「記号と特殊文字」を選んでください。さらに、「種類」で「IPA 拡張」と進むと、「ï」「ë」が入っている記号一覧が出てくるので、そこから「ï」「ë」を選んでください。この作業が難しい場合、中舌母音については、より打ちやすい代替表記として次のものを認めます。補助記号『ちょんちょん』（ウムラウト）については、『ちょん』を 2 つ連続させて当該母音の直前に置くことによって代替表記と見なすことにします。すなわち、「ï」と「ë」はそれぞれ「"i」と「"e」と書いても構いません。喉頭化音と中舌母音の組み合わせもあります。「1 つ」を表す「'てぃ゚つぃ゚ t'ïtsï」の「'てぃ゚ t'ï」（ID0429）がその例です。最初の「t」は喉頭化音なので「t'」となり『ちょん』が 1 つついています。特殊記号「ï」が入力できるのであれば「t'ï」となりますが、それが難しい場合は、『ちょん』の後に中舌母音を表す補助記号『ちょんちょん』を並べて「t'"i」と表すこともできます。この代替表記を用いた場合でも、『ちょん』が 1 つなら喉頭の緊張を伴う音、『ちょん』が 2 つならウムラウト、『ちょん』が 3 つなら喉頭の緊張を伴う音とウムラウトを同時に表すということになります。フォントは英数字用のフォントは「Times New Roman」や「Century」をお薦めします。

　話者の方々から、方言は文字で書けないから困ってしまう、というお話をよくうかがいます。最初は違和感があるかもしれませんが、浦方言の音とここで紹介した文字を一致させることで、確実に浦方言の特色ある音を書き残すことができます。身近な「音」の様々な特色や仕組み、それらを書き表すための方法を考える楽しさを感じ取ってもらえたら嬉しいです。

1.2 浦方言の表記一覧

後述する語例の表 (1.3) で「著者未確認」としている表記は括弧に入れてあります。表中の「/」は、推奨するのは左側の表記ですが、どちらの表記を使ってもいいことを表します。

あ	い	う	え	お	(いぴ/いぃ)	(えぇ/ええ)
a	i	u	e	o	(ï)	(ë)

ぱ	ぴ	ぷ	ぺ	ぽ	(ぷぴ/ぷぃ)	(ぺぇ/ぺえ)
pa	pi	pu	pe	po	(pï)	(pë)

ぴゃ		(ぴゅ)		(ぴょ)		
pya		(pyu)		(pyo)		

ば	び	ぶ	べ	ぼ	ぶぴ/ぶぃ	べぇ/べえ
ba	bi	bu	be	bo	bï	bë

びゃ		びゅ		びょ		
bya		byu		byo		

た		とぅ		と	てぴ/てぃ	てぇ/てえ
ta		tu		to	tï	të

'た		('とぅ)		('と)	'てぴ/'てぃ	('てぇ/'てえ)
t'a		(t'u)		(t'o)	t'ï	(t'ë)

だ		どぅ		ど	でぴ/でぃ	でぇ/でえ
da		du		do	dï	dë

か	き	く	け	こ	きぴ/きぃ くぴ/くぃ	けぇ/けえ
ka	ki	ku	ke	ko	kï	kë

くゎ						
kwa						

'くゎ				('くぉ)	('くぃ)	'くぇ
k'wa				(k'wo)	(k'wï)	k'wë
きゃ		きゅ		きょ		
kya		kyu		kyo		
'きゃ		('きゅ)		'きょ		
k'ya		(k'yu)		k'yo		
('か)	'き	'く	'け	'こ	('きぃ/'きい)	('けぇ/'けえ)
(k'a)	k'i	k'u	k'e	k'o	(k'ï)	(k'ë)
が	ぎ	ぐ	げ	ご	ぎぃ/ぎい ぐぃ/ぐい	げぇ/げえ
ga	gi	gu	ge	go	gï	gë
ぎゃ		ぎゅ		ぎょ		
gya		gyu		gyo		
ぐゎ						
gwa						
(ふぁ)				(ふぉ)	ふぃ/ふい	ふぇ
(hwa)				(hwo)	hwï	hwë
や	いぃ	ゆ	いえ	よ		
ya	yi	yu	ye	yo		
'や/いゃ		'ゆ/いゅ	'いえ	'よ/いよ		
y'a		y'u	y'e	y'o		
わ		をぅ		うぉ	(うぃ)	うぇ
wa		wu		wo	(wï)	wë
'わ/うゎ				('うぉ)	'うぃ	('うぇ)
w'a				(w'o)	w'ï	(w'ë)

1.2 浦方言の表記一覧

ま	み	む	め	も	むぃ/むい	めぇ/めえ
ma	mi	mu	me	mo	mï	më
'ま	('み)	('む)	('め)	'も	('むぃ/'むい)	
m'a	(m'i)	(m'u)	(m'e)	m'o	(m'ï)	
みゃ		みゅ		みょ		
mya		myu		myo		
('みゃ)		('みゅ)		('みょ)		
(m'ya)		(m'yu)		(m'yo)		
な	に	ぬ		の	ぬぃ/ぬい	ねぇ/ねえ
na	ni	nu		no	nï	në
'な	'に	('ぬ)		('の)	('ぬぃ/'ぬい)	
n'a	n'i	(n'u)		(n'o)	(n'ï)	
にゃ		にゅ		にょ		
nya		nyu		nyo		
('にゃ)		'にゅ		('にょ)		
(n'ya)		n'yu		(n'yo)		
さ	し	す	せ	そ	すぃ/すい	せぇ/せえ
sa	shi/syi	su	se	so	sï	së
しゃ		しゅ		しょ		
sha/sya		shu/syu		sho/syo		
ざ	じ	ず	ぜ	ぞ	ずぃ/ずい	ぜぇ/ぜえ
za	ji/zyi	zu	ze	zo	zï	zë
じゃ		じゅ		じょ		
ja/zya		ju/zyu		jo/zyo		

つぁ	ち	つ		つぉ	つぃ/つぃ	
tsa	chi	tsu		tso	tsï	
ちゃ		ちゅ		ちょ		
cha		chu		cho		
'ちゃ	'ち	'ちゅ		('ちょ)		
c'ha	c'hi	c'hu		(c'ho)		
は	ひ	ふ	へ	ほ		
ha	hi	hwu	he	ho		
ひゃ		ひゅ		(ひょ)		
hya		hyu		(hyo)		
ら	り	る		ろ	るぃ/るぃ	れぇ/れぇ
ra	ri	ru		ro	rï	rë
りゃ		りゅ		りょ		
rya		ryu		ryo		
ん		ー		っ		
n		母音を重ねる		子音を重ねる		

1.3 浦方言の表記を使った語例

語の意味は〈　〉で括って示しています。【新】は新しい語（日本語からの借用含む）、【古】は最近ではあまり使われない語です。表中の「/」は、推奨するのは左側の表記ですが、どちらの表記を使ってもいいことを表します。

表記	ローマ字	語例	番号
あ	a	あん an〈あの〉、あや aya〈綾〉、あど ado〈踵〉	0101
い	i	いん in〈うん（同等の人や目下の人への返事）〉、いざり izari〈夜の漁〉	0102
う	u	うー uu〈右（牛や馬に対してのみ使う）〉、うた uta〈歌〉、うや uya〈親〉	0103
え	e	かえり kaeri〈帰り【新】〉	0104
お	o	お o〈泡〉、おー oo〈はい（目上の人への返事）〉	0105
いぃ / いい	ï	著者未確認	0110
えぇ / ええ	ë	著者未確認	0109
ぱ	pa	ぱん pan〈パン〉、くさっぱら kusappara〈草原〉	0201
ぴ	pi	あんぴら anpira〈(薄い) ゴザ〉	0202
ぷ	pu	てんぷら tenpura〈てんぷら〉	0203
ぺ	pe	ペン pen〈ペン【新】〉	0204
ぽ	po	ポンプ ponpu〈ポンプ【新】〉	0205
ぷぃ / ぷい	pï	著者未確認	0207
ぺぇ / ぺえ	pë	著者未確認	0210

ぴゃ	pya	ぴゃーぴゃー pyaa pyaa〈鳥の鳴き声〉	0226
ぴゅ	pyu	著者未確認	0227
ぴょ	pyo	著者未確認	0228
ば	ba	すぃば / すぃば sïba〈舌〉、さばき sabaki〈櫛〉	0301
び	bi	びっきゃ bikkya〈蛙〉、かび kabi〈紙〉	0302
ぶ	bu	ぶとぅ butu〈蚊〉、なぶら nabura〈ヘチマ〉、がぶ gabu〈おでき〉	0303
べ	be	べんじょ benjo/benzyo〈便所〉	0304
ぼ	bo	くむぃぼっころ / くむぃぼっころ kumïbokkoro〈米袋〉	0305
ぶぃ / ぶぃ	bï	'ゆぶぃ / 'ゆぶぃ y'ubï〈指〉、なぶぃ / なぶぃ nabï〈鍋〉	0307
べぇ / べぇ	bë	わらべぇ / わらべぇ warabë〈子ども〉	0309
びゃ	bya	なすぃびゃー / なすぃびゃー nasïbyaa〈茄子〉	0319
びゅ	byu	とぅびゅん tubyun〈飛ぶ〉	0320
びょ	byo	とぅびょり tubyori〈飛びます〉	0321
た	ta	たふ tahwu〈蛸〉	0401
とぅ	tu	とぅり turi〈鳥〉、とぅき tuki〈時〉、とぅじ tuji/tuzyi〈妻〉、しぐとぅ shigutu/syigutu〈仕事〉	0403
と	to	とん ton〈芋〉、とごら togora〈母屋〉	0405
てぃ / てぃ	tï	てぃ / てぃ tï〈手〉、てぃだ / てぃだ tïda〈太陽〉、てぃざ / てぃざ tïza〈つば〉	0406

てぇ / てぇ	të	てぇっこ / てぇっこ tëkko〈げんこつ〉、はてぇ / はてぇ hatë〈畑〉 0408
'た	t'a	'たーつぃ / 'たーつぃ t'aatsï〈2つ〉、'たーり t'aari〈2人〉 0423
'とぅ	t'u	著者未確認 0425
'と	t'o	著者未確認 0427
'てぃ / 'てぃ	t'ï	'てぃつぃ / 'てぃつぃ t'ïtsï〈1つ〉 0429
'てぇ / 'てぇ	t'ë	著者未確認 0430
だ	da	だー daa〈どこ〉、ゆだ yuda〈枝〉 0501
どぅ	du	どぅー duu〈自分〉、どぅし dushi/dusyi〈友達〉 0503
ど	do	どら dora〈俵〉、どこねぇ / どこねぇ dokonë〈大根〉、やど yado〈戸〉 0505
でぃ / でぃ	dï	すでぃ / すでぃ sudï〈袖〉、うでぃ / うでぃ udï〈腕〉 0506
でぇ / でぇ	dë	でぇー / でぇー dëë〈竹〉、きょでぇ / きょでぇ kyodë〈兄弟・親戚〉 0508
か	ka	かまち kamachi〈頭〉、むかずぃ / むかずぃ mukazï〈百足〉 0601
き	ki	きたてぇ / きたてぇ kitatë〈崖〉、さばき sabaki〈櫛〉 0602
く	ku	く ku〈粉〉、くし kushi/kusyi〈後ろ・腰〉、すく suku〈底〉 0603
け	ke	なさけ nasake〈情け〉、いけ ike〈池〉 0604
こ	ko	こ ko〈皮〉、こーろ kooro〈心〉、こゆん koyun〈買う〉 0605
きぃ / きぃ くぃ / くぃ	kï	きぃ / きぃ / くぃ / くぃ kï〈木〉、きぃぶし / きぃぶし / くぃぶし / くぃぶし kïbushi/kïbusyi〈煙〉 0607

けぇ / けえ	kë	けぇな / けえな këna〈腕〉、けぇだむん / けえだむん këdamun〈動物〉	0609
くゎ	kwa	'くゎっくゎ k'wakkwa〈子ども+指小辞〉	0612
'くゎ	k'wa	'くゎ k'wa〈子ども〉	0611
'くぉ	k'wo	著者未確認	0614
'くぃ	k'wï	著者未確認	0616
'くぇ	k'wë	'くぇたん k'wëtan〈肥えた〉	0618
きゃ	kya	いきゃ ikya〈イカ〉、わきゃ wakya〈私たち〉	0628
きゅ	kyu	きゅー kyuu〈今日〉、きゅー kyuu〈左（牛や馬を操るときのみの掛け声）〉	0629
きょ	kyo	きょらむん kyoramun〈きれいな人〉、きょでぇ / きょでえ kyodë〈兄弟・親戚〉	0630
'きゃ	k'ya	'きゃー k'yaa〈喜界島〉	0637
'きゅ	k'yu	著者未確認	0638
'きょ	k'yo	'きょっしゃん k'yosshan/k'yossyan〈壊した〉	0639
'か	k'a	著者未確認	0640
'き	k'i	'きん k'in〈着物〉、'きび k'ibi〈（布を織って編んだ）紐〉	0641
'く	k'u	'くも k'umo〈雲〉、'くび k'ubi〈首〉	0642
'け	k'e	'けん k'en〈消える〉	0643
'こ	k'o	'こゆん k'oyun〈閉める〉	0644

1.3 浦方言の表記を使った語例

'きぃ / 'きぃ	k'ï	著者未確認	0645
'けぇ / 'けぇ	k'ë	著者未確認	0646
が	ga	がん gan〈蟹〉、はがり hagari〈明かり〉	0701
ぎ	gi	ぎなさん ginasan〈小さい〉、にぎ nigi〈棘〉、はぎ hagi〈足〉	0702
ぐ	gu	ぐっしゃん gusshan/gussyan〈杖〉、 ゆぐらし yugurashi/yugurasyi〈ひぐらし（蝉の種類）〉	0703
げ	ge	かんげ kange〈垣根〉、みしげ mishige/misyige〈しゃもじ〉	0704
ご	go	ごっか ごっか gokka gokka〈蛙の鳴き声〉	0705
ぎぃ / ぎぃ ぐぃ / ぐぃ	gï	あぎぃ / あぎぃ / あぐぃ / あぐぃ agï〈陸地〉、 あぎぃむん / あぎぃむん / あぐぃむん / あぐぃむん agïmun〈あげもの〉	0707
げぇ / げぇ	gë	とげぇ / とげぇ togë〈鍬〉、 しらげぇ / しらげぇ shiragë/syiragë〈白髪〉	0709
ぎゃ	gya	ひぎゃ higya〈東〉	0717
ぎゅ	gyu	おぎゅん ogyun〈泳ぐ〉、おーぎゅん oogyun〈扇ぐ〉	0718
ぎょ	gyo	みんぎょ mingyo〈人形〉	0719
ぐゎ	gwa	くんぐゎ ほん kungwa hon〈この本〉	0726
ふぁ	hwa	著者未確認	0813
ふぉ	hwo	著者未確認	0817
ふぃ / ふぅ	hwï	ふぃ / ふぅ hwï〈屁〉	0818
ふぇ	hwë	ふぇ hwë〈灰〉、ふぇざ hwëza〈蜻蛉〉	0820

や	ya	やー yaa〈家〉、がや gaya〈萱〉	1001
いぃ	yi	いぃ yi〈柄〉、いぃんが yinga〈男〉、いぃーたば yiitaba〈相互扶助（農作業など）〉	1002
ゆ	yu	ゆむた yumuta〈言葉〉、ゆだり yudari〈よだれ〉、ゆーばん yuuban〈夕食〉	1003
いぇ	ye	いぇら yera〈くらげ〉、いぇたん yetan〈やせた〉	1004
よ	yo	よー yoo〈祝い〉	1005
'や / いゃ	y'a	'やー / いゃー y'aa〈お前〉、'やきゃ / いゃきゃ y'akya〈お前たち〉	1014
'ゆ / いゅ	y'u	'ゆ / いゅ y'u〈魚〉、'ゆびぃ / いゅびぃ y'ubï〈指〉	1015
'いぇ	y'e	'いぇだ y'eda〈間〉	1016
'よ / いょ	y'o	'よっとー / いょっとー y'ottoo〈言いますよ〉	1017
わ	wa	わん wan〈私〉	1101
をぅ	wu	をぅー wuu〈紐〉、をぅとぅ wutu〈夫〉、をぅなぐ wunagu〈女〉、をぅどぅり wuduri〈踊り〉	1103
うぉ	wo	うぉーしゃん wooshan/woosyan〈おかしい〉	1105
うぃ	wï	著者未確認	1116
うぇ	wë	うぇん wën〈分ける〉	1117
'わ / うゎ	w'a	'わ / うゎ w'a〈豚〉	1113
'うぉ	w'o	著者未確認	1119
'うぃ	w'ï	'うぃ w'ï〈上〉	1120

1.3 浦方言の表記を使った語例

'うぇ	w'ë	著者未確認	1121
ま	ma	まり mari〈尻〉、がま gama〈洞窟〉	1201
み	mi	みっす missu〈味噌〉、くゆみ kuyumi〈暦〉、みしゅなてぇ/みしゅなてえ mishunatë/misyunatë〈一昨年〉	1202
む	mu	むん mun〈もの〉、むかずぃ/むかずい mukazï〈ムカデ〉	1203
め	me	めし meshi/mesyi〈ご飯〉	1204
も	mo	もほ moho〈婿〉	1205
むぃ/むい	mï	むぃ/むい mï〈目〉、くむぃ/くむい kumï〈米〉	1207
めぇ/めえ	më	めぇ/めえ më〈前〉、やんめぇ/やんめえ yanmë〈庭〉	1209
'ま	m'a	'ま m'a〈馬〉、'まつぃ/'まつい m'atsï〈火〉、'まが m'aga〈孫〉	1212
'み	m'i	著者未確認	1213
'む	m'u	著者未確認	1214
'め	m'e	著者未確認	1215
'も	m'o	'もるぃよー/'もるいよー m'orïyoo〈いらっしゃれよー〉	1216
'むぃ/'むい	m'ï	著者未確認	1217
みゃ	mya	せぇーぬみゃー/せえーぬみゃー sëënumyaa〈酒飲み〉	1224
みゅ	myu	かみゅん kamyun〈食べる〉、うがみゅん ugamyun〈拝む〉	1225
みょ	myo	うがみょり ugamyori〈拝みます〉	1226

'みゃ	m'ya	著者未確認	1233
'みゅ	m'yu	著者未確認	1234
'みょ	m'yo	著者未確認	1235
な	na	なん nan〈あなた〉、なだ nada〈涙〉、すぃな / すいな sïna〈砂〉	1301
に	ni	に ni〈荷〉、おに oni〈鬼【新】〉	1302
ぬ	nu	ぬー nuu〈何〉、ぬみ numi〈蚤〉、'きぬ k'inu〈昨日〉	1303
の	no	のごろー nogoroo〈あのねー〉	1305
ぬぃ / ぬい	nï	ぬぃずぃん / ぬいずいん nïzïn〈鼠〉、ぬぃぶ / ぬいぶ nïbu〈ひしゃく〉	1306
ねぇ / ねえ	në	ねぇー / ねえー nëë〈姉〉、やねぇ / やねえ yanë〈来年〉	1308
'な	n'a	'なま n'ama〈今〉	1310
'に	n'i	'に n'i〈稲〉	1311
'ぬ	n'u	著者未確認	1312
'の	n'o	著者未確認	1314
'ぬぃ / 'ぬい	n'ï	著者未確認	1334
にゃ	nya	にゃー nyaa〈貝〉、つぃんにゃま / ついんにゃま tsïnnyama〈かたつむり〉	1323
にゅ	nyu	にゅん nyun〈見る〉、しにゅん shinyun/syinyun〈死ぬ〉	1324
にょ	nyo	にょ nyo〈蓑〉	1325

'にゃ	n'ya	著者未確認	1331
'にゅ	n'yu	'にゅっち n'yucchi〈命〉	1332
'にょ	n'yo	著者未確認	1333
さ	sa	さた sata〈砂糖〉、はさん hasan〈鋏〉、ささみ sasami〈蟻〉	1401
し	shi/syi	しし shishi/syisyi〈肉〉、 しにんがぶ shiningabu/syiningabu〈たんこぶ〉、うし ushi/usyi〈牛〉	1402
す	su	すす susu〈裾〉、すとぅ sutu〈外〉	1403
せ	se	あっせ asse〈母【古】〉	1404
そ	so	そ so〈竿〉、そけぇ／そけぇ sokë〈ザル〉	1405
すぃ／すぃ	sï	すぃ／すぃ sï〈酢〉、あすぃぶぃ／あすぃぶい asïbï〈遊べ〉	1407
せぇ／せぇ	së	せぇー／せぇー së ë〈酒〉、せぇっく／せぇっく sëkku〈大工〉、 やっせぇ／やっせぇ yassë〈野菜〉	1410
しゃ	sha/sya	しゃ sha/sya〈下〉、あっしゃ assha/assya〈明日〉、 あさしゃ asasha/asasya〈蝉〉、みしゃ misha/misya〈土〉	1419
しゅ	shu/syu	しゅー shuu/syuu〈潮〉、ふしゅ hwushu/hwusyu〈祖父〉、 やねぇみしゅん／やねぇみしゅん yanëmishun/yanëmisyun〈再来年〉	1420
しょ	sho/syo	いっしょともい isshotomoi/issyotomoi〈かまきり〉、 いしょしゃー ishoshaa/isyosyaa〈漁師〉	1422
ざ	za	かざ kaza〈匂い〉、めぇざ／めぇざ mëza〈蚯蚓〉	1601
じ	ji/zyi	じん jin/zyin〈お金〉、じろ jiro/zyiro〈いろり〉、 うすじ usuji/usuzyi〈丘〉	1602
ず	zu	くず kuzu〈去年〉、ずぶ zubu〈尾〉	1603
ぜ	ze	ぜっくゎ zekkwa〈姉【古】〉	1604

ぞ	zo	かぞく kazoku〈家族【新】〉、おーぞら oozora〈大空【新】〉	1605
ずぃ / ずぃ	zï	'きずぃ / 'きずい k'izï〈傷〉、すぃずぃ / すいずい sïzï〈筋〉	1607
ぜぇ / ぜぇ	zë	ぜぇき / ぜえき zëki〈ススキ〉、なぜぇ / なぜえ nazë〈名瀬〉	1609
じゃ	ja/zya	ひんじゃ hinja/hinzya〈ヤギ〉、がじゃん gajan/gazyan〈蚊〉	1619
じゅ	ju/zyu	じゅり juri/zyuri〈料理〉、とぅじゅく tujuku/tuzyuku〈技〉、いじゅんご ijungo/izyungo〈井戸・川の中で水が噴き出しているところ〉	1620
じょ	jo/zyo	じょー joo/zyoo〈門〉、みじょ mijo/mizyo〈溝〉、いじょみ ijomi/izyomi〈泉〉	1622
つぁ	tsa	くっつぁん kuttsan〈殺さない〉	1701
ち	chi	ちかさん chikasan〈近い〉	1702
つ	tsu	かつ katsu〈鰹〉	1703
つぉ	tso	くっつぉ kuttso〈殺そう〉	1705
つぃ / つい	tsï	つぃむぃ / ついむい tsïmï〈爪〉、つぃの / ついの tsïno〈角〉、すてぃつぃ / すていつい sutïtsï〈ソテツ〉	1711
ちゃ	cha	ちゃ cha〈茶〉	1721
ちゅ	chu	ちゅか chuka〈急須〉	1722
ちょ	cho	もっちょ moccho〈額〉	1724
'ちゃ	c'ha	'ちゃん c'han〈父〉、'ちゃー 'ちゃー c'haa c'haa〈そうそう〉	1739
'ち	c'hi	'ち c'hi〈血〉、'ちじ c'hiji/c'hizyi〈頂上〉	1740
'ちゅ	c'hu	'ちゅ c'hu〈人〉、'ちゅり c'huri〈1 人〉	1741

'ちょ	c'ho	著者未確認	1743
は	ha	は ha〈葉〉、はてぇ/はてぇ hatë〈畑〉	1801
ひ	hi	ひぎ higi〈髭〉、ひんま hinma〈昼〉、ひぐる higuru〈垢〉、がひつゐ/がひつぃ gahitsï〈ウニ〉	1802
ふ	hwu	ふ hwu〈穂〉、ふに hwuni〈船〉、ふっつゐ/ふっつぃ hwuttsï〈ヨモギ〉	0815
へ	he	へら hera〈ヘラ【新】〉、へいき heiki〈平気【新】〉	1804
ほ	ho	ほんま honma〈祖母〉、ほしゃ hosha/hosya〈包丁〉	1805
ひゃ	hya	ひゃく hyaku〈百〉	1816
ひゅ	hyu	ひゅー hyuu〈盗み〉、ひゅり hyuri〈日〉	1817
ひょ	hyo	著者未確認	1818
ら	ra	びら bira〈韭〉、すゐびら/すいびら sïbira〈桃〉	1901
り	ri	いり iri〈錐〉、むり muri〈丘〉	1902
る	ru	ゆる yuru〈夜〉、たる taru〈誰〉	1903
ろ	ro	むしろ mushiro/musyiro〈ムシロ〉	1905
るゐ/るい	rï	あるゐ/あるい arï〈あれ〉、くるゐ/くるい kurï〈これ〉、うるゐ/うるい urï〈それ〉	1906
れぇ/れぇ	rë	'きれぇ/'きれぇ k'irë〈布〉、あれぇち/あれぇち arëchi〈荒地〉	1908
りゃ	rya	はりゃ harya〈柱〉	1921
りゅ	ryu	はしりゅん hashiryun/hasyiryun〈走る〉	1922

りょ	ryo	ありがっさま ありょーた arigassama aryoota 〈ありがとうございます〉
ん	n	くん kun 〈この〉、みん min 〈耳〉
ー	母音を重ねる	きゅー kyuu 〈今日〉、こーろ kooro 〈心〉
っ	子音を重ねる	おっかん okkan 〈母〉、おっさ ossa 〈アオサ〉

1.4 浦方言の文例

※方言を話せる人に向けて書くものの場合など、「＝」の記号は省略してもかまいません。

けぇんむん
kënmun
ケンムン
（ケンムン〈妖怪〉）

とにかく　うん　けぇんむん＝ちゅん＝や
tonikaku　un　kënmun=chun=ya
とにかく　その　ケンムン＝というの＝は
（とにかく、その、ケンムンというのは）

まや　なたり　いん　なたり　なー　うん
maya　natari　in　natari　naa　un
猫　なったり　犬　なったり　もう　その
（猫（に）なったり　犬（に）なったり、もう、その）

うし＝ぬ　あん　'くゎっくゎ＝にし　なたり
ushi=nu　an　k'wakkwa=nishi　natari
牛＝の　あの　子＝ように　なったり
（牛の、あの、子のようになったり）

なー　だんだん　すがた　けぇん＝かな＝や
naa　dandan　sugata　kën=kana=ya
もう　だんだん　姿　変える＝から＝ね
（もう、だんだん姿（を）変えるからね。）

うん　うん　とぅき　うれぇ　いし　なぎぱたり
un　un　tuki　urë　ishi　nagïtari
その　その　とき　それ　石　投げたり
（その、そのとき、それ、石（を）投げたり）

うん　ゆむぐち　ちゃぎぱさ　すぃるぱば
un　yumuguchi　chagïsa　sïrïba
その　悪口　みたい　すれば
（悪口を言おうとすれば）

うがし　まいくらしゅん＝ち＝ぬ　いー　じゃ＝がな＝っちょ。
ugashi　maikurashun=chi=nu　ii　ja=gana=ccho
そうして　迷わせる＝と＝の　言い　だ＝がね＝て
（そうして、迷わせるって言われているんだよ。）

うがしゅん=かな　わきゃ　うや=んきゃ　うるぱ　なー
ugashun=kana　wakya　uya=nkya　urï　naa
そうする＝から　私たち　親＝なんか　それ　もう
（だから　私たち（の）親とか、それ、もう）

やまぐだり=だか　なー　うん　どぅんちゅり　ずっと
yamagudari=daka　naa　un　dunchuri　zutto
山下り＝も　もう　その　自分一人　ずっと
（山下りも、もう、その、自分一人（で）ずっと）

すみ　やしゃり　し　やまぐまり　し
sumi　yashari　shi　yamagumari　shi
炭　焼いたり　して　山ごもり　して
（炭（を）焼いたりして、山ごもりして）

なー　うん　けぇんむん=とぅ　おてぃ　ならとぅん=かな
naa　un　kënmun=tu　otï　naratun=kana
もう　その　ケンムン＝と　会って　ならっている＝から
（もう、その、ケンムンと会って、ならっているから）

いっさい　なー　うん　けぇんむん=ち　うむたん=てぃん
issai　naa　un　kënmun=chi　umutan=tïn
一切　もう　その　ケンムン＝と　思った＝としても
（一切、もう、その、ケンムンと思ったとしても）

まや=どぅ　あっ=かな　いや　まや　じゃ=がな　いん　じゃ=がな=っちし
maya=du　ak=kana　iya　maya　ja=gana　in　ja=gana=cchishi
猫＝ぞ　だ＝から　いや　猫　だ＝がね　犬　だ＝がね＝と言って
（猫だから、いや、猫じゃないか、犬じゃないかと言って）

なー　あなん　ふり　し　しらん　ふり　し　いきば
naa　anan　hwuri　shi　shiran　hwuri　shi　ikiba
もう　じゃない　振り　して　知らない　振り　して　行けば
（もう、そうではない振り（を）して、知らない振り（を）して行くと）

きゃしん　すぃらん=ち　'ゆたん　じゃ=が　うがし　すぃるぱ=っち
kyashin　sïran=chi　y'utan　ja=ga　ugashi　sïrï=cchi
どうも　しない＝と　言っていた　だ＝が　そう　しろ＝と
（何事もないと言っていた（の）だが、そうしろと）

'ゆん=かな　うがし　すぃるぱ　いっさい　うん　うっか
y'un=kana　ugashi　sïrïba　issai　un　ukka
言う＝から　そう　すると　一切　その　それより
（言うからそうすると、一切、その、それより）

あとぅ=や	なー	うっ=から=が	さっき=がり	いじ	かえり=ん
atu=ya	naa	uk=kara=ga	sakki=gari	iji	kaeri=n
後=は	もう	それ=から=が	さっき=まで	行って	帰り=に

（後は、もう、それからだったら、さっきまで行って、帰りに）

うま	にしゃん=てぃん	なー	うん	うらん	むぬ=っちょ。
uma	nishan=tïn	naa	un	uran	munu=ccho.
そこ	見た=としても	もう	その	いない	もの=よ

（そこ（を）見たとしても、もう、その、いないんだよ。）

謝辞

　本章執筆にあたり、非常に多くの方々にご協力をいただきました。ここに、心より感謝の意を表します。方言話者である川畑キヨ子氏、榊幸隆氏、榊トヨ子氏、坂下ミスエ氏、重野寛輝氏、新島一輝氏、新島ナツエ氏（名前順）には、ご多忙のところ貴重な時間をさいてお付き合いいただきました。特に本調査研究の初期よりご協力いただいた坂下ミスエ氏、新島一輝氏、新島ナツエ氏においては、浦集落に伝わる民話や風習、島唄についてもご教示いただきました。「1.4 浦方言の文例」は新島一輝氏の体験談を文字化したものです。

　また、表記法を考案するにあたり、喜界島方言を研究している白田理人氏（学術振興会 / 琉球大学）には、調査や分析に関する助言や協力、資料の提供など多大なご協力をいただきました。心より感謝申し上げます。

　この研究成果を少しでも浦集落の方々をはじめ、多くの方々の活動に用いていただけたら幸いに存じます。

第 2 章
湯湾方言（鹿児島県大島郡宇検村湯湾）

2.1 湯湾方言を書くために

　この章では湯湾方言の書き方について具体的に説明します。後述する 2.2 で表記一覧、2.3 で語例、2.4 で文例を示しますが、まず 2.1 でこの方言を書くにあたって有用だと思われることをまとめておきます。

　湯湾方言は、琉球列島の最北端にある奄美大島で話されています（さらに正確には、奄美大島の島内西部にある宇検村の湯湾集落で話されています）。

　湯湾方言の特徴として、共通語の「い」と「う」の中間のような音を使ったり、口を少し大きめに開けた「え」の音を使うことがあります（これらの音は、音声学では「中舌母音（なかじたぼいん・ちゅうぜつぼいん）」と呼ばれます）。「い」と「う」の中間のような音の例としては、「目」を表す「むぃー mïï」や、「手」を表す「てぃー tïï」に出てくる音がそれにあたります。また、口を少し大きめに開けた「え」の音の例としては、「間（あいだ）」を表す「えぇーだ ëëda」や、「若い娘さん」を表す「めぇーらぶぃ mëërabï」の最初の方に使われている音がそれにあたります。ごらんの通り、これらの中舌母音を正確に表記するために、本表記法では、小文字の「ぃ」と「ぇ」の右上に『まる』の記号を付けた「ぃ゚」と「ぇ゚」を用意しています。

　但し、2.2 の「湯湾方言の表記一覧」を見ますと、中舌母音を表す仮名表記の一部には、「てぃ゚ / てぃ」のように『まる』の記号（「゚」）が付いているものと付いていないものの両方が並べられています。これは、本書の方針を用いた場合、例えば「手」を湯湾方言で表す時に、『まる』付きで「てぃ゚ー」と書いても良いし、『まる』無しで「てぃー」と書いても良い、ということを表しています。しかし、中には「うぃ゚ wï」のように、必ず『まる』が必要なものもあります。この場合は、例えば「桶（おけ）」を湯湾方言で表す時には、必ず「うぃ゚ー」としなければならず、「うぃー」としてはいけません。これは、「うぃー」としてしまうと、「wï」（ID1116）ではなく、「wi」（ID1102）の発音であると思われてしまうためです。2.2 の「湯湾方言の表記一覧」と 2.3 の「湯湾方言の表記を使った語例」では、『まる』付きと『まる』なしの両方がある文字（例えば「てぃ゚ / てぃ」）は両方の表記法を示してあります。しかし、2.4 の「湯湾方言の文例」に示した実際の使用例では、中舌母音

はすべて『まる』付きにしてあります（『まる』を付けなくても良いのか、付けなければいけないのかをそれぞれ覚えるのは大変なので、すべての中舌母音には『まる』を付けることにしました）。ちなみに、『まる』の記号（「゜」）は、ワープロで「まる」と打って変換すると候補の中に現れます。

　湯湾方言にはさらに、喉の奥を一瞬詰まらせたような音（音声学では「喉頭化音」と呼ばれます）があります。例えば、「豚」を表す「'わー w'aa」や、「魚」を表す「'ゆ y'u」などの最初の音がそれにあたります。『ちょん』の記号（「'」や「'」）が喉の奥（喉頭）の緊張を表す記号です（仮名表記の場合は最初の文字の左側に「'」を、アルファベット表記の場合は最初の文字の右側に「'」を付けます）。湯湾方言では、パ行の音、「っ」（促音）の後、iの前のk、wの前のkがすべて喉頭化しますので、これらを正確に表現するためには、例えば、「ぴり（最後尾）」を表す「'ぴり p'iri」、「あの人たち」を表す「あっ'たー at't'aa」、「着物」を表す「'きん k'in」、「子」を表す「'くゎ k'wa」のように書く必要がありますが、これらの音は必ず喉頭化することが分かっているので、本章では『ちょん』の音を省略して書くことにします。つまり、「ぴり」、「あったー」、「きん」、「くゎ」のように表記します。（従って、これらの音は、IDで示された箇所の音声（の定義）とは厳密にはズレが生じます。例えば、「ぴり」の最初の音は、実際は喉頭化した「'ぴ p'i」（ID0214）ですが、湯湾方言の表記では「ぴ pi」（ID0202）を用います。そのため、2.2の一覧表でも、「'ぴ p'i」（ID0214）ではなく、「ぴ pi」（ID0202）を載せています。その他の「き」や「くゎ」などに関しても同様です。）

　さらにもう一つ別の音について述べておきましょう。共通語からの借用語で「兵隊さん」が「へいたいさん heitaisan」、「先生」が「しんしぇい shinshei」（または「しんしぇー shinshee」や「しぇんしぇー shenshee」）のように発音されることがありますが、これらに使われる「へ he」や「しぇ she」は2.2の表記一覧にも、2.3の語例にも載せてありません。これは、これらが共通語からの借用語であることと、「え e」の音を使う頻度が湯湾方言では極端に少ないことが理由です。もし、湯湾方言を文字にする際にこれらの音を書く必要が生じた場合は、上記のようにエ段の仮名（アルファベットならばe）を利用してください。

2.2 湯湾方言の表記一覧

表中の「/」は、推奨するのは左側の表記ですが、どちらの表記を使ってもいいことを表します。一般的な「五十音」の順番に近付けて並べてあります。拗音（小さい「ゃ」、「ゅ」、「ょ」、「ゎ」が付いたもの）は 2.2 節の後ろのほうにまとめてあります。

あ	い	う	お	いぴ / いぃ	えぇ / ええ
a	i	u	o	ï	ë

か	き	く	こ	くぴ / くぃ きぴ / きぃ	けぇ / けえ
ka	ki	ku	ko	kï	kë

		'く			
		k'u			

が	ぎ	ぐ	ご	ぐぴ / ぐぃ ぎぴ / ぎぃ	げぇ / げえ
ga	gi	gu	go	gï	gë

さ	し	す	そ	すぴ / すぃ	せぇ / せえ
sa	shi/syi	su	so	sï	së

ざ	じ			ずぴ / ずぃ	ぜぇ / ぜえ
za	ji/zyi			zï	zë

た		とぅ	と	てぃぴ / てぃ	てぇ / てえ
ta		tu	to	tï	të

	ち	つ		つぴ / つぃ	つぇ
	chi	tsu		tsï	tsë

'た			'と	'てぃぴ / 'てぃ	
t'a			t'o	t'ï	

だ		どぅ	ど	でぃぴ / でぃ	でぇ / でえ
da		du	do	dï	dë

な	に	ぬ	の	ぬぃ / ぬぃ	ねぇ / ねぇ
na	ni	nu	no	nï	në
は	ひ	ふ	ほ	ひぃ / ひぃ	へぇ / へぇ
ha	hi	hwu	ho	hï	hë
ぱ	ぴ	ぷ	ぽ	ぷぃ / ぷぃ	ぺぇ / ぺぇ
pa	pi	pu	po	pï	pë
ば	び	ぶ	ぼ	ぶぃ / ぶぃ	べぇ / べぇ
ba	bi	bu	bo	bï	bë
ま	み	む	も	むぃ / むぃ	めぇ / めぇ
ma	mi	mu	mo	mï	më
'ま			'も	'むぃ / 'むぃ	
m'a			m'o	m'ï	
や	いぃ	ゆ	よ	いぃ / いぃ	いぇ / いぇ
ya	yi	yu	yo	yï	yë
'や / いや		'ゆ / いゅ	'よ / いよ	'いぃ / 'いぃ	
y'a		y'u	y'o	y'ï	
ら	り	る	ろ	るぃ / るぃ	れぇ / れぇ
ra	ri	ru	ro	rï	rë
わ		をぅ	うぉ	うぃ	うぇ
wa		wu	wo	wï	wë
'わ / うわ					
w'a					
ん	ー	っ			
n	音を重ねる /:	子音を重ねる			

きゃ		きゅ	きょ	きぃ	
kya		kyu	kyo	kyï	
'きゃ		'きゅ	'きょ		
k'ya		k'yu	k'yo		
ぎゃ		ぎゅ	ぎょ	ぎぃ	
gya		gyu	gyo	gyï	
くゎ			くぉ		くぇ
kwa			kwo		kwë
しゃ		しゅ	しょ	しぃ / しぃ	しぇ
sha/sya		shu/syu	sho/syo	shï/syï	shë/syë
じゃ		じゅ	じょ	じぃ / じぃ	じぇ
ja/zya		ju/zyu	jo/zyo	jï/zyï	jë/zyë
ちゃ		ちゅ	ちょ	ちぃ / ちぃ	ちぇ
cha		chu	cho	chï	chë
'ちゃ		'ちゅ	'ちょ	'ちぃ / 'ちぃ	'ちぇ
c'ha		c'hu	c'ho	c'hï	c'hë
にゃ		にゅ	にょ	にぃ	にぇ
nya		nyu	nyo	nyï	nyë
		'にゅ		'にぃ	'にぇ
		n'yu		n'yï	n'yë
		ひゅ		ふぃ / ふぅ	
		hyu		hwï	
ぴゃ		ぴゅ			
pya		pyu			

びゃ		びゅ					
bya		byu					
みゃ		みゅ		みょ		みぃ	
mya		myu		myo		myï	

2.3 湯湾方言の表記を使った語例

語の意味は〈 〉で括って示しています。【新】は新しい語（日本語からの借用含む）、【古】は最近ではあまり使われない語です。表中の「/」は、推奨するのは左側の表記ですが、どちらの表記を使ってもいいことを表します。

あ	a	あむぃ / あむぃ amï 〈雨〉、あんまー anmaa 〈お母さん〉、あいきゅい aikyui 〈歩く〉
い	i	いし ishi/isyi 〈石〉、まい mai 〈尻〉、いきゅい ikyui 〈行く〉
う	u	うすぃ / うすぃ usï 〈臼〉、うん un 〈海〉、うちゅい uchui 〈打つ〉
お	o	おーなじ oonaji 〈蛇の一種〉、おっかん okkan 〈お母さん〉、おーゆい ooyui 〈会う〉
いぃ / いい	ï	いぃん / いいん ïn 〈犬〉、いぃつぃ / いいつぃ ïtsï 〈いつ〉、いぃべぇーさ / いいべぇーさ ïbëësa 〈狭い〉
えぇ / ええ	ë	えぇーだ / えぇーだ ëëda 〈間〉、えぇーつぃるぃ / えぇーつぃるぃ ëëtsïrï 〈同級生〉
か	ka	かむぃ / かむぃ kamï 〈甕〉、ぬぃかん / ぬぃかん nïkan 〈みかん〉、かみゅい kamyui 〈食べる〉
き	ki	きん kin 〈着物〉、びき biki 〈蛙〉、いきちゃさ ikichasa 〈行きたい〉
く	ku	くま kuma 〈ここ〉、ふくる hwukuru 〈袋〉、どぅくさ dukusa 〈健康だ〉
こ	ko	こー koo 〈川〉、みんこー minkoo 〈聾〉、はつぃこーさ / はつぃこーさ hatsïkoosa 〈チクチクする〉
くぃ / くい きぃ / きい	kï	くぃー / くいー / きぃー / きいー kïï 〈木〉、しゅーくぃー / しゅーくいー / しゅーきぃー / しゅーきいー shuukïï/syuukïï 〈ごちそう〉、あくぃゆい / あくいゆい / あきぃゆい / あきいゆい akïyui 〈開ける〉
けぇ / けえ	kë	けぇーにゃ / けえーにゃ këënya 〈二の腕〉、あったけぇー / あったけえー attakëë 〈ありったけ〉、はんけぇーゆい / はんけえーゆい hankëëyui 〈転ぶ〉
'く	k'u	'くら k'ura 〈倉〉、'くーふー k'uuhwuu 〈ふくろう〉
が	ga	がん gan 〈蟹〉、くが kuga 〈卵【古】〉、ながさ nagasa 〈長い〉

ぎ	gi	ぎんめぇー / ぎんめぇー ginmëë〈約束〉、はぎ hagi〈足〉、にぎゆい nigiyui〈握る〉	0702
ぐ	gu	ぐま guma〈胡麻〉、たまぐ tamagu〈卵〉、どぅぐっしゃ dugussha/dugussya〈やりにくい〉	0703
ご	go	ごーるー gooruu〈丸〉、てぃんごろー / てぃんごろー tïngoroo〈雷〉、はごーさ hagoosa〈憎い〉	0705
ぐぃ / ぐぃ ぎぃ / ぎぃ	gï	ぐぃーつぃびー / ぐぃーつぃびー / ぎぃーつぃびー / ぎぃーつぃびー gïtsïbii〈びり（最後尾）〉、あしゃぐぃ / あしゃぐぃ / あしゃぎぃ / あしゃぎぃ ashagï/asyagï〈広場〉、しゅぐぃさ / しゅぐぃさ / しゅぎぃさ / しゅぎぃさ shugïsa/syugïsa〈小さい〉	0707
げぇ / げぇ	gë	げぇーをうだ / げぇーをうだ gëëwuda〈(地名)〉、かげぇー / かげぇー kagëë〈影〉、なげぇーさ / なげぇーさ nagëësa〈長い〉	0709
さ	sa	さたー sataa〈砂糖〉、くさん kusan〈(竹の一種)〉、さぎぃゆい / さぎぃゆい sagïyui〈下げる〉	1401
し	shi/syi	しま shima/syima〈集落、島〉、くし kushi/kusyi〈背中〉、しーちゃさ shiichasa/syiichasa〈したい〉	1402
す	su	すとぅ sutu〈外〉、みす misu〈味噌〉、すっきゆい sukkyui〈引っ張る〉	1403
そ	so	そー soo〈茎〉、すぃんそー sïnsoo〈先祖〉、うそーるぃ / うそーるぃい usoorïi〈被される〉	1405
すぃ / すぃ	sï	でぃすぃき / でぃすぃき dïsïki〈すすき〉、すぃば / すぃば sïba〈舌〉、ひぃすぃさ / ひぃすぃさ hïsïsa〈薄い〉	1407
せぇ / せぇ	së	せぇー / せぇー sëë〈酒〉、やせぇー / やせぇー yasëë〈野菜〉、ぬぃせぇー / ぬぃせぇー nïsëë〈青年〉	1410
ざ	za	'くるざたー k'uruzataa〈黒砂糖〉	1601
じ	ji/zyi	じゅ jiyu/zyiyu〈かまど〉、とぅじ tuji/tuzyi〈妻〉、いじゆい ijiyui/izyiyui〈出る〉	1602
ずぃ / ずぃ	zï	ずぃん / ずぃん zïn〈銭【古】〉、かずぃ / かずぃ kazï〈風〉、あずぃくぃゆい / あずぃきぃゆい / あずぃくぃゆい / あずぃきぃゆい azïkïyui〈預ける〉	1607
ぜぇ / ぜぇ	zë	かぜぇー / かぜぇー kazëë〈風は〉	1609
た	ta	たー taa〈田〉、ゆむぃた / ゆむぃた yumïta〈ことば〉、うたん utan〈打たない〉	0401

とぅ	tu	とぅい tui〈鳥〉、うとぅとぅ ututu〈年下〉、とぅゆい tuyui〈取る〉	0403
と	to	とーくゎー tookwëë〈鋤〉、いぇいと yëito〈たくさん〉、とーるぃゆい / とーるぃゆい tooorïyui〈倒れる〉	0405
てぃ / てい	tï	てぃー / てぃー tïï〈手〉、はてぃー / はてぃー hatïï〈畑〉、うてぃ / うてぃ utï〈打て〉	0406
てぇ / てえ	të	こーてぇーら / こーてぇーら kootëëra〈買ってから〉、てぇーふ / てぇーふ tëëhwu〈台風〉、にんてぇー / にんてぇー nintëë〈連中〉	0408
ち	chi	ちきゃら chikyara〈力〉、ちちー chichii〈杵〉、うちちゃさ uchichasa〈打ちたい〉	1702
つ	tsu	つぶし tsubushi/tsubusyi〈膝〉、とーつぶる tootsuburu〈島カボチャ〉、つくゆい tsukuyui〈作る〉	1703
つぃ / つい	tsï	つぃむぃ / つぃむぃ tsïmï〈爪〉、みーつぃ / みーつい miitsï〈三つ〉、なつぃかしゃ / なついかしゃ natsïkasha/natsïkasya〈懐かしい〉	1711
つぇ	tsë	みーつぇー miitsëë〈三つは〉	1709
'た	t'a	'たい t'ai〈二人〉、'たーつぃ / 'たーつい t'aatsï〈二つ〉	0423
'と	t'o	'とーむにー t'oomunii〈ツトム兄さん〉	0427
'てぃ / 'てい	t'ï	'てぃー / 'てぃー t'ïï〈一つ〉、'てぃん / 'てぃん t'ïn〈白痴〉	0429
だ	da	だー daa〈どこ〉、かだ kada〈香り〉、ぬだ nuda〈飲んだ〉	0501
どぅ	du	どぅし dushi/dusyi〈友達〉、くどぅ kudu〈去年〉、ぬどぅい nudui〈飲んでいる〉	0503
ど	do	どーくぬぃー / どーくぬぃー dookunïï〈大根〉、くんどー kundoo〈今度〉、あどーるぃゆい / あどーるぃゆい adoorïyui〈ふらつく〉	0505
でぃ / でい	dï	でぃー / でぃー dïï〈竹〉、うでぃ / うでぃ udï〈腕〉、とぅでぃんなさ / とぅでぃんなさ tudïnnasa〈寂しい〉	0506
でぇ / でえ	dë	ゆでぇーさ / ゆでぇーさ yudëësa〈遅い〉、きょーでぇー / きょーでぇー kyoodëë〈兄弟〉、でぇーく / でぇーく dëëku〈大工〉	0508
な	na	なー naa〈中〉、はな hana〈鼻〉、'くーな k'uuna〈来るな〉	1301

に	ni	にんてぇー / にんてぇー nintëë〈連中〉、にっちゃ niccha〈似てる〉	1302
ぬ	nu	ぬー nuu〈何〉、ぬぬ nunu〈布、紬〉、ぬさるぃゆい / ぬさるぃゆい nusarïyui〈幸せだ〉	1303
の	no	のー noo〈釣り糸〉、のーぎー noogii〈のこぎり〉、てぃんのーぎ / てぃんのーぎ tïnnoogi〈虹〉	1305
ぬぴ / ぬぃ	nï	ぬぃーじん / ぬぃーじん nïïjin〈人参〉、どーくぬぃー / どーくぬぃー dookunïï〈大根〉、ぬぃぶゆい / ぬぃぶゆい nïbuyui〈眠る〉	1306
ねぇ / ねぇ	në	ねぇー / ねぇー nëë〈姉さん〉、ゆねぇー / ゆねぇー yunëë〈夕方〉	1308
は	ha	はー haa〈歯〉、なは naha〈沖縄〉、くはゆい kuhayui〈固まる〉	1801
ひ	hi	ひや hiya〈坂〉、ひゆい hiyui〈お腹が減る〉、ひぎゅっさ higyussa〈寒い〉	1802
ふ	hwu	ふぬぃ / ふぬぃ hwunï〈舟〉、てぇーふ / てぇーふ tëëhwu〈台風〉、ふでぇーゆい / ふでぇーゆい hwudëëyui〈育つ〉	0815
ほ	ho	ほんまー honmaa〈曾祖母〉、むほー muhoo〈婿〉、ほーらしゃ hoorasha/hoorasya〈嬉しい〉	1805
ひぴ / ひぃ	hï	ひぃぐ / ひぃぐ hïgu〈ヘゴ〉、ひぃる / ひぃる hïru〈にんにく〉、ひぃーさ / ひぃーさ hïïsa〈大きい〉	1806
へぇ / へぇ	hë	へぇーさ / へぇーさ hëësa〈早い〉、へぇんきゅい / へぇんきゅい hënkyui〈入る〉	1808
ぱ	pa	がっぱー gappaa〈拳骨〉、あっぱん appan〈遊ばない〉	0201
ぴ	pi	ぴり piri〈ビリ（最後尾）〉、あっぴちゃさ appichasa〈遊びたい〉	0202
ぷ	pu	ろっぷ roppu〈ロープ〉、あっぷば appuba〈遊ぶから〉	0203
ぽ	po	ぽんわた ponwata〈ポコッと膨らんだお腹〉、しっぽー shippoo/syippoo〈鈍ら〉、あっぽー appoo〈あったら〉	0205
ぷぴ / ぷぃ	pï	まいぬ ぷぃー / まいぬ ぷぃー mainu pïï〈尻の穴〉、あっぷぃ / あっぷぃ appï〈遊べ〉	0207
ぺぇ / ぺぇ	pë	あんぺぇー / あんぺぇー anpëë〈あんばい〉、あっぺぇー すぃらんた / あっぺぇー すぃらんた appëë sïranta〈遊びはしなかった〉	0210

ば	ba	ばー baa〈嫌だ〉、なば naba〈きのこ〉、とぅるぃば / とぅるいば turïba〈取れば（いいじゃないか）〉	0301
び	bi	びや biya〈にら〉、かび kabi〈紙〉、ならびちゃさ narabichasa〈並びたい〉	0302
ぶ	bu	ぶるぃん / ぶるいん burïn〈部連〉、はぶ habu〈ハブ〉、うぶさ ubusa〈重い〉	0303
ぼ	bo	ぼんさん bonsan〈お坊さん〉、ずぃぼー / ずいぼー zïboo〈尻尾〉、かまんぼー kamanboo〈食べなければ〉	0305
ぶぃ / ぶい	bï	わらぶぃ / わらぶい warabï〈こども〉、ゆぶぃ / ゆぶい yubï〈昨夜〉、とぅぶぃ / とぅぶい tubï〈飛べ〉	0307
べぇ / べえ	bë	いぃべぇーさ / いいべえーさ ïbëësa〈狭い〉、おーべぇー / おーべえー oobëë〈金蠅〉、とぅべぇー　すぃらん / とぅべえー　すいらん tubëë sïran〈飛びはしない〉	0309
ま	ma	まむぃ / まむい mamï〈豆〉、あま ama〈あそこ〉、ぬまん numan〈飲まない〉	1201
み	mi	みちゃ micha〈土〉、ぬみーどー numiidoo〈飲むよ〉	1202
む	mu	むぎー mugii〈二枚貝〉、ゆーむんどぅい yuumundui〈スズメ〉、むいゆい muiyui〈生える〉	1203
も	mo	もーしゃ moosha/moosya〈亡くなった〉、うもーゆい umooyui〈いらっしゃる、おっしゃる〉	1205
むぃ / むい	mï	むぃー / むいー mïï〈目〉、あむぃ / あむい amï〈雨〉、かむぃ / かむい kamï〈食べろ〉	1207
めぇ / めえ	më	めぇー / めえー mëë〈前〉、はんめぇー / はんめえー hanmëë〈ごはん〉、かめぇーゆい / かめえーゆい kamëëyui〈頭に載せる〉	1209
'ま	m'a	'ま m'a〈馬〉、'まつぃ m'atsï〈火〉、'まさ m'asa〈おいしい〉	1212
'も	m'o	'もー m'oo〈馬は〉	1216
'むぃ / 'むい	m'ï	'むぃー / 'むいー m'ïï〈むべ（植物の一種）〉	1217
や	ya	やま yama〈山〉、うや uya〈親〉、どぅやさ duyasa〈楽だ〉	1001
いぃ	yi	いぃんが yinga〈男〉、いぃん yin〈同じ〉、いぃっちゃ yiccha〈良い〉	1002

ゆ	yu	ゆはなてぃ yuhanatï〈さきおととい、やのあさって〉、なんじゅ nanjiyu/nanzyiyu〈いろり〉、とぅゆい tuyui〈取る〉	1003
よ	yo	よーすぃ yoosï〈様子〉、よいくゎ yoikwa〈静かに〉、よーしゅるぃ/よーしゅるい yooshurï/yoosyurï〈静かにしろ〉	1005
いぴ゚/いぃ	yï	いぴ゚ー/いぃー yïï〈柄〉、いぴ゚ーい/いぃーい yïïi〈兄弟〉	1013
いぇ	yë	いぇーち yëëchi〈焼け内〉、かわいぇー kawayëë〈代わり〉、むちひいぇー muchihiyëë〈餅拾い〉	1018
'や/いゃ	y'a	'や/いゃ y'a〈矢〉、'やん/いゃん y'an〈言わない〉	1014
'ゆ/いゅ	y'u	'ゆ/いゅ y'u〈魚〉、'ゆい/いゅい y'ui〈言う〉	1015
'よ/いよ	y'o	'よー/いよー y'oo〈言おう〉	1017
'いぴ゚/'いぃ	y'ï	'いぴ゚/'いぃ y'ï〈言え〉	1020
ら	ra	わらぶぃ/わらぶい warabï〈子ども〉、ちきゃら chikyara〈力〉、とぅらん turan〈取らない〉	1901
り	ri	きり kiri〈霧〉、ぴり piri〈ビリ（最後尾）〉、りっこー rikkoo〈陸行〉	1902
る	ru	でぃる/でぃる dïru〈どれ〉、ゆる yuru〈夜〉、むぃしきゃるさ/むぃしきゃるさ mïshikyarusa/mïsyikyarusa〈眩しい〉	1903
ろ	ro	ろぴ゚ roppu〈ロープ〉、すぃろー sïroo〈嘘〉、とぅろー turoo〈取ろう〉	1905
るぴ゚/るぃ	rï	ぬさるぴ゚/ぬさるぃ nusarï〈幸せ〉、くるぴ゚/くるぃ kurï〈これ〉、とぅるぴ゚/とぅるぃ turï〈取れ〉	1906
れぇ/れえ	rë	とぅれぇー/とぅれえー turëë〈喧嘩〉、くれぇー/くれえー kurëë〈これは〉、うさぶれぇー/うさぶれえー usaburëë〈お供えものを引き取ったもの〉	1908
わ	wa	わん wan〈私〉、ゆわん yuwan〈湯湾〉、ゆわさ yuwasa〈ひもじい〉	1101
をぅ	wu	をぅなぐ wunagu〈女〉、たをぅ tawu〈平地〉、をぅどぅゆい wuduyui〈踊る、跳ぶ〉	1103
うぉ	wo	たうぉー tawoo〈平地は〉	1105

うぃ	wï	うぃー wïï〈桶〉、こーうぃ koowï〈買え〉	1116
うぇ	wë	ゆうぇー yuwëë〈祝い〉、あうぇー awëë〈暇〉	1117
'わ / うゎ	w'a	'わー / うゎー w'aa〈豚〉、'わびやー / うゎびやー w'abiyaa〈足の甲〉	1113
ん	n	なん nan〈あなた〉、ひんじゃー hinjaa〈ヤギ〉、とぅんな tunna〈取るな〉	2012
ー	音を重ねる /:	どぅー duu/du:〈体〉、きゅー kyuu/kyu:〈今日〉、とぅーさ tuusa/tu:sa〈遠い〉	2013
っ	子音を重ねる	むっちー mucchii〈餅〉、てぃっこー / てぃっこー tïkkoo〈拳〉、いっちゃ yiccha〈良い〉	2014
きゃ	kya	ちきゃら chikyara〈力〉、ひきゃい hikyai〈光〉、むぃしきゃるさ / むぃしきゃるさ mïshikyarusa/mïsyikyarusa〈眩しい〉	0628
きゅ	kyu	きゅー kyuu〈今日〉、しきゅすぃ / しきゅすぃ shikyusï/syikyusï〈碾き臼〉、きゅーぐった kyuugutta〈窮屈だ〉	0629
きょ	kyo	きょーでぇー / きょーでぇー kyoodëë〈兄弟〉、かきょーしゅい kakyooshui/kakyoosyui〈かき混ぜる〉	0630
きゅ	kyï	いきゅ ikyï〈池〉、いきゅ ikyï〈行け〉	0649
'きゃ	k'ya	'きゃー k'yaa〈喜界島〉、'きゃしー k'yashii/k'yasyii〈シラミの卵〉、'きゃしゅい k'yashui/k'yasyui〈消す〉	0637
'きゅ	k'yu	'きゅびー k'yubii〈帯〉	0638
'きょ	k'yo	'きょーしゅい k'yooshui/k'yoosyui〈壊す〉	0639
ぎゃ	gya	ひぎゃし higyashi/higyasyi〈東〉、ねぇーぎゃー nëëgyaa〈足が不自由な人〉、ひんぎゃしゅい hingyashui/hingyasyui〈逃がす〉	0717
ぎゅ	gyu	ひぎゅっさ higyussa〈寒い〉、みんぎゅい mingyui〈つかむ〉	0718
ぎょ	gyo	やぎょー yagyoo〈埋葬の道具の一種〉、みんぎょー mingyoo〈つかもう〉	0719
ぎゅ	gyï	ひぎゅ higyï〈毛〉、みんぎゅ mingyï〈つかめ〉	0731

くゎ	kwa	くゎ kwa〈子〉、くゎし kwashi/kwasyi〈菓子〉、くゎしゅい kwashui/kwasyui〈(魚を)釣る〉	0612
くぉ	kwo	くぉー kwoo〈子は〉	0650
くぇ	kwë	とーくぇー tookwëë〈鍬〉、くぇーゆい kwëëyui〈肥える〉	0617
しゃ	sha/sya	しゃ sha/sya〈下〉、あしゃぐぃ / あしゃぐぃ / あしゃぎぃ / あしゃぎぃ ashagï/asyagï〈遊び場〉、しゃ sha/sya〈(〜を)した〉	1419
しゅ	shu/syu	しゅーくぃー / しゅーくぃー / しゅーきぃー / しゅーきぃー shuukïï/syuukïï〈ごちそう〉、むっしゅー musshuu/mussyuu〈莚〉、しゅい shui/syui〈(〜を)する〉	1420
しょ	sho/syo	しょーまでぇー shoomadëë/syoomadëë〈大急ぎ〉、いしょーびき ishoobiki/isyoobiki〈口笛〉、しょーしゅい shooshui/syoosyui〈準備する〉	1422
しぃ / しい	shï/syï	しぃ / しい shï/syï〈(〜を)して〉	1411
しぇ	shë/syë	しぇーろー shëëroo/syëëroo〈そしたら〉、かしぇー kashëë/kasyëë〈加勢〉、しぇい shëi/syëi〈(〜を)してある〉	1424
じゃ	ja/zya	じゃらー jaraa/zyaraa〈肩車〉、がじゃん gajan/gazyan〈蚊〉、いじゃしゅい ijashui/izyasyui〈出す〉	1619
じゅ	ju/zyu	じゅー juu/zyuu〈父〉、ひじゅい hijui/hizyui〈稲妻〉、いじゅい ijui/izyui〈行っている〉	1620
じょ	jo/zyo	じょーとー jootoo/zyootoo〈上等〉	1622
じぃ / じい	jï/zyï	いじぃ / いじい ijï/izyï〈行って〉	1610
じぇ	jë/zyë	あっじぇー ajjëë/azzyëë〈祖父〉、とぅじぇー tujëë/tuzyëë〈妻は〉	1624
ちゃ	cha	ちゃー chaa〈茶〉、あちゃ acha〈明日〉、ぬんちゃさ nunchasa〈飲みたい〉	1721
ちゅ	chu	ちゅかー chukaa〈薬缶、急須〉、ふっちゅ hwucchu〈老人〉、うっちゅい ucchui〈打っている〉	1722
ちょ	cho	ちょー choo〈ちょうど〉、あちょー achoo〈明日は〉	1724
ちぃ / ちい	chï	かちぃ / かちい kachï〈書いて〉	1710

ちぇ	chë	めぇーふちぇー mëëhwuchëë〈おでこ〉、かちぇい kachëi〈書いてある〉	1713
'ちゃ	c'ha	'ちゃん c'han〈父【新】〉、'ちゃ c'ha〈来た〉	1739
'ちゅ	c'hu	'ちゅ c'hu〈人〉、'ちゅい c'hui〈一人〉、'ちゅい c'hui〈来ている〉	1741
'ちょ	c'ho	'ちょー c'hoo〈人は〉	1743
'ちぃ / 'ちぃ	c'hï	'ちぃ / 'ちぃ c'hï〈来て〉	1738
'ちぇ	c'hë	'ちぇーら c'hëëra〈来てから〉	1745
にゃ	nya	けぇーにゃ / けぇーにゃ këënya〈二の腕〉、いにゃさ inyasa〈小さい〉	1323
にゅ	nyu	きにゅ kinyu〈昨日〉、にゅい nyui〈煮る〉、いきにゅい ikinyui〈生きる〉	1324
にょ	nyo	あにょー anyoo〈兄さん〉、にょー nyoo〈煮よう〉、いきにょー ikinyoo〈生きよう〉	1325
にゅ	nyï	にゅー nyïï〈荷物〉、にゅ nyï〈煮れ〉	1342
にぇ	nyë	はんにぇー hannyëë〈祖母〉	1344
'にゅ	n'yu	'にゅち n'yuchi〈命〉	1332
'にゅ	n'yï	'にゅ n'yï〈稲〉	1343
'にぇ	n'yë	'にぇー n'yëë〈稲は〉	1345
ひゅ	hyu	ひゅーすぃ / ひゅーすぃ hyuusï〈ヒヨドリ〉	1817
ふぃ / ふぅ	hwï	ふぃー / ふぅー hwïï〈屁〉	0818
ぴゃ	pya	あっぴゃがなー appyaganaa〈遊びながら〉	0226

ぴゅ	pyu	あっぴゅい appyui〈遊ぶ〉	0227
びゃ	bya	とぅびゃくみゅい tubyakumyui〈飛びまくる〉、とぅびゃがちなー tubyagachinaa〈飛びながら〉	0319
びゅ	byu	とぅびゅい tubyui〈飛ぶ〉、ならびゅい narabyui〈並ぶ〉	0320
みゃ	mya	みゃ mya〈貝〉、みゃー myaa〈猫〉、みゃん myan〈見ない、見えない〉	1224
みゅ	myu	みゅー myuu〈糞〉、みゅーな myuuna〈見るな〉	1225
みょ	myo	くんみょーち kunmyoochi〈地名の一種〉、みょー myoo〈見よう〉	1226
みゆ	myï	みゆ myï〈見ろ〉	1237

2.4 湯湾方言の文例

※「＝」は後ろに助詞が付くことを示します。専門家以外の方に向けて書くものの場合など、「＝」の記号は省略してもかまいません。

しょーじきもん＝ぬ　はなし
shoojikimon=nu　　　　　hanashi
正直者＝の　　　　　　　　話
（正直者の話）

とぅじとぅー　わーさん　とぅじとぅー＝ぬ　をぅてぃ
tujituu　　　waasan　　tujituu=nu　　　wutï
夫婦　　　　若い　　　夫婦＝が　　　　いて
（夫婦、若い夫婦がいて）

くゎ＝ん　でぃくぃらんば
kwa=n　　dïkïranba
子＝も　　できないから
（子どももできないから）

なー　しょーじきもん　なてぃ
naa　　shoojikimon　　natï
もう　正直者　　　　　なので
（もう正直者なので）

えー　なー　くるぃ　しょーがつぃ＝ぬ　めぇー　やん＝むん
ee　　naa　　kurï　　shoogatsï=nu　　　mëë　　yan=mun
えー　もう　これ　　正月＝の　　　　　前　　　だ＝けど
（えー、もう、これ、正月の前だけど）

いきゃしぃ＝が　しゅる＝っちぃ　なってぇー＝んきゃ　はなしゃがちなー
ikyashï=ga　　shuru=cchï　　nattëë=nkya　　hanashagachinaa
どう＝が　　　する＝って　　あの二人＝なんか　話しながら
（どうするってあの二人なんか話しながら）

くとぅしぇー　しょーがつぃ＝や　うるぃ　やっぱ
kutushëë　　shoogatsï=ya　　urï　　yappa
今年は　　　正月＝は　　　　それ　　だから
（今年は正月はそれだから）

うん　しょーがつぃ　ぬしぇー　うしっくゎ　かをぅろー＝やー＝っちぃ　いちぃ
un　　shoogatsï　　nushëë　　ushikkwa　　kawuroo=yaa=cchï　　　ichï
その　正月　　　　自分は　　牛っこ　　　買おう＝ね＝って　　　言って
（その正月、自分は牛っこ買おうねって言って）

わってぇー	くゎ=ん	をうらんぼー	うしっくゎ	かをうろー=やー=っちぃ	いちぃ
wattëë	kwa=n	wuranboo	ushikkwa	kawuroo=yaa=cchï	ichï
私たち二人	子=も	いないなら	牛っこ	買おう=ね=って	言って

（私たち二人子どももいないから、牛っこ買おうねって言って）

うん	'たい	だんごー	しぃ	うし	こーたん=ちぃ
un	t'ai	dangoo	shï	ushi	kootan=chï
その	二人	談合	して	牛	買った=って

（その二人相談して牛買ったって）

第3章

津堅方言（沖縄県うるま市津堅島）

3.1 津堅方言を書くために

　この章では津堅方言の書き方について具体的に説明します。後述する 3.2 で表記一覧、3.3 で語例、3.4 で文例を示しますが、まず 3.1 でこの方言を書くにあたって有用だと思われることをまとめておきます。

　津堅島は、沖縄（本）島の与勝半島沖にある島で、行政区分上はうるま市になります。古来より「チキンクダカ（津堅久高）」と称され、津堅島の南に浮かぶ久高島（南城市）と併称されてきました。沖縄（本）島の方言は北部方言と中南部方言に大別できます。具体的には、太平洋側では金武町屋嘉、東シナ海側では恩納村恩納以北が北部方言に、それより南は中南部方言に区分されるのが一般的な考えです。津堅島は地理的には中南部域に位置しますが、言語的な特徴から北部方言に分類されます。

　さて、以下では、本章の構成、津堅方言の音声の特徴と津堅方言の表記に際しての留意点を述べていこうと思います。

　まず、本章の構成は次のようになっています。3.2「津堅方言の表記一覧」では「仮名表記」と「アルファベット表記」によって津堅方言を表記するのに必要だと考えられる文字を提示しています。次に、3.3「津堅方言の表記を使った語例」では「仮名表記」と「アルファベット表記」を用いて具体的な語例を表記しています。表記一覧の作成および語例を提示するにあたり、以下の点に留意しました。

　①津堅方言では特に拗音が未発達な部分があります。しかし、研究の進展により（特にオノマトペにおいて当該音声が）見いだされる可能性があること、また、拗音が発達している共通語との併用状況があり、今後もその可能性が高いこと、以上の2つの観点から拗音を含めた表を作成しました。

　②語例には、語頭における当該表記、語中もしくは語末における当該表記を取り上げながら、できるだけ2語以上挙げるように努めました。ただし、挙げることができていないものもいくつかあります。

　③語例は、かなひょーき 'aruhwabettohyooki〈共通語訳【補足事項】〉の順にしたがって挙げています。また、共通語にない音声で、方言の語例が採録できなかったもの、および

共通語での語例が提示できないものは「著者未確認」としています。

最後に、3.4「津堅方言の文例」では「仮名表記」と「アルファベット表記」を用いて簡単な文を書き、津堅方言を文字で表した例を示しています。3.2「津堅方言の表記一覧」や3.3「津堅方言の表記を使った語例」とあわせてご覧ください。そして、これらの表が津堅方言を表記するために活用されることを期待しています。

続いて、津堅方言の音声の特徴と津堅方言を表記するに際しての留意点について述べていきます。特に語頭の母音の発音の仕方、ラ行音とダ行音の混同、音韻変化の3つについて述べたいと思います。

まず、語頭の母音の発音の仕方についてですが、母音の発音の直前に喉頭の緊張を伴う音と伴わない音とがあります。すなわち、いったん声門を閉じたあと、急に開くことによって作られる声門閉鎖音 [ʔ] の有無です。「い」と「う」を例にとれば、声門閉鎖音を伴う音声「ʻい」(ʻi)と「ʻう」(ʻu)と、声門閉鎖音を伴わず、緩やかな声立てではじまる「いﾞ」(yi)と「をぅ」(wu)との対立があることがよく知られています。

　ʻいん ʼin〈犬〉— いﾞん yin〈縁〉
　ʻうとぅ ʼutu〈音〉— をぅとぅ wutu〈夫〉

上記の例から分かるように、語頭の発音の違いによって意味が異なります。母音の他、半母音の [j][w] を持つ語にも声門閉鎖音が見られます。また、声門閉鎖音は語中ではほとんど出現しませんが、「うふʻいーび uhwuʼiibi〈親指〉」などの複合語に見られることがあります。以上のことをまとめると、次のようになります。

語頭 声門閉鎖有り	ʻあ ʼa	ʻい ʼi	ʻう ʼu	ʻえ ʼe	ʻお ʼo	ʻや yʼa	ʻわ / うゎ wʼa
語頭 声門閉鎖無し	—	いﾞ yi	をぅ wu	いぇ ye	—	や ya	わ wa
語中	あ a	い i	う u	え e	お o	や ya	わ wa

ただし、「あ」と「お」に関しては語頭における声門閉鎖音の有無で語の意味が変わるものは見いだせていません。したがって、「ʻあ」「ʻお」については、語頭でも「あ」「お」と語中と同じ表記を用いても差し支えないと思われます。また、「え」についても、「え」からはじまる語例が少なく、「ʻえ」と「いぇ」の区別は曖昧です。したがって、いずれか一つを統一的に用いてもよいと思われます。

次にラ行音とダ行音の混同について述べます。津堅方言では「太陽」のことを「てぃら」(tira)とも「てぃだ」(tida)とも発音され、発音の区別が曖昧です。ただし、語頭および「ん」のあとではダ行音で、それ以外ではラ行音で発音される傾向があります。本章でも語例の表記、文例はその傾向にしたがって表記し分けておきます。

最後に音韻変化について述べますが、具体的にはジャ行のザ行化、パ行のハ行化があります。津堅方言においては「ざ・ず・ぞ」の語例は希です。「ざ・ず・ぞ」に対応する音声には「じゃ・じゅ・じょ」が用いられています。このことから、古くは「じゃ・じゅ・じょ」の音声であったと考えられます。しかし、共通語や周辺地域の方言の影響から、「じゃ・じゅ・じょ」が「ざ・ず・ぞ」と直音化した音で発音されることがしばしば見られます。本章では、「じゃ・じゅ・じょ」を津堅方言が持つ伝統的な音声としつつも、直音化した語例も記載しておきます。パ行についても同様です。古くはパ行で発音されていたものが、ハ行へと移行している例がいくらか見られます。これらも適宜語例に加えながら提示していきたいと思います。

　これらの津堅方言の音声の特徴と津堅方言の表記に際しての留意点を、津堅方言を書くポイントにしておくとよいでしょう。

　以上、本章の構成と津堅方言の音声の特徴と津堅方言の表記に際しての留意点をまとめました。現在、共通語や周辺地域の言語との接触により、津堅方言は音声変化しつつあります。現在の津堅方言の実態の記録をおこなうことはもちろんですが、津堅方言をよく知る方々に確認しながら、津堅方言の伝統的音声の保存や記録がなされること、さらに津堅方言の継承のために、本書が一助となれれば幸いです。

3.2 津堅方言の表記一覧

後述する語例の表 (3.3) で「著者未確認」としている表記は括弧に入れてあります。表中の「/」は、推奨するのは左側の表記ですが、どちらの表記を使ってもいいことを表します。

あ	い	う	え	お	
a	i	u	e	o	

'あ	'い	'う	'え	'お	
'a	'i	'u	'e	'o	

ぱ	ぴ	ぷ	ぺ	ぽ	
pa	pi	pu	pe	po	

ぴゃ		ぴゅ		ぴょ	
pya		pyu		pyo	

ば	び	ぶ	べ	ぼ	
ba	bi	bu	be	bo	

びゃ		びゅ		びょ	
bya		byu		byo	

た	てぃ	とぅ	て	と	
ta	ti	tu	te	to	

だ	でぃ	どぅ	で	ど	
da	di	du	de	do	

か	き	く	け	こ	くゎ
ka	ki	ku	ke	ko	kwa

きゃ		きゅ		きょ	
kya		kyu		kyo	

が	ぎ	ぐ	げ	ご	ぐゎ
ga	gi	gu	ge	go	gwa
ぎゃ		ぎゅ		ぎょ	
gya		gyu		gyo	
や	いぃ	ゆ	いぇ	よ	
ya	yi	yu	ye	yo	
'ゃ/いゃ		'ゅ/いゅ		('ょ/いょ)	
y'a		y'u		(y'o)	
わ		をぅ			
wa		wu			
'ゎ/うゎ					
w'a					
ま	み	む	め	も	
ma	mi	mu	me	mo	
みゃ		(みゅ)		みょ	
mya		(myu)		myo	
な	に	ぬ	ね	の	
na	ni	nu	ne	no	
(にゃ)		にゅ		にょ	
(nya)		nyu		nyo	
さ	し	す	せ	そ	
sa	shi/syi	su	se	so	
しゃ		しゅ	しぇ	しょ	
sha/sya		shu/syu	she/sye	sho/syo	

3.2 津堅方言の表記一覧

ざ	じ	ず	ぜ	ぞ	
za	ji/zyi	zu	ze	zo	
じゃ		じゅ	じぇ	じょ	
ja/zya		ju/zyu	je/zye	jo/zyo	
ちゃ	ち	ちゅ	ちぇ	ちょ	つ
cha	chi	chu	che	cho	tsu
は	ひ	ふ	へ	ほ	
ha	hi	hwu	he	ho	
ひゃ		ひゅ		ひょ	
hya		hyu		hyo	
ら	り	る	れ	ろ	
ra	ri	ru	re	ro	
りゃ		りゅ		りょ	
rya		ryu		ryo	
ん	ー	っ			
n	重ね書き /:	子音を重ね書き			

3.3 津堅方言の表記を使った語例

語の意味は〈　〉で括って示しています。また、津堅方言話者の発音による語例が採録できず、共通語の語例であるものに【共】、津堅方言話者によって発音された共通語と同形式の語例であるものに【日】、外国語由来の語例に【外】を付しています。表中の「/」は、推奨するのは左側の表記ですが、どちらの表記を使ってもいいことを表します。

あ	a	ながあみ nagaami〈長雨〉	0101
い	i	ぷいん puin〈降る〉、くすい kusui〈薬〉	0102
う	u	あらうん araun〈洗う〉	0103
え	e	ぱーえー paaee〈かけっこ〉	0104
お	o	おろおろふん orooro-hwun〈うろうろする〉	0105
'あ	'a	'あまーん 'amaan〈甘い〉、'あんだ 'anda〈油〉	0121
'い	'i	'いん 'in〈犬〉、'いみ 'imi〈夢〉	0122
'う	'u	'うし 'ushi/usyi〈牛〉、'うりん 'urin〈降りる〉	0123
'え	'e	'えんだはん 'endahan〈おとなしい〉、'えんちゅ 'enchu〈ねずみ〉	0124
'お	'o	'おー 'おー 'oo 'oo〈はい / うん（応答に用いる。おもに男性が使う）〉	0125
ぱ	pa	ぱな pana〈花 / 鼻〉、ぱくん pakun〈履く〉、'あぱーん 'apaan〈薄い（「味が薄い」の意味での「薄い」）〉	0201
ぴ	pi	ぴる piru〈昼〉、ぴんぎーん pingiin〈逃げる〉、からぴさ karapisa〈はだし〉	0202
ぷ	pu	ぷに puni〈船〉、ぷか puka〈外〉、'あっぷりぐゎー 'appurigwaa〈飴玉〉	0203
ぺ	pe	ぺーはん peehan〈早い / 速い〉、とぅんぺー tunpee〈つば〉	0204

ぽ	po	ぽーとぅ pootu〈鳩〉、ぽーぽー poopoo〈お菓子の一種〉	0205
ぴゃ	pya	ろっぴゃく roppyaku〈六百【共】〉	0226
ぴゅ	pyu	ぴゅーぴゅー pyuupyuu〈ぴゅーぴゅー【共】〉	0227
ぴょ	pyo	ぴょんぴょん pyonpyon〈ぴょんぴょん【共】〉	0228
ば	ba	ばさない basanai〈バナナ〉、さば saba〈草履〉	0301
び	bi	びてぃ biti〈私たち／私たちの〉、ちび chibi〈尻〉	0302
ぶ	bu	ぶら bura〈クバでつくったひしゃく〉、きぶし kibushi/kibusyi〈煙〉	0303
べ	be	はーべーるー haabeeruu〈蝶〉、なーべーらー naabeeraa〈ヘチマ〉	0304
ぼ	bo	ぼー boo〈棒〉、くさぼーぼー kusabooboo〈草ぼうぼう（草が生い茂っている様子を表す擬態語）〉	0305
びゃ	bya	さんびゃく sanbyaku〈三百【共】〉	0319
びゅ	byu	びゅーびゅー byuubyuu〈びゅうびゅう【共】〉	0320
びょ	byo	びょーいん byooin〈病院【日】〉	0321
た	ta	たかはん takahan〈高い〉、わた wata〈腹〉、からた karata〈体〉	0401
てぃ	ti	てぃら tira〈太陽〉、'うてぃーん 'utiin〈落ちる〉	0402
とぅ	tu	とぅい tui〈鳥〉、'うすんとぅ 'usuntu〈台所〉	0403
て	te	てんぷら tenpura〈天ぷら【日】〉、みせが あんてー misega antee〈店があるよ〉	0404
と	to	とーびーらー toobiiraa〈ゴキブリ〉、よーい とん yooi ton〈よーい どん（徒競走のスタート時のかけごえ）〉	0405

だ	da	だー daa〈どうれ（疑問詞の意味ではなく、何か要求するときに発せられる感動詞用法）〉、びんだれー bindaree〈洗面器〉	0501
でぃ	di	でぃきらさん dikirasan〈すばらしい〉	0502
どぅ	du	どぅし dushi/dusyi〈友達〉、どぅー duu〈体〉	0503
で	de	でーくに deekuni〈だいこん〉	0504
ど	do	どーぐ doogu〈道具〉、'うんどーばー 'undoobaa〈運動場〉	0505
か	ka	かむん kamun〈食べる〉、すらかーぎー surakaagii〈美人〉	0601
き	ki	きぬー kinuu〈昨日〉、'あしき 'ashiki/asyiki〈湯気〉	0602
く	ku	くみ kumi〈米〉、すくいん sukuin〈作る〉	0603
け	ke	けーいん keein〈消える〉、みけげーはん mikegeehan〈憎い〉、'あっけー 'akkee〈あら / なんとまあ（驚いたときに発せられる）〉	0604
こ	ko	こーいん kooin〈買う〉、くみこーじ kumikooji/kumikoozyi〈米麹〉	0605
くゎ	kwa	くゎむやー kwamuyaa〈子守〉、ちんくゎ chinkwa〈かぼちゃ〉、みーっくゎ miikkwa〈甥 / 姪〉	0612
きゃ	kya	きゃーきゃー kyaakyaa〈きゃあきゃあ【共】〉	0628
きゅ	kyu	きゅーしょー kyuushoo/kyuusyoo〈旧正月〉	0629
きょ	kyo	きょーしつ kyooshitsu/kyoosyitsu〈教室【日】〉	0630
が	ga	がらさー garasaa〈カラス〉、んまが nmaga〈孫〉	0701
ぎ	gi	くゎーぎ kwaagi〈桑〉、まぎはん magihan〈大きい〉	0702
ぐ	gu	ぐぷ gupu〈こぶ〉、やーぐなー yaagunaa〈家族〉	0703

3.3 津堅方言の表記を使った語例

げ	ge	げーげー geegee 〈げえげえ（物を吐く様子を表す擬態語）〉、きんちゃげーん kinchageen 〈かわいそう〉	0704
ご	go	ごーやー gooyaa 〈にがうり〉、いーごーはん yiigoohan 〈かゆい〉	0705
ぐゎ	gwa	ぐゎんす gwansu 〈祖先〉、'うぐゎん 'ugwan 〈拝み / 御願い〉	0726
ぎゃ	gya	ぎゃーぎゃー gyaagyaa 〈ぎゃあぎゃあ【共】〉	0717
ぎゅ	gyu	ぎゅーにく gyuuniku 〈牛肉【日】〉	0718
ぎょ	gyo	ぎょーじ gyooji/gyoozyi 〈行事【日】〉	0719
や	ya	やー yaa 〈家〉、やっくゎん yakkwan 〈やかん〉、まやー mayaa 〈ネコ〉	1001
い	yi	いなぐ yinagu 〈女〉、いーん yiin 〈酔う〉	1002
ゆ	yu	ゆー yuu 〈湯〉、ゆみ yumi 〈嫁〉、ぷゆ puyu 〈冬〉	1003
いぇ	ye	いぇ ye 〈おい（呼びかけるときに使われることば）〉	1004
よ	yo	よーはん yoohan 〈弱い〉、まちゅきよ machukiyo 〈まっておいてね〉	1005
'や / いゃ	y'a	'やー / いゃー y'aa 〈あなた〉	1014
'ゆ / いゅ	y'u	'ゆー / いゅー y'uu 〈魚〉	1015
'よ / いょ	y'o	著者未確認	1017
わ	wa	わーが むん waaga mun 〈私のもの〉、わらうん waraun 〈笑う〉、しわーし shiwaashi/syiwaasyi 〈十二月〉	1101
をぅ	wu	をぅとぅ wutu 〈夫〉、をぅー wuu 〈緒〉	1103
'わ / うゎ	w'a	'わー / うゎー w'aa 〈豚〉、'わーび / うゎーび w'aabi 〈上 / 表面〉	1113

ま	ma	ます masu (まーす maasu とも言う)〈塩〉、なま nama〈今〉、んまが nmaga〈孫〉	1201
み	mi	みじ miji/mizyi〈水〉、しんなみ shinnami/syinnami〈かたつむり〉	1202
む	mu	むく muku〈婿〉、かむん kamun〈食べる〉	1203
め	me	めーなし meenashi/meenasyi〈毎日〉、'うけーめー 'ukeemee〈おかゆ〉	1204
も	mo	もーいん mooin〈踊る〉、んもー nmoo〈モー（牛の鳴き声を表す擬声語）〉	1205
みゃ	mya	みゃーみゃー myaamyaa〈ミャーミャー（ネコの鳴き声を表す擬声語）〉	1224
みゅ	myu	著者未確認	1225
みょ	myo	みょーじ myooji/myoozyi〈名字〉	1226
な	na	なしかーん nashikaan/nasyikaan〈なつかしい / かなしい〉、かなはん kanahan〈愛おしい〉	1301
に	ni	にんじゅん ninjun/ninzyun〈寝る〉、ぱに pani〈羽〉	1302
ぬ	nu	ぬぬ nunu〈布〉、すぬい sunui〈もずく〉	1303
ね	ne	くねーだ kuneeda〈このまえ / 先日〉	1304
の	no	のーいん nooin〈縫う〉、'いのー 'inoo〈内海〉	1305
にゃ	nya	著者未確認	1323
にゅ	nyu	ニュース nyuusu〈ニュース【外】〉	1324
にょ	nyo	にょーけんさ nyookensa〈尿検査【共】〉	1325
さ	sa	さーたー saataa〈砂糖〉、わっさん wassan〈悪い〉	1401

し	shi/syi	しぐん shigun/syigun〈注ぐ〉、ましぎ mashigi/masyigi〈まつげ〉	1402
す	su	すり suri〈袖〉、ますん masun〈待つ〉	1403
せ	se	せん sen〈千〉、ぴせーん piseen〈薄い（板などに厚みがないという意味での「薄い」）〉	1404
そ	so	そーれんさー soorensaa〈兄弟 / 親戚〉、'いそはん 'isohan〈うれしい〉	1405
しゃ	sha/sya	しゃっこーび shakkoobi/syakkoobi〈しゃっくり〉	1419
しゅ	shu/syu	ぴしゅぴしゅふん pishupishu-hwun/pisyupisyu-hwun〈じんじんする（虫などにかまれたときなどに感じる痛みの様子を表す擬態語）〉	1420
しぇ	she/sye	しぇんしぇー shenshee/syensyee〈先生〉	1421
しょ	sho/syo	しょーゆ shooyu/syooyu〈醤油【日】〉	1422
ざ	za	しーざ shiiza/syiiza〈年上〉、かざ kaza〈匂い（特に「悪い匂い」の意味で使われる）〉	1601
じ	ji/zyi	じん jin/zyin〈お金〉、かじ kaji/kazyi〈風〉	1602
ず	zu	ズック zukku〈運動靴【外】〉、ゆーず yuuzu〈用事〉、にんずん ninzun〈寝る〉	1603
ぜ	ze	ねこぜ nekoze〈猫背【日】〉	1604
ぞ	zo	ぞーきん zookin〈ぞうきん【共】〉	1605
じゃ	ja/zya	じゃぶとん jabuton/zyabuton〈座布団〉、しーじゃ shiija/syiizya〈年上〉、かじゃ kaja/kazya〈匂い（特に「悪い匂い」の意味で使われる）〉	1619
じゅ	ju/zyu	じゅー juu/zyuu〈尾〉、すーじゅーはん suujuuhan/suuzyuuhan〈しおからい〉、にんじゅん ninjun/ninzyun〈寝る〉	1620
じぇ	je/zye	しぇんじぇん shenjen/syenzyen〈戦前〉	1621
じょ	jo/zyo	じょー joo/zyoo〈門〉	1622

ちゃ	cha	ちゃさ chasa〈どのくらい / いくら〉、'あしちゃ 'ashicha/asyicha〈下駄〉	1721
ち	chi	ちり chiri〈ちり〉、とぅーち tuuchi〈いつも〉	1702
ちゅ	chu	ちゅ chu〈人〉	1722
ちぇ	che	ちぇー chee〈おい（相手を脅すようなときに発せられる。「ちぇー ごーぐしひーね ゆるはんろ」（おい、悪口言ったらゆるさんよ）のように使われる）〉	1723
ちょ	cho	ちょーじょ choojo/choozyo〈長女【日】〉、'いーちょーびー 'iichoobii〈トンボ〉	1724
つ	tsu	さつ satsu〈お札〉	1703
は	ha	はいやーぐゎ haiyaagwa〈そーれ（何か荷物を持ち上げるときなどに発するかけ声）〉、まーはん maahan〈おいしい〉	1801
ひ	hi	ひー hii〈しろ（「する」の命令形）〉	1802
ふ	hwu	ふしか hwushika/hwusyika〈二日〉、さふん sahwun〈石鹸〉、'わーふる / うゎーふる w'aahwuru〈便所（特に豚小屋と一緒になった便所）〉	0815
へ	he	へーく heeku〈早く / 速く（活用形により、「へ」「ぺ」の両形が認められる。基本形では「ぺーはん」と発音されるが、連用修飾の形式では「へーく」で発音されることが多い）〉	1804
ほ	ho	ほーてぃ - いくん hooti-ikun〈つれて行く〉	1805
ひゃ	hya	'やーひゃ / いゃーひゃ y'aahya〈おまえ（二人称「やー / いゃー」（あなた）に hya を付属させると卑罵表現となる）〉	1816
ひゅ	hyu	ひゅーひゅー hyuuhyuu〈ひゅうひゅう【共】〉	1817
ひょ	hyo	ひょーばん hyooban〈評判【共】〉	1818
ら	ra	しら shira/syira〈顔〉、てぃら tira〈太陽〉	1901
り	ri	'いりちゃー 'irichaa〈炒め物〉、ふり hwuri〈筆〉	1902

る	ru	ぐるはん guruhan〈すばやい〉、'ある 'aru〈かかと〉	1903
れ	re	'あかれーくに 'akareekuni〈にんじん〉	1904
ろ	ro	ろかん rokan〈旅館〉、かきぐろーん kakiguroon〈書きにくい〉	1905
りゃ	rya	りゃく ryaku〈略【共】〉	1921
りゅ	ryu	りゅーきゅー ryuukyuu〈琉球【日】〉	1922
りょ	ryo	ほりょー horyoo〈捕虜〉	1923
ん	n	んむ nmu〈さつまいも／芋〉、さんにん sannin〈月桃〉、ゆむん yumun〈読む〉	2012
ー	重ね書き /:	みー mii〈目〉、かーみ kaami〈亀／瓶〉	2013
っ	子音を重ね書き	わったー wattaa〈私たち〉、やっさん yassan〈安い〉	2014

3.4 津堅方言の文例

※方言を話せる人に向けて書くものの場合など、「＝」の記号は省略してもかまいません。

'おーやま＝ぬ　みし
'ooyama=nu　　　　mishi
大山の　　　　　　道
(大山の道)

Aさん
なか＝し　'いっち　'いきば
naka=shi　'icchi　'ikiba
中＝へ　　入って　行くと
((集落の) 中に入って行くと、)

'うっぴ＝ぬ　　みし＝ぐぁー＝たー＝る　　　や＝へや
'uppi=nu　　　mishi=gwaa=taa=ru　　　　　ya=heya
これくらい＝の　道＝指小辞＝たち＝ぞ　　　だ＝よね
(これくらいの (狭い) 道ばかりだよね。)

Bさん
っけー　'おーやま＝やてぃん　'いったー＝が＝る　　ら
kkee　　'ooyama=yatin　　　　'ittaa=ga=ru　　　　ra
あら　　大山＝でも　　　　　あなたたち＝が＝ぞ　　あれ
(あら【驚き/感嘆】、大山でも、あなたたちだから、あれ、)

'あり　みし＝から　くるま　'いりふん＝ろー　な
'ari　mishi=kara　kuruma　'irihwun=roo　　na
あの　道＝から　　車　　　入れられる＝よ　【間投詞】
(あの道から車 (を) 入れられるよ。)

Aさん
'あま＝なー　'あくとぅ　わったー　なー
'ama=naa　　'akutu　　　wattaa　　naa
あそこ＝ね　だから　　　私たち　　【間投詞】
(あそこね? だから、私たち (は)、)

'あぬ　'あっきならとぅるぐとぅ　ない＝いぇ
'anu　'akkinaraturugutu　　　　 nai=ye
あの　歩き慣れているから　　　できる＝よ
(あの、歩き慣れて (通り慣れて) いるからできるよ。)

'うま=から　'いきねー　なー
'uma=kara　'ikinee　naa
ここ=から　　行くと　　【間投詞】
（ここ（あたりの大きな道があるところ）から行くと、）

'あんち　'いーばーる　みし　や=へや
'anchi　'iibaaru　mishi　ya=heya
あんなに　狭い　　　道　　だ=よね
（あんなに（とても）狭い道だよね。）

Bさん
'あっかんなー　はー　じょーい
'akkannaa　haa　jooi
あら　　　　はあ　とても
（あら、【驚き/感嘆】はあ、とても（できない）。）

じゅんに　な　　わったー　'いー　'うま=し
junni　　na　　wattaa　　'ii　　'uma=shi
本当に　【調子をとる】私たち　いい　ここ=へ
（本当に。私たち（は）、よいところに）

きすん=ち　'うむ=やー　ふーいん=ろ
kisun=chi　'umu=yaa　hwuuin=ro
来ている=と　思い=は　している=よ
（来ていると、思いはしているよ。）

謝辞

　津堅方言の研究をはじめて10年以上が経ちました。本章の執筆にあたってはこれまでの調査による資料も多く参照しています。調査のたびに子どもや孫のように接してくださる島の人々のあたたかさが研究の励みになっています。また、遠慮なく質問する私にいつも丁寧に答えてくれる祖母の恩納トヨ、母の又吉幸子の大きな協力のもと研究を続けることができています。本章執筆にあたっても細かな確認に何度もつきあっていただきました。これまで津堅方言の様々なことをご教示くださった津堅島の方々、祖母、母にこの場を借りて心より感謝申し上げます。

第4章

首里方言（沖縄県那覇市首里）

4.1 首里方言を書くために

この章では首里方言の書き方について具体的に説明します。後述する4.2で表記一覧、4.3で語例、4.4で文例を示しますが、まず4.1でこの方言を書くにあたって有用だと思われることをまとめておきます。

「首里」は沖縄島の一地域であり、那覇市の北東に位置し、西原町、南風原町、浦添市と隣接しています。首里は、かつては首里市や首里区という行政区でしたが1954年に那覇市と合併しました。また、さらに以前は琉球王国の王都でした。

ここで「首里方言」とよんでいるのは、士族のなかでも一定の階級をもつ人がもちいた士族語の後継のことです。士族語は、おなじ社会階級にぞくする人たちが共有する階層語で、地域の方言とはその性質を異にします。首里は、現在までに人の出入りが激しく、人口における年輩の方の割合と首里方言話者の割合はかならずしも一致しません。

ここでは、首里方言を書きことばで記すときに特に気をつけたいことを具体的な例をあげて紹介します。

① 引用符『ちょん』がつく音とつかない音の区別

　　　'いん（犬）― いん（縁）　　'うとぅ（音）― うとぅ（夫）
　　　'わー（豚）― わー（私）　　'やー（お前）― やー（家）
　　　'んに（稲）― んに（胸）

あ行の音、わ行の音、や行の音、それから、「ん」ではじまる音の場合、現代日本語とちがう発音のし方が首里方言には存在します。たとえば、現代日本語の「音（おと）」と「夫（おっと）」は、首里方言では「'うとぅ（音）」と、「うとぅ（夫）」になります。ふたつをくらべると、最初の母音の「う」の音が引用符『ちょん』がついているかどうかでちがっています。

「夫（うとぅ）」の「う」は、ひくくやさしくいいはじめる音です。この「夫（うとぅ）」

の「う」の音を、「う」と表記します。「音（うとぅ）」の「う」は、現代日本語とおなじ発音をします。この「う」の音を引用符『ちょん』をつけて「'う」と表記します。引用符『ちょん』をつけた音は、まえにつまる音「っ」を発音するように喉を締めてから、それをいきおいよく解放して発声することをしめしています。専門的にいえば、喉頭の緊張を意味するしるしです（「第 1 部 3.1　補助記号と代替表記」を参照ください）。特に、「'わー（豚）」や「'やー（お前）」の単語は、「わー（私）」や「やー（家）」と厳しく区別されているようです。

　また、上にあげた単語をみるとわかるように、『ちょん』をつけるかつけないかで、意味を区別するのは、単語の最初の音だけです。単語の途中の音や最後の音は、「'い」「'わ」「'や」「'ん」のような『ちょん』の音で発音しても、『ちょん』がつかない「い」「わ」「や」「ん」で発音しても意味はかわりません。したがって、『ちょん』をつけるのは、あ行の音、わ行の音、や行の音のなかでも単語の一番はじめ（語頭）だけでいいということになります。次のように、途中や最後の音にはいちいち『ちょん』をつける必要はありません。

　　例）とぅい（とり）、しわ（心配）、まやーじくく（ミミズク）、くんくんしー（工工四）

　この引用符『'』ですが、むきがちがう引用符『'』も存在しています。ここでは、すべて『'』で統一しましたが、むきがちがう引用符『'』のほうをもちいて表記することも可能です。パソコンの環境にあわせて統一してください。

② つまる音「っ」
　次の単語を発音してみましょう。

　　例）　'うっとぅ（おとうと）─'うとぅ（音）

　ふたつの単語のちがいは、「とぅ」のまえで音をきゅうにとめるかとめないかです。
　音をきゅうにとめると「'うっとぅ」になります。このように、「っ」とあらわされる音のことを「つまる音（促音）」とよびます。つまる音は次にくる子音とおなじ口のかまえで息をとめています。「がっぱい（おでこ）」や「やっちー（兄）」にも「つまる音」があらわれます。つまる音をアルファベットで表記したいときには、'uttu、gappai、yacchii のように、次にあらわれる子音をかさねます。
　また、首里方言では、「っちゅ（人）」や「っくゎ（子）」のように、単語のはじめにつまる音があらわれることがあります。「っちゅ（人）」を発音するときには、[t] の口のか

まえをして、はぐきに舌さきをつけて、肺からおくられる空気をきゅうにとめたあとに「ちゅ」の音をつづけます。「っくゎ（子）」を発音するときには、[k]の口のかまえをして、おくうわあごにおく舌をつけて、肺からおくられる空気をきゅうにとめたあとに「くゎ」の音をつづけます。このつまる音もアルファベットで表記するときには、cchu、kkwaのように、次にあらわれる子音をかさねます。

③　のばす音
　音をみじかく発音するかながく発音するかで単語の意味はかわります。

　　例）　'いび（えび）─'いーび（ゆび）　　みち（道）─みーち（みっつ）

　この「のばす音」は、かな表記ではすべて「ー」と記すことにします。アルファベットでのばす音を表記するときには、chiirunkoo（ちーるんこー）、saataa'andagii（さーたー'あんだぎー）のように、母音（a、i、u、e、o）をかさねてあらわします。あるいは、hanabo:ru（はなほーる）や、ko:gwa:shi（こーぐゎーし）のように、『:（長音記号）』をもちいることもできます。ここでは、母音をかさねる表記を採用しています。

④　歴史的仮名遣い
　本稿では、「ゐ」や「ゑ」、「ヰ」や「ヱ」のようないわゆる歴史的仮名遣いは使用せず、「う」に添小字「ぃ」「ぇ」をくみあわせた「うぃ」「うぇ」をもちいています。現代の学生、児童たちにとって「うぃ」「うぇ」は「うぃりあむ王子」や「すうぇーでん」のような外来語の表記としてすでになじんだものです。逆に、旧仮名を導入することで、すでになじんだ表記「うぃ」「うぇ」との混同をまねき、学習の負担がおおきくなるおそれがあります。旧仮名の表記に慣れ親しんだ方も多いと思いますが、これから方言を継承していく若い世代にとってまなびやすい添小字による表記をここでは推奨しています。

首里方言を書く場合のポイント

　より多くの人たちが自分たちのはなすことばそのままに文章を書けるような表記を提案することが本書の目的です。本章では、アクセント（単語のなかの音の高さの上げ下げ）についてふれることができませんでしたが、アクセント・イントネーションについても、「'う↓とぅ」（音）、「く↓び」（首）のように矢印の記号をもちいて書きあらわすことができます（「第1部4.8　アクセントまで書きたい場合」を参照ください）。
　また、漢語や日本の地名、人名のような固有名詞を文のなかで使いたいときなどに、読

みやすさを考えて、漢字をもちいたいことがあるかもしれません。実際の発音を正確に表記したい場合、表意文字である漢字の使用は、その方言をよくしらない読み手の誤読をまねいたり、混乱をあたえてしまうことがあるため、なるべく使用しないほうがよいと考えます。もし、漢字をどうしても使用するときには、漢字すべてにルビをふるようにするなどの工夫が必要です（「第1部 4.1　漢字使用の非推奨」を参照ください）。

　いままで慣れ親しんできた表記と本書でもちいている表記がことなるところもあるでしょう。本書が従来の表記法とことなるところは、奄美から沖縄島全域、八重山、宮古、与那国にあらわれる多彩な音について、それぞれの方言の音の体系をふまえた上で、首里方言の表記法を提案しているところです。一貫性のある表記体系で書くことができるので、多くの方言を一冊の本でとりあつかう場合などに便利です。首里方言のみならず、琉球列島の言語の音声的多様性とそのおもしろさを実感できると思います。若い方からご年輩の方までもっと気軽に方言を書くきっかけになったり、書きつづる際の参考になれば幸いです。

　4.4「首里方言の文例」では、本表記をもちいた首里方言の例をあげます。それぞれ、一番上の段は「かな表記」、二段目は「アルファベット表記」、三段目は一、二段目と対応する現代日本語の逐語訳を記しました。四段目の( )内には、現代日本語の文をあげます。例をみるとわかるように、表音文字である「かな文字」や「アルファベット」は、英語やドイツ語など他の表音文字を使用する言語の表記とおなじように、単語ごとにスペースでくぎる必要があります（「第1部の4.3　分かち書き」も参照ください）。

　また、ここでは、名詞と名詞のうしろにくっつく助詞とのあいだに「＝（イコール）」を入れて、名詞と助詞との境界がわかるようにしました。ただし、首里方言では、「うとー（夫は）」のように、名詞と助詞の境界がわからないものもあります。このような場合は、むりに境界をつくることはしなくてもいいでしょう。

4.2 首里方言の表記一覧

後述する語例の表 (4.3) で「著者未確認」としている表記は括弧に入れてあります。表中の「/」は、推奨するのは左側の表記ですが、どちらの表記を使ってもいいことを表します。

'あ	'い	'う	'え	'お		
'a	'i	'u	'e	'o		
あ	い	う	え	お		
a	i	u	e	o		
か	き	く	け	こ		
ka	ki	ku	ke	ko		
くゎ	くぃ		くぇ			
kwa	kwi		kwe			
が	ぎ	ぐ	げ	ご		
ga	gi	gu	ge	go		
ぐゎ	ぐぃ		ぐぇ			
gwa	gwi		gwe			
さ	し	す	せ	そ		
sa	shi/syi	su	se	so		
しゃ		しゅ	しぇ	しょ		
sha/sya		syu/syu	she/sye	sho/syo		
ざ	じ	ず	ぜ	ぞ		
za	ji/zyi	zu	ze	zo		
じゃ		じゅ	じぇ	じょ		
ja/zya		ju/zyu	je/zye	jo/zyo		

た	ち	つ	て	と	てぃ	とぅ
ta	chi	tsu	te	to	ti	tu

だ			で	ど	でぃ	どぅ
da			de	do	di	du

(つぁ)	つぃ		(つぇ)	(つぉ)	すぃ	(づぃ / ずぃ)
(tsa)	tsi		(tse)	(tso)	si	(zi)

な	に	ぬ	ね	の		にゅ
na	ni	nu	ne	no		nyu

は	ひ	ふ	へ	ほ		
ha	hi	hwu	he	ho		

ひゃ		ひゅ		ひょ		
hya		hyu		hyo		

ふぁ	ふぃ		ふぇ			
hwa	hwi		hwe			

ば	び	ぶ	べ	ぼ		
ba	bi	bu	be	bo		

びゃ		びゅ		びょ		
bya		byu		byo		

ぱ	ぴ	ぷ	ぺ	ぽ	ぴゃ	ぴゅ
pa	pi	pu	pe	po	pya	pyu

ま	み	む	め	も		
ma	mi	mu	me	mo		

みゃ		みゅ		みょ		
mya		myu		myo		

'や		'ゆ		'よ			
y'a		y'u		y'o			
や		ゆ		よ			
ya		yu		yo			
ちゃ		ちゅ	ちぇ	ちょ			
cha		chu	che	cho			
ら	り	る	れ	ろ			
ra	ri	ru	re	ro			
'わ/うゎ	'うぃ		'うぇ				
w'a	w'i		w'e				
わ	うぃ		うぇ				
wa	wi		we				
'ん	ん	ー	っ				
n'	n	音を重ねる/:	子音を重ねる				

4.3 首里方言の表記を使った語例

語の意味は〈 〉で括って示しています。【新】は新しい語（日本語からの借用含む）です。表中の「/」は、推奨するのは左側の表記ですが、どちらの表記を使ってもいいことを表します。

'あ	'a	'あみ 'ami〈雨〉、'あひらー 'ahiraa〈アヒル〉、さーたー'あんだぎー saataa'andagii〈あげ菓子〉、'うし'あーし 'ushi'aashi〈闘牛〉	0121
'い	'i	'いーく 'iiku〈植物名・モッコク〉、'いーち 'iichi〈息〉	0122
'う	'u	'うい 'ui〈瓜（うり）〉、'うーかじ 'uukaji〈台風〉、'うけー 'ukee〈おかゆ〉、けー'うち kee'uchi〈小皿〉	0123
'え	'e	'えーく 'eeku〈櫂（かい）〉、'えー'いる 'ee'iru〈藍色〉	0124
'お	'o	'おーじ 'ooji〈扇〉、'おーだき 'oodaki〈青竹〉、'おーべー 'oobee〈青蠅〉、'おーだー 'oodaa〈もっこ〉	0125
あ	a	しあん shian〈思案【新】〉	0101
い	i	いー ii〈絵〉、いーん iin〈もらう〉、かんない kannai〈かみなり〉、'あいこー 'aikoo〈アリ〉、'あったぶい 'attabui〈にわか雨〉	0102
う	u	うたい utai〈つかれ〉、うどぅい udui〈おどり〉、うがみ ugami〈祈願〉、まーうー maauu〈真苧（まお）〉	0103
え	e	'おーえー 'ooee〈けんか〉、はーえー haaee〈かけ足〉、むえー muee〈無尽講〉	0104
お	o	おーじ ooji〈王子〉、におーぶとぅき nioobutuki〈仁王〉	0105
か	ka	かーぎ kaagi〈すがた〉、かーぶやー kaabuyaa〈こうもり〉、'あか 'aka〈赤〉、'うでぃかきえー 'udikakiee〈うでずもう〉、'あみりか 'amirika〈アメリカ【新】〉	0601
き	ki	きー kii〈木〉、きぶし kibushi〈けむり〉、'うちゃわき 'uchawaki〈お茶請け〉、ふとぅきー hwutukii〈人形〉	0602
く	ku	くーす kuusu〈古酒〉、くーぶ kuubu〈こんぶ〉、でーくに deekuni〈大根〉、'いちゅく 'ichuku〈いとこ〉、'うーく 'uuku〈奥〉、'うーまく 'uumaku〈わんぱく〉	0603
け	ke	けー kee〈さじ〉、けーな keena〈腕〉、ゆけーん yukeen〈四回〉、しけー shikee〈世界〉、'あじけー 'ajikee〈しゃこ貝〉、んけー nkee〈むかい〉	0604

こ	ko	こーじ kooji〈麹（こうじ）〉、こーれーぐす kooreegusu〈とうがらし〉、'あこーくろー 'akookuroo〈夕暮れ〉、'うこー 'ukoo〈おせんこう〉	0605
くゎ	kwa	くゎーし kwaashi〈菓子〉、くゎーぎ kwaagi〈桑〉、やっくゎん yakkwan〈やかん〉、みっくゎさん mikkwasan〈にくい〉、ちんくゎー chinkwaa〈かぼちゃ〉	0612
くぃ	kwi	くぃー kwii〈声〉、くゎっくぃぐとぅ kwakkwigutu〈かくしごと〉、'うちゅくぃー 'uchukwii〈ふろしき〉、さっくぃー sakkwii〈咳〉	0619
くぇ	kwe	くぇー kwee〈肥〉、からじくぇー karajikwee〈昆虫名・カミキリムシ〉、さきくぇー sakikwee〈のんだくれ〉	0621
が	ga	がじまる gajimaru〈植物名・ガジマル〉、がーとぅい gaatui〈鴨（かも）〉、くがに kugani〈黄金〉、'あがり 'agari〈東〉、かがん kagan〈鏡〉	0701
ぎ	gi	ぎきじ gikiji〈植物名・ゲッキツ〉、ぎーたー giitaa〈遊びの名前・片足とび〉、まぎぐぃー magigwii〈大声〉、かぎ kagi〈欠けること〉	0702
ぐ	gu	ぐーさん guusan〈杖〉、ぐじら gujira〈クジラ〉、ぐんぼー gunboo〈ごぼう〉、'うぐま 'uguma〈ごま〉、'いりぐ 'irigu〈材料〉、さんぐ sangu〈サンゴ〉	0703
げ	ge	げんのー gennoo〈かなづち〉、'いーまちげー 'iimachigee〈いいまちがい〉、かんげーむん kangeemun〈考えごと〉、'うとぅげー 'utugee〈おとがい〉	0704
ご	go	ごーやー gooyaa〈にがうり〉、'うらごーさ 'uragoosa〈ねたみ〉、だんごー dangoo〈はなしあい〉	0705
ぐゎ	gwa	ぐゎんく gwanku〈頑固〉、'うみんぐゎ 'umingwa〈お子さん〉、とぅんぐゎ tungwa〈台所〉、ほーとんぐゎ hootongwa〈鳩の子〉	0726
ぐぃ	gwi	ぐぃーく gwiiku〈地名・越来（ごえく）〉、はんぐぃむん hangwimun〈放蕩者〉、'あびーぐぃー 'abiigwii〈叫び声〉	0727
ぐぇ	gwe	ぐぇーしち gweeshichi〈外戚〉、さきぐぇーい sakigweei〈酒を飲んで太ること〉、ぬすどぅんぐぇー nusudungwee〈盗み食い〉	0728
さ	sa	さーたー saataa〈砂糖〉、さーる saaru〈猿〉、'あさてぃ 'asati〈あさって〉、'いさとぅー 'isatuu〈カマキリ〉、'あーさ 'aasa〈あおさ〉	1401
し	shi/syi	しー shii/syii〈四〉、しこーい shikooi/syikooi〈用意〉、ちしり chishiri/chisyiri〈キセル〉、みしげー mishigee/misyigee〈しゃもじ〉	1402
す	su	すりー surii〈あつまり〉、すーこー suukoo〈法事〉、'うすく 'usuku〈植物名・アコウ〉、すす susu〈すそ〉、くすい kusui〈くすり〉、'うす 'usu〈潮（うしお）〉、くす kusu〈くそ〉	1403
せ	se	くんくるばーせー kunkurubaasee〈おしあいへしあい〉	1404

4.3 首里方言の表記を使った語例

そ	so	そー soo〈さお〉、そーき sooki〈あばら〉、そーぐゎち soogwachi〈正月〉、そーみん soomin〈ソーメン〉、ぐそー gusoo〈冥土〉、くゎんそー kwansoo〈植物名・ワスレグサ〉	1405
しゃ	sha/sya	たっしゃ tassha/tassya〈達者〉	1419
しゅ	shu/syu	'いちゃがらしゅ 'ichagarashu/'ichagarasyu〈いかの塩辛〉	1420
しぇ	she/sye	しぇーく sheeku/syeeku〈大工〉、しぇーがな sheegana/syeegana〈おろしがね〉、にーしぇー niishee/niisyee〈青年〉、'うーしぇーくるばしぇー 'uusheekurubashee/'uusyeekurubasyee〈おしあいへしあい〉	1421
しょ	sho/syo	けーしょー keeshoo/keesyoo〈航海中〉	1422
ざ	za	'いざいびー 'izaibii〈いさり火〉、ふぇーわざ hweewaza〈はやわざ〉	1601
じ	ji/zyi	じーぐい jiigui/zyiigui〈不平〉、じーまーみ jiimaami/zyiimaami〈落花生〉、'あじん 'ajin/'azyin〈杵〉、ぬくじり nukujiri/nukuzyiri〈のこぎり〉、かじ kaji/kazyi〈風〉	1602
ず	zu	'いずんざち 'izunzachi〈泉崎・地名〉、にんず ninzu〈人数〉	1603
ぜ	ze	ぜーむく zeemuku〈材木〉、'いしぜーく 'ishizeeku〈石大工〉、やなぜー yanazee〈悪知恵〉	1604
ぞ	zo	かんぞー kanzoo〈植物名・カンゾウ〉、てぃーぞーき tiizooki〈ざる〉	1605
じゃ	ja/zya	じゃなどー janadoo/zyanadoo〈地名・謝名堂〉、'あしじゃ 'ashija/'ashizya〈下駄〉、なんじゃ nanja/nanzya〈銀〉	1619
じゅ	ju/zyu	'いじゅん 'ijun/'izyun〈泉〉、すーじゅーさん suujuusan/suuzyuusan〈塩からい〉、みじゅん mijun/mizyun〈いわし〉	1620
じぇ	je/zye	'いーじぇー 'iijee/'iizyee〈しゃもじ〉、にんじちじぇー ninjichijee/ninjichizyee〈寝ちがえ〉、まじぇー majee/mazyee〈まずは〉	1621
じょ	jo/zyo	じょー joo/zyoo〈門〉、さきじょーぐー sakijooguu/sakizyooguu〈酒好き〉、'あちねーじょーじ 'achineejooji/'achineezyooji〈商売上手〉	1622
た	ta	たー taa〈田〉、たーち taachi〈ふたつ〉、びたたいむん bitataimun〈いくじなし〉、'あたびち 'atabichi〈かえる〉、'あくた 'akuta〈ごみ〉、'うた 'uta〈歌〉	0401
ち	chi	ちー chii〈血〉、ちちゃさん chichasan〈近い〉、'あちねー 'achinee〈商売〉、'あかつぃち 'akatsichi〈明け方〉、'いーち 'iichi〈息〉	1702

つ	tsu	かつー katsuu〈かつお〉、つーじ tsuuji〈おつうじ〉、はんじつー hanjitsuu〈偏頭痛〉	1703
て	te	てーく teeku〈たいこ〉、てーふぁー teehwaa〈おどけ者〉、てんぶす tenbusu〈でべそ〉、かてーむん kateemun〈やっかいな事〉、ぐてー gutee〈手足〉	0404
と	to	とー too〈中国〉、とーふ toohwu〈とうふ〉、まっとーばー mattoobaa〈単純な人〉、'うちゃとー 'uchatoo〈霊前に供えるお茶〉、'おーとー 'ootoo〈びり〉	0405
てぃ	ti	てぃー tii〈手〉、てぃーだ tiida〈たいよう〉、かてぃむん katimun〈おかず〉、がてぃん gattin〈承知〉、'うむてぃ 'umuti〈おもて〉	0402
とぅ	tu	とぅー tuu〈十（とお）〉、とぅい tui〈とり〉、とぅーじ tuuji〈冬至〉、とぅるばやー turubayaa〈ぼんやりしている者〉、'あとぅみ 'atumi〈後継者〉、'うっとぅ 'uttu〈おとうと〉	0403
だ	da	だき daki〈竹〉、'あみだい 'amidai〈軒下（のきした）〉、はだか hadaka〈はだか〉、はんだま handama〈野菜・水前寺菜〉、'うらんだー 'urandaa〈西洋人〉、'あんだ 'anda〈油〉	0501
で	de	でー dee〈台〉、でーくに deekuni〈だいこん〉、'いちでーじ 'ichideeji〈一大事〉、'うさんでー 'usandee〈神仏への供物のさげたもの〉、ふんでー hwundee〈わがまま〉	0504
ど	do	どー doo〈ろうそく〉、'あぎどーふ 'agidoohwu〈あげどうふ〉、すーどーり suudoori〈総倒れ〉、んにどんどん nnidondon〈胸がどきどきするさま〉、そーどー soodoo〈騒動〉	0505
でぃ	di	でぃきやー dikiyaa〈秀才〉、ぬーでぃー nuudii〈のど〉、すでぃ sudi〈そで〉、'うでぃ 'udi〈うで〉	0502
どぅ	du	どぅー duu〈胴〉、どぅし dushi〈友だち〉、ぬどぅか nuduka〈のどか〉、'あちょーどぅ 'achoodu〈商人〉、'あどぅ 'adu〈かかと〉	0503
つぁ	tsa	著者未確認	1701
つぃ	tsi	つぃち tsichi〈月〉、つぃな tsina〈綱〉	1706
つぇ	tse	著者未確認	1704
つぉ	tso	著者未確認	1705
すぃ	si	がらすぃ garasi〈カラス〉	1409

4.3 首里方言の表記を使った語例

づぃ / ずぃ	zi	著者未確認	1501
な	na	なー naa〈名〉、ない nai〈実〉、とぅない tunai〈となり〉、'あみなー 'aminaa〈おたまじゃくし〉	1301
に	ni	にー nii〈荷〉、にーびち niibichi〈結婚式〉、さんにん sannin〈植物名・ゲットウ〉、くにんだ kuninda〈久米村〉、がに gani〈かに〉、ふに hwuni〈骨〉	1302
ぬ	nu	ぬぬ nunu〈ぬの〉、ぬーじ nuuji〈にじ〉、'うぬちゃく 'unuchaku〈神様に供える餅〉、ちぬー chinuu〈きのう〉	1303
ね	ne	ねー nee〈地震〉、ねーみ neemi〈縫い目〉、なちねーび nachineebi〈なきまね〉、ゆくねー yukunee〈宵〉、てぃがねー tiganee〈てつだい〉	1304
の	no	のーじ nooji〈名字〉、なかのーい nakanooi〈なかなおり〉、げんのー gennoo〈かなづち〉	1305
にゅ	nyu	'うんにゅかゆん 'unnyukayun〈お聞きになる〉	1324
は	ha	はー haa〈歯〉、はーし haashi〈箸〉、からはーい karahaai〈羅針盤〉、みーははー miihahaa〈馬のなきごえ〉	1801
ひ	hi	ひんぐ hingu〈垢〉、ひや hija〈えい。それ。〉	1802
ふ	hwu	ふー hwuu〈帆〉、ふぎ hwugi〈穴〉、さーふん saahwun〈ちょうず鉢〉、ぐーふ guuhwu〈瘤（こぶ）〉、てーふー teehwuu〈台風〉	0815
へ	he	へい hei〈おい。目下へよびかけるときにいう語〉	1804
ほ	ho	ほーち hoochi〈ほうき〉、ほーちゃー hoochaa〈包丁〉、なぎほーり nagihoori〈投げやり〉、ゆほーぶん yuhoobun〈さかずき台〉、しーほー shiihoo〈製法〉	1805
ひゃ	hya	ひゃーい hyaai〈ひでり〉、ひゃーく hyaaku〈百〉、'あにひゃー 'anihyaa〈あの野郎〉	1816
ひゅ	hyu	ひゅーるち hyuuruchi〈ひよめき〉	1817
ひょ	hyo	ひょーちゃく hyoochaku〈爆竹〉、ぶひょーし buhyooshi〈折りが悪いこと〉	1818
ふぁ	hwa	ふぁんない hwannai〈熱が高いさま〉、くふぁじゅーしー kuhwajuushii〈料理名・炊き込みご飯〉、てーふぁ teehwa〈冗談〉、なーふぁ naahwa〈那覇〉	0813

ふぃ	hwi	ふぃじげー hwijigee〈肘〉、ふぃじゃい hwijai〈左〉、'いふぃ 'ihwi〈少し、わずか、少量〉、'あふぃらー 'ahwiraa〈アヒル〉、なーふぃん naahwin〈もっと、さらに〉	0814
ふぇ	hwe	ふぇー hwee〈南〉、ふぇーれー hweeree〈おいはぎ〉、ふぇんさ hwensa〈はやぶさ〉、'いふぇー 'ihwee〈位牌〉、にふぇー nihwee〈ありがたく思うこと〉	0816
ば	ba	ばーき baaki〈ざる〉、ばさー basaa〈芭蕉布〉、たばく tabaku〈たばこ〉、みーばい miibai〈魚名〉、さばに sabani〈丸木舟〉、さば saba〈サメ〉	0301
び	bi	びんだれー bindaree〈金だらい〉、'あくび 'akubi〈あくび〉、'いちゅび 'ichubi〈いちご〉、くび kubi〈くび〉	0302
ぶ	bu	ぶいどー buidoo〈どうあげ〉、しぶい shibui〈とうがん〉、かまぶく kamabuku〈かまぼこ〉、にーぶい niibui〈眠気がさすこと〉、にーぶ niibu〈ひしゃく〉	0303
べ	be	べーべー beebee〈ヤギの小児語〉、なーべーらー naabeeraa〈へちま〉、かーちーべー kaachiibee〈夏至のころ吹く南風〉、くるべー kurubee〈黒カビ〉	0304
ぼ	bo	ぼー boo〈棒〉、ぼーじゃー boojaa〈坊や〉、すーまんぼーすー suumanboosuu〈梅雨〉、はなぼーる hanabooru〈菓子の名前〉、ぐんぼー gunboo〈ごぼう〉	0305
びゃ	bya	'いしびゃー 'ishibyaa〈昔の大砲〉	0319
びゅ	byu	びゅー byuu〈廟（びょう）〉、しんびゅー shinbyuu〈神妙〉	0320
びょ	byo	びょーち byoochi〈病気〉、ちんびょーぶ chinbyoobu〈金屏風〉	0321
ぱ	pa	ぱくぱくー pakupakuu〈おしゃべり〉、かんぱち kanpachi〈頭の傷跡〉、がっぱい gappai〈おでこ〉、だんぱち danpachi〈断髪〉、かっぱ kappa〈合羽（かっぱ）〉	0201
ぴ	pi	ぴやぴや piyapiya〈ひよこのなきごえ〉、さんぴん sanpin〈お茶の名前〉、てぃんぴ tinpi〈天妃〉	0202
ぷ	pu	ぷっとぅるー putturuu〈のり状に作った料理〉、'いっぷん 'ippun〈一本〉、'あってぃんぷー 'attinpuu〈あてずっぽう〉、しぷしぷ shipushipu〈じめじめ〉	0203
ぺ	pe	ぺーぺー peepee〈きたない物の小児語〉、くんぺん kunpen〈お菓子の名前〉、ばっぺー bappee〈まちがい〉	0204
ぽ	po	ぽーぽー poopoo〈料理の名前〉	0205

ぴゃ	pya	るっぴゃくぐんじゅー ruppyakugunjuu〈銭650文〉	0226
ぴゅ	pyu	'いっぴゅー 'ippyuu〈一俵〉、くんぴゅん kunpyun〈ふみつぶす〉	0227
ま	ma	まーす maasu〈塩〉、'あまぐい 'amagui〈あまごい〉、'いましみ 'imashimi〈いましめ〉、やまく yamaku〈きこり〉、かま kama〈鎌〉	1201
み	mi	みー mii〈目〉、みーとぅ miitu〈めおと〉、'あみなー 'aminaa〈おたまじゃくし〉、くみかん kumikan〈こめかみ〉、'いみ 'imi〈夢〉、くみ kumi〈米〉	1202
む	mu	むーく muuku〈婿〉、むしる mushiru〈むしろ〉、いむん 'imun〈鋳物(いもの)〉、たむん tamun〈薪〉、くむ kumu〈雲〉、しむ shimu〈台所〉	1203
め	me	めー mee〈目〉、'うめーし 'umeeshi〈お箸〉、'うめんとぅー 'umentuu〈紙びな〉、やんめー yanmee〈病気〉、はかめー hakamee〈墓参り〉	1204
も	mo	もー moo〈野原〉、もーい mooi〈おどり〉、'あもーり 'amoori〈あまもり〉、すもー sumoo〈所望〉	1205
みゃ	mya	みゃーく myaaku〈宮古〉	1224
みゅ	myu	みゅー myuu〈奇妙〉、みゅんちょーび myunchoobi〈おぐし〉	1225
みょ	myo	みょーが myooga〈名誉〉	1226
'や	y'a	'やー y'aa〈お前〉、'やんちゅい y'anchui〈お前ひとり〉	1014
'ゆ	y'u	'ゆー y'uu〈はい。目上の人に対して肯定の意をしめすとき〉、'ゆん y'un〈言う〉、なー'ゆらー naay'uraa〈物おじしない人〉	1015
'よ	y'o	'よーいぐゎー y'ooigwaa〈あかちゃん〉、'よーい'よーい y'ooi y'ooi〈泣く子をあやすときにかける声〉	1017
や	ya	やっくゎん yakkwan〈やかん〉、やーん yaan〈来年〉、'うや 'uya〈親〉、とーやーまー tooyaamaa〈さなぎ〉、まやーじくく mayaajikuku〈ミミズク〉、はーや haaya〈柱〉	1001
ゆ	yu	ゆったい yuttai〈四人〉、ゆーち yuuchi〈手斧〉、ゆだい yudai〈よだれ〉、'あまゆー 'amayuu〈豊年〉、'いゆ 'iyu〈魚〉、ふゆー hwuyuu〈ものぐさ〉	1003
よ	yo	よーばー yoobaa〈弱虫〉、よーんなー yoonnaa〈ゆっくり〉、からよーさん karayoosan〈体が弱い〉、'いっとぅがよー 'ittugayoo〈おはじき〉	1005

ちゃ	cha	ちゃー chaa〈茶〉、ふちゃぎ hwuchagi〈お菓子の名前〉、'いちゃ 'icha〈いか〉、'うちゃわき 'uchawaki〈お茶請け〉、たんちゃー tanchaa〈短気者〉		1721
ちゅ	chu	ちゅいなー chuinaa〈ひとりずつ〉、'いちゅく 'ichuku〈いとこ〉、'うちゅくぃー 'uchukwii〈ふろしき〉、'いーちゅー 'iichuu〈糸〉		1722
ちぇ	che	'あんちぇーん 'ancheen〈そのくらい〉、'いちぇーぐりー 'icheegurii〈会いにくい人〉、'うんちぇー 'unchee〈野菜名・ようさい〉		1723
ちょ	cho	'あちょーどぅ 'achoodu〈商人〉、'うんちょーび 'unchoobi〈御髪〉、だっちょー dacchoo〈らっきょう〉		1724
ら	ra	らんかん rankan〈欄干〉、しらん shiran〈シラミ〉、かーらやー kaarayaa〈瓦ぶきの家〉、ぐじら gujira〈クジラ〉		1901
り	ri	りーち riichi〈植物名・レイシ〉、くーりぶーとぅ kuuribuutu〈ところてん〉、'あがり 'agari〈東〉、'いり 'iri〈西〉、がんまり ganmari〈いたずら〉		1902
る	ru	るく ruku〈六〉、るーか ruuka〈琉歌〉、だるみ darumi〈関節〉、'うるし 'urushi〈漆（うるし）〉、'うるどぅし 'urudushi〈うるう年〉、'いる 'iru〈色〉、さる saru〈サル〉		1903
れ	re	れんが renga〈煉瓦（れんが）〉、こーれー koree〈朝鮮〉、'いれー 'iree〈応答〉、わちゃれー wacharee〈わずらわしいこと〉		1904
ろ	ro	ろー roo〈ろうそく〉、こーころーこー kookorookoo〈シャモのなきごえ〉、そーろー'んま sooroo'nma〈昆虫名・ナナフシ〉、しんろー shinroo〈心労〉		1905
'わ/うゎ	w'a	'わー/うゎー w'aa〈豚〉、'わーばぐとぅ/うゎーばぐとぅ w'aabagutu〈余計なこと〉、'わーすん/うゎーすん w'aasun〈追加する〉		1113
'うぃ	w'i	'うぃー w'ii〈上〉、'うぃーじ w'iiji〈水泳〉、'うぃーちょー w'iichoo〈植物名・ウイキョウ〉		1114
'うぇ	w'e	'うぇーか w'eeka〈しんせき〉、'うぇーきー w'eekii〈かねもち〉		1115
わ	wa	わち wachi〈脇〉、わらび warabi〈こども〉、かわい kawai〈代わり〉、しわーし shiwaashi〈師走〉、'いわ 'iwa〈岩〉、しわ shiwa〈心配〉		1101
うぃ	wi	うぃーっくゎ wiikkwa〈甥（おい）〉、うぃきが wikiga〈おとこ〉、ふなうぃー hwunawii〈ふなよい〉		1102
うぇ	we	ちゅうぇーくとぅ chuweekutu〈一大事〉、'ういうぇー 'uiwee〈おいわい〉		1104
'ん	n'	'んぶさん n'busan〈重い〉、'んまが n'maga〈孫〉、'んに n'ni〈稲〉、'んま n'ma〈馬〉、'んみ n'mi〈膿〉		2016

ん	n	んかし nkashi〈昔〉、んじゃさん njasan〈苦い〉、んす nsu〈味噌〉、んちゃ ncha〈土〉、んに nni〈胸〉、かんじょー kanjoo〈勘定〉、そーみん soomin〈ソーメン〉	2012
ー	音を重ねる /:	かんとーん kantoon〈むくむ〉、きーまー kiimaa〈けむくじゃら〉、くんだ'あがやー kunda'agayaa〈こむらがえり〉	2013
っ	子音を重ねる	っちゅ cchu〈人〉、っくゎ kkwa〈子〉、'あったに 'attani〈不意に〉、'うっさん 'ussan〈うれしい〉、じっぴ jippi〈是非、真偽〉	2014

4.4 首里方言の文例

※方言の話者に向けて書くものの場合など、「＝」の記号は省略してもかまいません。

夫のために鼻を切った女の話

ぐすーよー、　くり＝から　'うちなー＝ぬ　んかしばなし
gusuuyoo,　kuri=kara　'uchinaa=nu　nkashibanashi
みなさま、　これ＝から　沖縄＝の　むかしばなしを
（みなさま、これから沖縄のむかしばなしを）

'うちなーぐち＝っし　'うはししぇーやー＝んでぃ　'うむとーいびーん。
'uchinaaguchi=sshi　'uhanashisheeyaa=ndi　'umutooibiin.
沖縄弁＝で　おはなししては＝と　思っております。
（首里方言でおはなししようと思っています。）

んかし　しゅい＝なかい　'あたる　はなし　やいびーすぃが
nkashi　shui=nakai　'ataru　hanashi　yaibiisiga,
昔　首里＝に　あった　はなし　ですが
（昔、首里にあったはなしですが、）

'いっぺー　ちゅらうぃなぐ　とぅじ　しょーる　っちゅ＝ぬ　うぃびーたん。
'ippee　churawinagu　tuji　syooru　cchu=nu　uibiitan.
とても　美しい女を　妻に　している　人＝が　いました。
（たいそう美しい女を妻にしている人がいました。）

とぅじ＝ぬ　どぅく　ちゅらさぬ　うとー　くぬ　とぅじ＝ぬ
tuji=nu　duku　churasanu　utoo　kunu　tuji=nu
妻＝が　とても　美しいので　夫は　この　妻＝が
（妻があまりにも美しいので、夫はこの妻が）

むしか　ゆす＝に　ふぃかさりーる　くとー
mushika　yusu=ni　hwikasariiru　kutoo
もしか　よそ＝に　引かされる　ことが
（もしかして他の男にとられることが）

ねーんがやー＝んでぃち　'あさ＝ん　ばぬ＝ん　ちゃー
neengayaa=ndichi　'asa=n　banu=n　chaa
ないかしら＝と　朝＝も　晩＝も　いつも
（ないかしらと朝も夜もいつも）

しわ=びけーい　しょーいびーたん。
shiwa=bikeei　　syooibiitan.
心配=ばかり　　　していました。
（心配ばかりしていました。）

（以下、略）

　上の文は、国立国語研究所 1983『沖縄語辞典』（大蔵省印刷局）より、「例文」(pp. 22 〜 pp. 25)の一部を本稿の表記法にそって記したものです。

第5章
大神方言（沖縄県宮古島市平良大神）

5.1 大神方言を書くために

この章では大神方言の書き方について具体的に説明します。後述する 5.2 で表記一覧、5.3 で語例、5.4 で文例を示しますが、まず 5.1 でこの方言を書くにあたって有用だと思われることをまとめておきます。

大神方言は宮古列島の中の大神島（おおがみじま）で話されている伝統的な方言ですが、大神島から集団移動が行われた宮古本島の高野集落（沖縄県宮古島市平良東仲宗根）でも話されています。

大神方言の発音は独特で、他の宮古諸方言とも異なる点が多いです。日本列島では他に類例がなく、世界のなかでもめずらしい特徴をもっています。共通語を表すために定められた仮名表記ではそのまま表記できない音がたくさんあるので、いくつかの工夫が必要です。

大神方言の特徴としてはまずいわゆる清音（か・さ・た等）と濁音（が・ざ・だ等）の区別がないことがあげられます。清音の方で発音するのが基本なので濁音の仮名は使わないことにします。ただし共通語やまわりの他の方言からの借用語に濁音が現れる場合はそれを通常の濁音の仮名で表記します。

「あ・い・う・え・ぃ」のような母音を含まず、子音だけのことばもあります。たとえば「＾ふー」〈櫛〉や「＾ふくｽ」〈口〉のような例です。ただし、単独や文末の位置では母音の「ぃ」に近い音が挿入されることがあります。その場合それを表記せずに「＾ふー」や「＾ふくｽ」のままにします。さらに「くｽ」が「くぃ」に代わることがよくありますが、その場合どちらで書いてもいいとします。

以下の 5.2 で大神方言を表記する際に必要な表記がまとめてありますが、共通語や他の宮古諸方言からの借用語にしか現れない音はあげていません。

5.2 大神方言の表記一覧

後述する語例の表 (5.3) で「著者未確認」としている表記は括弧に入れてあります。

あ	い	う	(え)	ぱ		
a	i	u	(e)	ï		

か	き	く	け	くぃ	くㇲ	くふ
ka	ki	ku	ke	kï	ks	kf

さ	し	す	しぇ	すぃ		
sa	shi	su	she	sï		

た	てぃ	とぅ	て			
ta	ti	tu	te			

な	に	ぬ	ね			
na	ni	nu	ne			

ぱ	ぴ	ぷ	ぺ	ぷぃ	ぷㇲ	
pa	pi	pu	pe	pï	ps	

ふぁ	ふぃ	ふ	ふぇ			
fa	fi	fu	fe			

ま	み	む	め			
ma	mi	mu	me			

ら	り	る	れ			
ra	ri	ru	re			

や		ゆ				
ya		yu				

ゔぁ	ゔぃ		ゔぇ			
va	vi		ve			

^ふ	^す	^う	^む	ん	ー	っ
f	s	v	m	n	母音を重ねる	子音を重ねる

5.3 大神方言の表記を使った語例

語の意味は〈 〉で括って示しています。

あ	a	あぬ anu〈私〉、あた ata〈明日〉、あみ ami〈雨〉	0101
い	i	いみ imi〈夢〉、ぱい pai〈針〉、まい mai〈前〉	0102
う	u	うか˄む ukam〈大神島（地名）〉、うま uma〈そこ〉、ぱう pau〈棒〉	0103
え	e	著者未確認	0104
ぴ	ï	ぴーïï〈飯〉、まいｐ maï〈米〉、ぴあ ïa〈父〉	0107
か	ka	か˄む kam〈神〉、ぱかむぬ pakamunu〈若者〉、あかか˄む akakam〈赤い〉	0601
き	ki	きー kii〈今日〉、あぱらき aparaki〈美しい〉、さき saki〈酒〉	0602
く	ku	く˄す kus〈腰〉、˄むーなく mmnaku〈砂〉、とぅくま tukuma〈ところ〉	0603
け	ke	た˄ふけー tafkee〈一人〉、いけー˄む ikeem〈昔〉、んけな nkena〈にがな〉	0604
くぴ	kï	くぴむ kïmu〈肝・心〉、くぴぬ kïnu〈昨日〉、みくぴ mikï〈水〉	0607
くす	ks	くすー kss〈血〉、くすくす ksks〈月〉、うまくす umaks〈火〉	0606
くふ	kf	くふー kff〈作る〉、くふふい kffi〈作れ〉、あくふふあねーん akffaneen〈あつくない〉	0648
さ	sa	さた sata〈砂糖〉、うぷーさ upuusa〈たくさん〉、あさむぬ asamunu〈朝ご飯〉	1401
し	shi	しんしー shinshii〈先生〉、あし ashi〈汗〉、くすしてぃき ksshitiki〈きれい〉	1402
す	su	すー suu〈野菜〉、まーす maasu〈塩〉、すた suta〈兄〉	1403

しえ	she	い＾むしぇー imshee〈漁師〉、くしぇ＾む kushem〈杖〉、くいしぇー kuishee〈雨乞い（くいちゃー）〉	1421
すぃ	sï	すぃた sïta〈舌〉、すぃま sïma〈島〉、あすぃぷぃ asïpï〈遊ぶ〉	1407
た	ta	たー taa〈お茶〉、たや taya〈力〉、＾むた mta〈土〉	0401
てぃ	ti	てぃー tii〈手〉、てぃた tita〈太陽〉、かてぃ kati〈風〉	0402
とぅ	tu	とぅー tuu〈十〉、うとぅとぅ ututu〈弟・妹〉、とぅぃ tuï〈鳥〉	0403
て	te	てーん teen〈だけ（助詞）〉、うてーん uteen〈遠い〉、いかてーん ikateen〈行かないよ〉	0404
な	na	なー naa〈名前〉、かなまぃ kanamaï〈頭〉、たまな tamana〈キャベツ〉	1301
に	ni	にー nii〈根っこ〉、あに ani〈姉〉、にくｽ niks〈熱〉	1302
ぬ	nu	ゆむぬ yumunu〈ネズミ〉、ぬ＾む num〈飲む〉、とぅぬか tunuka〈卵〉	1303
ね	ne	ねーん neen〈ない〉、＾ゔーね vvne〈フグ〉、ねーし neeshi〈くらべる〉	1304
ぱ	pa	ぱな pana〈花〉、ぷぱ pupa〈叔母〉、ぱくぃ pakï〈足〉	0201
ぴ	pi	ぴー pii〈屁〉、ぴきとぅ＾む pikitum〈男〉、やらぴ yarapi〈子供〉	0202
ぷ	pu	ぷに puni〈骨〉、ぬぷい nupui〈首〉、＾むーぷ mmpu〈へそ〉	0203
ぺ	pe	ぺーぺー peepee〈早く〉、ぺーぃ peeï〈針〉、ぺる＾むな perumna〈カタツムリ〉	0204
ぷぃ	pï	ぷぃり pïri〈座りなさい〉、かぷぃ kapï〈紙〉、ぷぃき pïki〈ひげ・毛〉	0207
ぷｽ	ps	＾むなぷｽかぃ mnapskaï〈稲光〉、ぷｽとぅ pstu〈人〉、ぷｽーま pssma〈昼間〉	0206
ふぁ	fa	ふぁー faa〈子供〉、ふぁう fau〈食べる〉、まっふぁ maffa〈枕〉	0801

ふぃ	fi	ふぃーる fiiru〈ください〉、かっふぃ kaffi〈隠れる〉、っふぃ ffi〈イカ墨〉	0802
ふ	fu	ふに funi〈船〉、あまふむ amafumu〈雨雲〉、っふ ffu〈糞〉	0803
ふぇ	fe	っふぇま ffema〈来間島（地名）〉、かっふぇー うらん kaffee uran〈隠れていない〉、っふぇー ffee〈イカ墨は〉	0804
ま	ma	ぬーま nuuma〈馬〉、かま kama〈あそこ〉、やまとぅ yamatu〈本土（大和）〉	1201
み	mi	みー mii〈目〉、みとぅ^む mitum〈女〉、まみ mami〈豆〉	1202
む	mu	むゆくｽ muyuks〈六つ〉、^すとぅむてぃ stumuti〈朝〉、むむ mumu〈腿〉	1203
め	me	やーくぃめー yaakïmee〈ヤモリ〉、めーく meeku〈宮古島〉、^むめぴ mmepi〈もっと〉	1204
ら	ra	あらぱな arapana〈最初〉、からくぃ karakï〈髪の毛〉、ぷｽさら pssara〈平良（地名）〉	1901
り	ri	うり uri〈それ〉、ぱり pari〈畑〉、ぃりる ïriru〈入れなさい〉	1902
る	ru	いる iru〈色〉、みーる miiru〈見ろ〉、たる taru〈だれ〉	1903
れ	re	ぴぃたれー pïtaree〈左利き〉、ふぁーむれー faamuree〈子守〉、まみまーれー mamimaaree〈ツバメ〉	1904
や	ya	やま yama〈山・森〉、かや kaya〈茅〉、うやき uyaki〈金持ち〉	1001
ゆ	yu	めゆ meyu〈猫〉、ゆさらぴ yusarapi〈夕方〉、うゆぴ uyupi〈指〉	1003
ゔぁ	va	ゔぁー vaa〈豚〉、あっゔぁ avva〈油〉、ゔぁーぴ vaapi〈上〉	0901
ゔぃ	vi	っゔぃ vvi〈売りなさい〉、かっゔぃ kavvi〈かぶりなさい〉、いっゔぃ ivvi〈怖がる〉	0902
ゔぇ	ve	っゔぇま^すか^む vvemaskam〈うらやましい〉、っゔぇー うらん vvee uran〈売っていない〉、いっゔぇー うらん ivvee uran〈怖がっていない〉	0904
^ふ	f	^ふー ff〈櫛〉、っふぁ^ふなぃ ffafnaï〈夜〉、き^ふ kif〈煙〉	2001

˰す	s	˰すた sta〈下〉、˰すー ss〈(鳥の)巣〉、ぷ˰す pus〈星〉	2002
˰ゔ	v	˰ゔー vv〈売る〉、ぱ˰ゔ pav〈蛇〉、˰ゔたか˰む vtakam〈太い〉	2003
˰む	m	い˰む im〈海〉、˰むー mm〈いも〉、˰むす msu〈味噌〉	2005
ん	n	いん in〈犬〉、んた nta〈どこ〉、ぴんた pinta〈山羊〉	2012
ー	母音を重ねる	あーく aaku〈うた〉、ぴーまか piimaka〈少し〉、くぃーぱ kïïpa〈かんざし〉、˰むー mm〈いも〉	2013
っ	子音を重ねる	あっす assu〈しろ〉、っふぁ ffa〈草〉、っすき ssuki〈白髪〉	2014

5.4 大神方言の文例

※方言を話せる人に向けて書くものの場合など、「=」の記号は省略してもかまいません。

かいぞく=ぬ=とぅ　うか゜む=かい　ふに=から　くすし
kaizoku=nu=tu　　ukam=kai　　　funi=kara　ksshi
海賊=が=こそ　　　大神島=へ　　　船=で　　　来て
（海賊が大神島へ船で来て）

かま=ぬ　　とぅーやま=ぬ　　ぷぃた=んかい　ぱいり　　くすし
kama=nu　　tuuyama=nu　　　pïta=nkai　　　païri　　ksshi
あそこ=の　遠山=の　　　　浜=に　　　　　入って　　来て
（あそこの遠山の浜に入ってきて）

ぱいり　　くすしぱ=とぅ　　かいぞく=ぬ　　くすー=てぃ
païri　　ksshipa=tu　　　kaizoku=nu　　kss=ti
入って　　きたら=こそ　　海賊=が　　　来る=と
（入ってきたら「海賊が来る！」と）

すぃま=ぬ　ぷすたー　゜むーな　うかなーり
sïma=nu　　pstaa　　mmna　　ukanaari
島=の　　　人は　　　皆　　　集まって
（島の人は皆集まって、）

やらぴぬ゜むみから　うぷぷすとぅぬ゜むみから　゜むーな　とぅ゜すとぅりぷすとぅ　゜むーな
yarapinummikara　　upupstunummikara　　　　mmna　　tusturipstu　　　　　mmna
子供達とか　　　　大人達とか　　　　　　　皆　　　お年より　　　　　　　皆
（子供や大人みんな、老人みんな）

かま=んかい　はしって　かっふぃか　いくすた=っすか=とぅ
kama=nkai　　hashitte　kaffika　　iksta=ssuka=tu
あそこ=へ　　走って　　隠れに　　行った=が=こそ
（あそこへ走って隠れに行ったが）

た゜ふけー=ぬ　やらぴかー=ぬ　゜すてぃらーさい　ゆりり　まーりりぱ=とぅ
tafkee=nu　　　yarapikaa=nu　　stiraasai　　　　yuriri　maariripa=tu
一人=の　　　　小さい子供=が　取り残されて　　迷って　回っていたら=こそ
（一人の小さい子供が取り残されて迷子になったので）

かいぞく=ぬ　ぷすとぅ=ぬ　やらぴー　さーり　さたてぃ　いくすしぱ=とぅ
kaizoku=nu　pstu=nu　　　yarapii　saari　satati　　iksshipa=tu
海賊=の　　人=が　　　　子供を　連れて　先に　　行ったら=こそ
（海賊がその子供を連れて先に行けば）

かま=ぬ　とぅーやま=ぬ　がま=ぬ　なか=んかい　さーり　いくₛたいぴ=てぃ^む。
kama=nu　tuuyama=nu　gama=nu　naka=nkai　saari　ikstaï=tim.
あそこ＝の　遠山＝の　　　洞窟＝の　中＝に　　連れて　行った＝そうだ
(あそこの遠山の洞窟の中に子供が連れて行ったそうだ)

^むーな　あつまりーたりーり　あっゔぁ=う　かき　すぃな^すたい　ぺー^む　いら
mmna　atsumariitariiri　avva=u　kaki　sïnastaï　peem　ira
皆　　集まっていたので　　　油＝を　　かけて　死なせた　　　　かな　　でしょう
(皆そこに集まっていたので海賊が油をかけて殺したのかな)

5.4　大神方言の文例　　177

第6章
池間方言（沖縄県宮古島市池間島、佐良浜、西原）

6.1 池間方言を書くために

　この章では池間方言の書き方について具体的に説明します。後述する6.2で表記一覧、6.3で語例、6.4で文例を示しますが、まず6.1でこの方言を書くにあたって有用だと思われることをまとめておきます。

　池間方言は、沖縄県宮古島市の池間島とその分村（宮古島の西原、伊良部島の佐良浜）で話されている言葉です。土地の言葉では、イキマフツといい、宮古島とその周辺の島々で話される言葉（ここでは宮古諸方言と呼びます）のうちのひとつです。池間島には池間と前里の二つの字がありますが、言語差はほとんどないと考えられます。佐良浜は18世紀半ばごろ、西原は1874年に、池間島から分村してできた集落で、池間島とほぼ同じ言葉が話されています。

　次の6.2では、池間方言の表記のために使う文字の一覧、そして6.3では、その文字ひとつひとつの使用例、6.4では、それらを用いて表記した池間方言の文例を示します。ここ6.1では、表記に際しての注意点をまとめますので、何かわからないことがあったら、読み返してみてください。また、どこで切って書くかなどについては、厳格な決まりは設けていませんが、第1部4.3節及び第2部序章で推奨する分かち書き方法を提示しているほか、本章6.4の文例を参考にしてください。

　ここでは池間方言表記に用いる文字として、ひらがなとアルファベットを用意しており、どちらを使っていただいても大丈夫です。ここでは、ひらがなを使う場合を中心に注意点を書きますが、アルファベット表記の場合でも同様に大事なことも含まれますので、アルファベット表記をしたい方も必ず確認してください。

　ひらがなのひとつひとつには、「この文字は共通語のこの音を表す」という決まり事があります。しかし、それをいったんなしにして、この文字（列）は方言のこの音を表すことにしよう、と決めなければいけない部分があります。日本語と大体同じ発音のものは問題ありませんが、日本語にない音、ちょっと違っている音の表現などには、このような約束事の変更をしないと、ひらがなを使って一貫性のある表記をすることはできなくなります。例えば、池間方言で〈おそば〉と〈唇〉を表す言葉は両方とも「すば」と書くことも

きますが、〈おそば〉の「す」のほうは唇を丸めるのに対して、〈唇〉の「す」では唇は丸めません。この違いを書いておかないと、池間方言をよく知っている人以外はどちらかわからないことになります。ここでは、この違いを、「すぅば」〈おそば〉、「すば」〈唇〉と書き分けることにしています。（※『かなるおばーぬゆがたい・みまむいぶすぬはなす』（花城千枝子作）などで既に使われている表記法では、「すぅ」ではなく「そぅ」を用いています。これでも「す」とのかき分けが可能ですので、どちらを使ってもいいでしょう。大事なことは、母語話者以外の人も含め、読んだ人がどのような音を表記しているかわかるように、**一貫性のある書き分けをすることです。**）このほか、例えば、どこにあるかときかれて「向こうにあるよ」と言いたいときの、「かまん<u>ど</u>ぅ　あい<u>ど</u>ー」という言葉について、「かまん<u>ど</u>　あい<u>ど</u>ー」と書きたくなるかもしれません。こんなときは、この二つの「ど」が、〈体〉の「どぅー」と〈おいしいよ〉の「んまむぬどー」のどちらの「ど」と同じものなのかということを考えてください。この場合、「かまん<u>ど</u>ぅ」が「<u>ど</u>ぅー」、「あい<u>ど</u>ー」が「んまむぬ<u>ど</u>ー」と、それぞれ対応していると思います。この違いを書き分けるために、ここでは「どぅ」と「ど」という違いをつけます。

　以下では、ここまでで説明したような共通語との違いのために注意して書き分ける、あるいは違う文字を使ったりするもののリストをあげます。以下の音と似た音の表記の際は、参考にしてください。これら以外は、共通語を書くときの感覚でひらがなを使って大丈夫でしょう。

関係のある文字	気を付ける言葉の例（日本語での意味）	書き方および書き分け方法
づ	〈油〉の書き方	あっづぁ〈油〉
す	〈唇〉、〈そば〉の違い	すば〈唇〉、すぅば〈そば〉
て	〈太陽〉の書き方	てぃだ〈太陽〉
で	〈袖〉の書き方	すぅでぃ〈袖〉
と	〈人〉の書き方	ひとぅ〈人〉
ど	〈友達〉、〈（おいしい）よ〉の「ど」の違い	どぅす〈友達〉、んまむぬどー〈おいしいよ〉
ふ	〈食べ物〉の書き方	ふぁうむぬ〈食べ物〉
ふ / ほ	〈船〉と〈骨〉の違い	ふに〈船〉、ほうに〈骨〉
ふ / ん	〈昨日〉の書き方	ンぬ〈昨日〉
っ	〈子供〉の書き方	っふぁ〈子供〉

ここでリストした音については、対応するアルファベットを使う場合も、その使い分けに十分注意してください。例えば、「すば〈唇〉」は sïba、「すぅば〈そば〉」は suba となります。

　最後に、その他の表記のポイントをまとめます。

- アルファベットで「っ」に当たるものを書くときは基本的に子音を重ねればいいですが（例：avva あっゔぁ〈油〉）、ch など二つの子音を使っているものの場合は、最初の文字だけ重ねてください（例：maccha まっちゃ〈商店〉）。
- アルファベットでパソコンなどで打ち込む場合、ï（アイウムラウトと呼びます）が出しにくければ、I（大文字の i）で代用しても良いでしょう。
- 句読点については、ひらがな表記の場合は「、」「。」、アルファベット表記の場合は「,」「.」を使いましょう。

6.2 池間方言の表記一覧

後述する語例の表 (6.3) で「著者未確認」としている表記は括弧に入れてあります。表中の「/」は、推奨するのは左側の表記ですが、どちらの表記を使ってもいいことを表します。

あ	い	う	え	お		
a	i	u	e	o		

や		ゆ		よ		
ya		yu		yo		

か	き	く	(け)	(こ)		
ka	ki	ku	(ke)	(ko)		

きゃ		きゅ		(きょ)		
kya		kyu		(kyo)		

が	ぎ	ぐ	げ	ご		
ga	gi	gu	ge	go		

ぎゃ		ぎゅ		(ぎょ)		
gya		gyu		(gyo)		

さ	し	すぅ	(せ)	(そ)	す	
sa	shi/syi	su	(se)	(so)	sï	

しゃ		しゅ		(しょ)		
sha/sya		shu/syu		(sho/syo)		

ざ	じ	ずぅ	(ぜ)	(ぞ)	ず	
za	ji/zyi	zu	(ze)	(zo)	dzï	

じゃ		じゅ		じょ		
ja/zya		ju/zyu		jo/zyo		

た	てぃ	とぅ	(て)	(と)	つ	
ta	ti	tu	(te)	(to)	tsï	
だ	でぃ	どぅ	で	ど		
da	di	du	de	do		
ちゃ	ち	ちゅ	(ちぇ)	(ちょ)		
cha	chi	chu	(che)	(cho)		
な	に	ぬ	ね	(の)		
na	ni	nu	ne	(no)		
にゃ		にゅ		(にょ)		
nya		nyu		(nyo)		
は	ひ	ほぅ	(へ)	(ほ)		
ha	hi	hu	(he)	(ho)		
ひゃ		ひゅ		(ひょ)		
hya		hyu		(hyo)		
ぱ	ぴ	ぷ	(ぺ)	(ぽ)		
pa	pi	pu	(pe)	(po)		
(ぴゃ)		(ぴゅ)		(ぴょ)		
(pya)		(pyu)		(pyo)		
ば	び	ぶ	(べ)	(ぼ)		
ba	bi	bu	(be)	(bo)		
びゃ		びゅ		びょ		
bya		byu		byo		
ふぁ	ふぃ	ふ			ふゃ	ふゅ
fa	fi	fu			fya	fyu

うぁ	うぃ				うゃ	うゅ
va	vi				vya	vyu

ま	み	む	め	(も)
ma	mi	mu	me	(mo)

みゃ		みゅ		(みょ)
mya		myu		(myo)

ら	り	る	(れ)	(ろ)
ra	ri	ru	(re)	(ro)

りゃ		りゅ		(りょ)
rya		ryu		(ryo)

わ	ん	ん゚	ー	っ
wa	n	hn	母音を重ねる /:	子音を重ねる

6.3 池間方言の表記を使った語例

語の意味は〈 〉で括って示しています。表中の「/」は、推奨するのは左側の表記ですが、どちらの表記を使ってもいいことを表します。

あ	a	あー aa〈粟〉、あがい agai〈東〉、あん an〈網〉	0101
い	i	いーき iiki〈鱗〉、いす isï〈石〉、ぶどうい budui〈踊り〉	0102
う	u	うぐなーい ugunaai〈集まり〉、じゃうとー zyautuu〈上等、よい〉、いらう irau〈伊良部〉	0103
え	e	えー ee〈はい（目下に対する返事）〉	0104
お	o	おー oo〈はい（目上に対する返事）〉	0105
や	ya	やー yaa〈家〉、さきふぁや sakifaya〈酒飲みの人〉	1001
ゆ	yu	ゆー yuu〈お湯〉、まゆ mayu〈猫〉	1003
よ	yo	よーんな yoonna〈ゆっくり（※ゆーんな yuunna となる地域もある）〉、よ yo〈〜よ〉	1005
か	ka	かなまい kanamai〈頭〉、ばかむぬ bakamunu〈若者〉、あか aka〈髪〉	0601
き	ki	きー kii〈木〉、まき maki〈蒔け〉	0602
く	ku	くま kuma〈あちら〉、まくがん makugan〈ヤシガニ〉、むく muku〈婿〉	0603
け	ke	著者未確認	0604
こ	ko	著者未確認	0605
きゃ	kya	きゃーし kyaashi〈消せ〉、とぅきゃ tukya〈〜（する/の）とき（※単独で「時間」の意味では用いない）〉	0628
きゅ	kyu	きゅー kyuu〈今日〉、いきゅーい ikyuui〈行っている〉	0629

きょ	kyo	著者未確認	0630
が	ga	がー gaa〈口喧嘩、口論〉、くがに kugani〈金のように大切なもの、子供など〉	0701
ぎ	gi	ぎひつï gihitsï〈すすき〉、かぎ kagi〈きれいな〜〉	0702
ぐ	gu	ぐるくん gurukun〈魚の名・和名「タカサゴ」〉、あぐ agu〈同い年の友人〉	0703
げ	ge	えっげー eggee〈(感嘆詞)〉	0704
ご	go	おごい ogoi〈(感嘆詞)〉	0705
ぎゃ	gya	んぎゃますï ngyamasï〈うるさい〉、とうぎゃ tugya〈とげ〉	0717
ぎゅ	gyu	くぎゅーい kugyuui〈漕いでいる〉	0718
ぎょ	gyo	著者未確認	0719
さ	sa	さな sana〈傘〉、ゆーさ yuusa〈鶴〉	1401
し	shi/syi	しな shina/syina〈二枚貝〉、ほうにしー huni shii/syii〈船で〉	1402
すぅ	su	すぅー suu〈野菜〉、まーすぅ maasu〈塩〉	1403
せ	se	著者未確認	1404
そ	so	著者未確認	1405
す	sï	すた sïta〈下〉、うす usï〈牛〉	1406
しゃ	sha/sya	しゃーか shaaka/syaaka〈明け方〉、あーぐしゃ aagusha/aagusya〈歌い手〉	1419
しゅ	shu/syu	っしゅーい sshuui/ssyuui〈知っている〉	1420

しょ	sho/syo	著者未確認	1422
ざ	za	ざいざい zaizai〈セミの鳴き声〉、っざ zza〈父〉	1601
じ	ji/zyi	っじー jjii/zzyii〈もらって〉	1602
ずぅ	zu	っずう zzu〈魚〉	1603
ぜ	ze	著者未確認	1604
ぞ	zo	著者未確認	1605
ず	dzï	ずー dzïï〈地面〉、ずみず dzïmidzï〈みみず〉	1606
じゃ	ja/zya	じゃう jau/zyau〈門、入口〉、かじゃん kajan/kazyan〈蚊〉	1619
じゅ	ju/zyu	じゅー juu/zyuu〈しっぽ〉	1620
じょ	jo/zyo	じょー joo/zyoo〈さあ（掛け声）〉	1622
た	ta	たや taya〈力〉、うんた unta〈かえる〉	0401
てぃ	ti	てぃー tii〈手〉、あてぃ ati〈とても〉	0402
とぅ	tu	とぅー tuu〈十〉、ひとぅ hitu〈人〉	0403
て	te	著者未確認	0404
と	to	著者未確認	0405
つ	tsï	つー tsïï〈乳〉、あかつ akatsï〈血〉	1707
だ	da	だきゃう dakyau〈らっきょう〉、あだん adan〈アダン〉、てぃだ tida〈太陽〉	0501

でぃ	di	でぃー dii〈杖〉、すぅでぃ sudi〈袖〉	0502
どぅ	du	どぅー duu〈自分、体〉、どぅす dusï〈友達〉、まどぅ madu〈暇〉	0503
で	de	くまん ありうい すぅーで kuman ari ui suude〈ここにあるじゃないか〉	0504
ど	do	んま むぬ どー nma munu doo〈おいしいよ〉	0505
ちゃ	cha	ちゃー chaa〈茶〉、あちゃ acha〈明日〉	1721
ち	chi	むちー muchii〈持って（※「むてぃー mutii」ともいう）〉	1702
ちゅ	chu	ちゅーく chuuku〈強く、しっかり〉、やちゅーさ yachuusa〈よもぎ〉	1722
ちぇ	che	著者未確認	1723
ちょ	cho	著者未確認	1724
な	na	なー naa〈名前〉、んな nna〈巻貝〉	1301
に	ni	にー nii〈荷物〉、ほうに huni〈船〉	1302
ぬ	nu	ぬぶい nubui〈首〉、むぬい munui〈言葉〉、みじゅぬ mijunu〈鰯〉	1303
ね	ne	あいぬ とぅくなんかいや いふんねー ainu tukunankaiya ifunnee〈そんなところには行くものか※「いふんない ifunnai」ともいう〉	1304
の	no	著者未確認	1305
にゃ	nya	にゃーん nyaan〈ない〉、あがいにゃー againyaa〈東隣の家〉	1323
にゅ	nyu	にゅーたむぬ nyuutamunu〈眠い〉、ふにゅー funyuu〈（在来種の）みかん〉	1324
にょ	nyo	著者未確認	1325

は	ha	はー haa〈葉〉、みはな mihana〈顔〉	1801
ひ	hi	ひーま hiima〈昼間〉、んみゃひ nmyahi〈もう少し〉	1802
ほぅ	hu	ほぅー huu〈帆〉、うほぅにゃ uhunya〈大根〉、ゆがほぅー yugahuu〈豊作〉	1803
へ	he	著者未確認	1804
ほ	ho	著者未確認	1805
ひゃ	hya	ひゃー hyaa〈昔、以前〉、ひゃーひー hyaahii〈早く〉	1816
ひゅ	hyu	ひゅーい hyuui〈日取り〉	1817
ひょ	hyo	著者未確認	1818
ぱ	pa	ぱー paa〈葉（※「はー haa」ともいう）〉、みぱな mipana〈顔（※「みはな mihana」ともいう）〉、かたぱ katapa〈やもめ、うだつのあがらない人（罵り言葉）〉	0201
ぴ	pi	んみゃぴ nmyapi〈もう少し（※「んみゃひ mmyahi」ともいう）〉	0202
ぷ	pu	ぷとぅぷとぅ putuputu〈ぶるぶる〉	0203
ぺ	pe	著者未確認	0204
ぽ	po	著者未確認	0205
ぴゃ	pya	著者未確認	0226
ぴゅ	pyu	著者未確認	0227
ぴょ	pyo	著者未確認	0228
ば	ba	ばー baa〈私は〉、すば sïba〈唇〉	0301

び	bi	びーずん biizïn 〈春から夏にかけての気持ちのいい季節〉、びーや biiya 〈ごきぶり〉	0302
ぶ	bu	ぶんみゃー bunmyaa 〈集会所、公民館〉	0303
べ	be	著者未確認	0304
ぼ	bo	著者未確認	0305
びゃ	bya	なびゃーら nabyaara 〈へちま〉	0319
びゅ	byu	びゅーい どぅー byuui duu 〈酔っている〉	0320
びょ	byo	がびょー ひとぅ gabyoo hitu 〈病弱な人〉	0321
ふぁ	fa	ふぁうむぬ faumunu 〈食べ物〉、っふぁ ffa 〈子供〉	0801
ふぃ	fi	ふぃーる fiiru 〈ください〉、っふぃ ffi 〈(イカの) スミ〉	0802
ふ	fu	ふに funi 〈舟〉、たうふ taufu 〈豆腐〉	0803
ふゃ	fya	っふゃどぅら ffyadura 〈すずめ〉	0809
ふゅ	fyu	あみぬどぅっふゅーい aminudu ffyuui 〈雨が降っている〉	0810
ゔぁ	va	っゔぁ vva 〈おまえ〉、あっゔぁ avva 〈油〉	0901
ゔぃ	vi	くるー かっゔぃ kuruu kavvi 〈これを被れ〉	0902
ゔゃ	vya	っゔゃますï vvyamasï 〈うらやましい〉	0907
ゔゅ	vyu	っゔゅーい vvyuui 〈売っている〉	0908
ま	ma	まゆ mayu 〈猫〉、んま nma 〈母〉	1201

み	mi	みん min〈耳〉、まみ mami〈豆〉	1202
む	mu	むく muku〈婿〉、つむ tsïmu〈心〉	1203
め	me	んめ nme〈もう（※「んみゃ nmya」ともいう）〉	1204
も	mo	著者未確認	1205
みゃ	mya	みゃーく myaaku〈宮古〉、あがいんみゃ againmya〈（感嘆詞）〉	1224
みゅ	myu	みゅーとぅ myuutu〈夫婦〉	1225
みょ	myo	著者未確認	1226
ら	ra	あぱらぎ aparagi〈美しい、きれいな〉、がうら gaura〈ゴーヤー〉	1901
り	ri	びとぅりー どぅーい biturii duui〈お腹いっぱい〉	1902
る	ru	たる taru〈誰〉、ひぐる higuru〈冷たい〉	1903
れ	re	著者未確認	1904
ろ	ro	著者未確認	1905
りゃ	rya	うりゃー なう が uryaa nau ga〈それは何?〉（※「くらー kuraa」となる場合もある)〉	1921
りゅ	ryu	うりゅー とぅい くー uryuu tui kuu〈それを取ってこい（※「うるー uruu」ともいう)〉	1922
りょ	ryo	著者未確認	1923
わ	wa	わー waa〈豚〉、わーつつ waatsïtsï〈天気〉	1101
ん	n	んた nta〈土〉、あん an〈網〉	2012

ぷ	hn	ぷぬ hnnu〈昨日〉、ぷむ hnmu〈雲〉	2015
ー	音を重ねる /ː	まーすぅ maasu/maːsu〈塩〉、んーた nnta/nːta〈実〉、きー kii/kiː〈木〉、むー muu/muː〈藻〉	2013
っ	子音を重ねる	っさん ssan〈しらない〉、ばっだ badda〈脇〉、っちゃん cchan〈着ない〉	2014

6.4 池間方言の文例

※方言を話せる人に向けて書くものの場合など、「＝」の記号は省略してもかまいません。

いんかい　いふてぃがー、　しなー　とぅいが　いふてぃがー、
in=kai　　ifutigaa,　　　shina=a　tuiga　ifutigaa,
海に　　　行ったら、　　　二枚貝を　取りに　行ったら
（海に行ったら、二枚貝を取りにいったら、）

しなぬ　　やーぬどぅ　あい　てぃぬ　ばー。
shina=nu　yaa=nu=du　 ai　 ti=nu　 baa.
二枚貝の　家が　　　　ある　という　こと
（二枚貝の家があるんだよ。）

あっしばどぅ　っさん　ひとぅー　とぅらんすぅが、
asshiba=du　　ssan　　hitu=u　　turansuga,
それで　　　　知らない　人は　　　取らないけど
（それで、知らない人は取らないけど、）

しなぬ　　やーや　　っしゅー　ひとぅー、
shina=nu　yaa=ya　　sshuu　　 hitu=u,
二枚貝の　家を　　　知っている　人は
（二枚貝の家を知っている人は）

すぐ　んめ　ごふごふごふ　てぃ
sïgu　nme　gofugofugofu　ti
すぐ　もう　（ごふごふ）　と
（すぐもうごふごふと）

とぅい　ゆい　てぃぬ　ばー　どー。
tui　　yui　 ti=nu　　baa　 doo.
取って　いる　という　こと　よ
（取っているというわけだよ。）

第7章
佐和田長浜方言（沖縄県宮古島市伊良部）

7.1 佐和田長浜方言を書くために

この章では佐和田長浜方言の書き方について具体的に説明します。後述する7.2で表記一覧、7.3で語例、7.4で文例を示しますが、まず7.1でこの方言を書くにあたって有用だと思われることをまとめておきます。

佐和田長浜方言は、沖縄県宮古島市の伊良部島、特に長浜地区と佐和田地区で話されています。この方言は、なんといっても英語のエル [l] のような音が見られるのが特徴的で、この音が見られるのは日本でもこの方言や多良間方言など、ごく一部の方言に限られます。この音声が出てくる単語として、例えば〈鳥〉を意味する「とぅ^る」があります。この章では、標準語の言い方を〈〉に入れ、佐和田長浜方言の仮名表記を「」に入れて示します。以下では、まず佐和田長浜方言の特徴的な音声をいくつか解説し、続いて仮名表記一覧を示します。そのあと、佐和田長浜方言の民話を仮名で表記したものを載せて、仮名の書き方を例示してみたいと思います。以下に出てくる [ ] で示す記号は国際音声記号であり、言語学における専門的な記号なのでここでは読み飛ばしても構いません。

①〈お〉と〈う〉の間のような音声（[ʊ]）

この音声は例えば〈ここ〉を意味する「くま」などに出てきます。標準語の〈お〉と〈う〉の間のような音で、どちらともいえない特徴的な音声といえます。本書では「う」で表記します。

②「う」と「ゔ」（[ʋ]）

〈蛇〉を意味する「ぱゔ」（[paʋ]）や〈売る〉を意味する「ゔー」（[ʋː]）などに見られる「ゔ」は、英語の [v] のように、上の前歯で下唇を軽くかむ感じで発音する音声です。英語よりも歯と唇の隙間をあけて発音するのが特徴で、響きはやや「う」に似ています。しかし、「ゔ」では上の前歯を出すために、唇は自然と横に引っ張られ、丸まりません。この点で、唇を丸める「う」とはっきりと区別できます。〈（縄を）なう〉は「なゔ」（[naʋ]）であり、〈何〉は「なう」（[naʊ]）なのです。

③「う」と「うぅ」（[ɨ] と [ʊ]）

〈糸〉を意味する「いつぅ」（[itsʊ]）と〈いつ〉を意味する「いつ」（[itsɨ]）を比較してみましょう。「いつぅ」を発音するとき、「つぅ」は口を丸めて発音し、むしろ「いつぉ」のようにも聞こえます。つまり、①で見た〈お〉と〈う〉の間の音声です。一方、「いつ」を発音するとき、「つ」は唇が横に引っ張られ、全く丸まっていません。唇が丸まっていないこの音声は、「す」、「ず」、「つ」に限って見られます。例えば〈島〉を意味する「すま」、〈麦〉を意味する「むず」、〈ちから〉を意味する「つから」などです。したがって、「す」と「すぅ」、「ず」と「ずぅ」、「つ」と「つぅ」は注意して書き分けるようにしましょう。

④「ふ」と「っふ」

佐和田長浜方言では、「ふ」といえば英語のエフ [f] のような音声で、上の前歯を下唇に軽く近づけて発音します。上でみた「ヴ」よりも隙間を小さく、まさしく英語の [f] のように発音します。ですから、佐和田長浜方言の表記一覧表で、「ふ」は「は行」ではなく「ふぁ」行（fa, fi…）の仲間として位置づけられているのです。「ふ」は、[fʊ] のように子音 [f] と母音 [ʊ] の組み合わせで発音されるわけですが、単語によっては、[f] だけを長く伸ばして発音されることもあります。例えば〈子を〉を意味する「っふぁう」は [ffaʊ] のように発音されます。これと、〈食べる〉を意味する「ふぁう」[faʊ] を比べてみましょう。「っふぁう」では、[f] の発音が長く感じられます。このように、[f] だけが長く発音される場合には、標準語のように小さい「っ」を前に添えて「っふぁ」、「っふぃ」、「っふ」などと表すことにします。

⑤「ざ」行と「っざ」行

〈兄に〉を意味する「あざん」（[adzaŋ]）と〈言わない〉を意味する「あっざん」（[azzaŋ]）を比べてみましょう。いわゆる「ざ」行子音は舌をしっかり歯茎の裏にくっつけて発音します。一方、「っざ」行子音は舌が歯茎の裏にくっついている感覚があまりない音です。なお、この後者の音は、単語の最後にも来ることができます。〈ハエ〉を意味する「ぱ＾ず」や〈夕飯〉を意味する「ゆ＾ず」などにおける「＾ず」がそれで、本書では「＾」を「ず」の前につけることで、この特殊な音を表すことにします。

⑥「ぷṣ」「ぶẓ」「むẓ」（[pṣ], [bẓ], [mẓ]）

英語の z や s のような音声が、母音として使われている例がたくさんあります。〈紙〉を意味する「かぶẓ」（[kabẓ]）や〈人〉を意味する「ぷṣとぅ」（[pṣtʊ]）などがそれです。仮名で「ẓ」や「ṣ」というふうに小さく示しているのは、ちょうど標準語の「ゃ」「ゅ」「ょ」のように、通常の仮名のように独立して発音せず、前の仮名と一緒に発音すること

を意味します。

⑦「ぷ̩る」「ぶ̩る」「む̩る」([pl̩], [bl̩], [ml̩])

「ˬる」が、上で見た「ず̩」のように、ほかの仮名とあわさって発音されることがあります。例えば、〈クワズイモ〉を意味する「ぶ̩るぶ̩るーがっさ」([bl̩bl̩ːgassa])や、〈昼〉を意味する「ぷ̩るーま」([pl̩ːma])、〈ニラ〉を意味する「む̩るーな」([ml̩ːna])など、ごく限られた単語に使われます。

7.2 佐和田長浜方言の表記一覧

後述する語例の表 (7.3) で「著者未確認」としている表記は括弧に入れてあります。表中の「/」は、推奨するのは左側の表記ですが、どちらの表記を使ってもいいことを表します。

あ	い	う	え	お		
a	i	u	e	o		
や		ゆ		よ		
ya		yu		yo		
か	き	く	け	こ		
ka	ki	ku	ke	ko		
きゃ		きゅ		きょ		
kya		kyu		kyo		
さ	し	すぅ	せ	そ	す	
sa	shi/syi	su	se	so	sï	
しゃ		しゅ		しょ		
sha/sya		shu/syu		sho/syo		
た	てぃ	とぅ	て	と		
ta	ti	tu	te	to		
てゃ		てゅ		(てょ)		
tya		tyu		(tyo)		
つぁ		つう		(つぉ)	つ	
tsa		tsu		(tso)	tsï	
ちゃ	ち	ちゅ	ちぇ	ちょ		
cha	chi	chu	che	cho		

な	に	ぬ	ね	の		
na	ni	nu	ne	no		

にゃ		にゅ		(にょ)		
nya		nyu		(nyo)		

は	ひ	ほぅ	へ	ほ		
ha	hi	hu	he	ho		

ひゃ		(ひゅ)		(ひょ)		
hya		(hyu)		(hyo)		

ぱ	ぴ	ぷ	ぺ	ぽ	ぷす	ぷる
pa	pi	pu	pe	po	psï	pr

ぴゃ		ぴゅ		ぴょ		
pya		pyu		pyo		

ふぁ	ふぃ	ふ		(ふぉ)		
fa	fi	fu		(fo)		

ふゃ		ふゅ		(ふょ)		
fya		fyu		(fyo)		

ま	み	む	め	(も)	むず	むる
ma	mi	mu	me	(mo)	mzï	mr

みゃ		みゅ		みょ		
mya		myu		myo		

ら	り	る	れ	ろ		
ra	ri	ru	re	ro		

りゃ		りゅ		りょ		
rya		ryu		ryo		

が	ぎ	ぐ	げ	ご		
ga	gi	gu	ge	go		
ぎゃ		ぎゅ		ぎょ		
gya		gyu		gyo		
ざ	じ	ずぅ	ぜ	ぞ	ず	
za	ji/zyi	zu	ze	zo	dzï	
じゃ		じゅ		じょ		
ja/zya		ju/zyu		jo/zyo		
だ	でぃ	どぅ	で	ど		
da	di	du	de	do		
でゃ		でゅ		(でょ)		
dya		dyu		(dyo)		
ば	び	ぶ	べ	ぼ	ぶず	ぶる
ba	bi	bu	be	bo	bzï	br
びゃ		びゅ		びょ		
bya		byu		byo		
ゔぁ	ゔぃ	ゔぅ	(ゔぇ)	(ゔぉ)		
va	vi	vu	(ve)	(vo)		
ゔゃ		ゔゅ		(ゔょ)		
vya		vyu		(vyo)		
わ						くゎ
wa						kwa
ん	∧む	∧る	∧ゔ	∧ず	ー	っ
n	m	r	v	z	音を重ねる /ː	子音を重ねる

7.3 佐和田長浜方言の表記を使った語例

　語の意味は〈 〉で括って示しています。【新】は新しい語（日本語からの借用含む）、【古】は最近ではあまり使われない語です。表中の「/」は、推奨するのは左側の表記ですが、どちらの表記を使ってもいいことを表します。

　なお、伊良部のローカルな体系を考慮して、「ぶる」（ID0310）にあわせて、「みず」/「むず」（ID1206）を「むず」に、また「ぴす」/「ぷす」（ID0206）を「ぷす」に、さらに「びず」/「ぶず」（ID0306）を「ぶず」にそれぞれ統一します。また、「ぶる」などの小文字の「る」にあわせ、大文字の「^る/ぴ」（ID2006）を「^る」に一本化しています。さらに、ID2004については「（小文字）ず」ではなく本書で提案のない「^ず」を特別に使っています。

あ	a	あー aa〈粟〉、あ^む am〈網〉	0101
い	i	いみむぬ imimunu〈小さい〉、いん in〈犬〉	0102
う	u	うす usï〈牛〉、ukuuuku うくーうく〈大きい〉	0103
え	e	えー ee〈はい（目下に対する返事）〉	0104
お	o	おー oo〈はい（目上に対する返事）〉	0105
や	ya	や^る yar〈槍〉、やー yaa〈家〉	1001
ゆ	yu	ゆー yuu〈お湯〉、まゆ mayu〈猫〉	1003
よ	yo	よー yoo〈…だよ〉、よん yon〈四【新】〉	1005
か	ka	かー kaa〈井戸〉、かま kama〈あそこ〉	0601
き	ki	きー kii〈木〉、きばん kiban〈貧乏〉	0602
く	ku	くー kuu〈粉〉、くま kuma〈ここ〉	0603

け	ke	ケーキ keeki〈ケーキ【新】〉	0604
こ	ko	こーみんかん koominkan〈公民館【新】〉	0605
きゃ	kya	んきゃーん nkyaan〈昔〉	0628
きゅ	kyu	きゅー kyuu〈今日〉	0629
きょ	kyo	きょねん kyonen〈去年【新】〉	0630
さ	sa	さば saba〈ぞうり〉、ぷｽさ psïsa〈膝〉	1401
し	shi/syi	しーぐ shiigu/syiigu〈小刀〉、さ^むしん samshin/samsyin〈三線〉	1402
すう	su	すうー suu〈野菜〉、まーすう maasu〈塩〉	1403
せ	se	せかい sekai〈世界【新】〉	1404
そ	so	そーりだいじん sooridaijin〈総理大臣【新】〉	1405
す	sï	すた sïta〈舌〉、うす usï〈牛〉	1406
しゃ	sha/sya	しゃーか shaaka/syaaka〈明け方〉、かいしゃ kaisha/kaisya〈会社【新】〉	1419
しゅ	shu/syu	しゅー shuu/syuu〈祖父〉、あしゅー^る ashuur/asyuur〈している〉	1420
しょ	sho/syo	しょーがっこー shoogakkoo/syoogakkoo〈小学校【新】〉	1422
た	ta	たや taya〈力〉、うんた unta〈かえる〉	0401
てぃ	ti	てぃー tii〈手〉、あてぃ ati〈とても〉	0402
とう	tu	とーー tuu〈十〉、ぷｽとう psïtu〈人〉	0403

て	te	テレビ terebi〈テレビ【新】〉	0404
と	to	ともだち tomodachi〈友達【新】〉	0405
てゃ	tya	うんてゃ untya〈彼ら・彼女ら〉、ばんてゃー bantyaa〈私達は〉	0417
てゅ	tyu	ばんてゅー bantyuu〈私たちを〉	0418
てょ	tyo	著者未確認	0419
つぁ	tsa	あつぁ atsa〈明日〉	1701
つぅ	tsu	いつぅ itsu〈糸〉	1703
つぉ	tso	著者未確認	1705
つ	tsï	つー tsïï〈乳〉、あかつ akatsï〈血〉	1707
ちゃ	cha	ちゃー chaa〈茶〉、まちゃ macha〈鶏〉	1721
ち	chi	っち^る cchir〈キセル〉、っちー cchii〈来て〉	1702
ちゅ	chu	ちゅーか chuuka〈きゅうす〉	1722
ちぇ	che	チェック chekku〈チェック【新】〉	1723
ちょ	cho	ちょーく chooku〈チョーク【新】〉	1724
な	na	なー naa〈名前〉、^むな mna〈巻貝〉	1301
に	ni	にー nii〈根〉、ふに funi〈船〉	1302
ぬ	nu	ぬぶい nubui〈首〉、むぬ^ず munuz〈ことば〉	1303

ね	ne	ねー nee 〈(か) ねえ【新】〉	1304
の	no	ノック nokku 〈ノック【新】〉	1305
にゃ	nya	にゃーん nyaan 〈ない〉、あがんにゃー agannyaa 〈東隣の家〉	1323
にゅ	nyu	ニュースゥ nyuusu 〈ニュース【新】〉	1324
にょ	nyo	著者未確認	1325
は	ha	はる haru 〈春【新】〉	1801
ひ	hi	ひら hira 〈ねえ（呼びかけ）〉	1802
ほう	hu	あほうでぃ ahudi 〈しよう〉	1803
へ	he	へん hen 〈変【新】〉	1804
ほ	ho	ほーき hooki 〈ほうき【新】〉	1805
ひゃ	hya	ひゃーく hyaaku 〈百〉	1816
ひゅ	hyu	著者未確認	1817
ひょ	hyo	著者未確認	1818
ぱ	pa	ぱー paa 〈葉〉、みぱな mipana 〈顔〉	0201
ぴ	pi	ぴんざ pinza 〈やぎ〉	0202
ぷ	pu	ぷとぅぷとぅ putuputu 〈ぶるぶる（擬音語）〉	0203
ぺ	pe	タウンページ taunpeeji 〈タウンページ【新】〉	0204

ぽ	po	ポスト posïto 〈ポスト【新】〉	0205
ぷす	psï	ぷすか ^る psïkar 〈光〉	0206
ぷる	pr	ぷるーま prrma 〈昼間〉	0211
ぴゃ	pya	ぴゃ ^る pyar 〈去る〉	0226
ぴゅ	pyu	コンピューター konpyuutaa 〈コンピュータ【新】〉	0227
ぴょ	pyo	はっぴょーかい happyookai 〈発表会【新】〉	0228
ふぁ	fa	ふぁうむぬ faumunu 〈食べ物〉、っふぁ ffa 〈子供〉	0801
ふぃ	fi	ふぃー ^る fiir 〈あげる〉 っふぃーどうう ^る ffiidu ur 〈降っている〉	0802
ふ	fu	たうふ taufu 〈豆腐〉、っふむぬ ffumunu 〈黒い〉	0803
ふぉ	fo	著者未確認	0805
ふゃ	fya	っふゃどうら ffyadura 〈すずめ〉	0809
ふゅ	fyu	っふゅー ^る ffyuur 〈降っている〉	0810
ふょ	fyo	著者未確認	0811
ま	ma	まゆ mayu 〈猫〉、んま nma 〈母〉	1201
み	mi	み ^む mim 〈耳〉、まみ mami 〈豆〉	1202
む	mu	むく muku 〈婿〉、つむ tsïmu 〈心〉	1203
め	me	んめひ nmehi 〈もう少し〉	1204

も	mo	著者未確認	1205
むず	mzï	むずー mzï〈身〉	1206
むる	mr	むるーな mrrna〈ニラ〉	1210
みゃ	mya	みゃーく myaaku〈宮古〉	1224
みゅ	myu	みゅーとうら myuutura〈夫婦〉	1225
みょ	myo	みょーじ myooji〈名字【新】〉	1226
ら	ra	あぱらぎ aparagi〈美しい、きれいな〉、がうら gaura〈ゴーヤー〉	1901
り	ri	ぷりむぬ purimunu〈気がふれた人〉	1902
る	ru	たる taru〈誰〉、ぷすぐるむぬ psgurumunu〈冷たい〉	1903
れ	re	レコード rekoodo〈レコード【新】〉	1904
ろ	ro	ろく roku〈六【新】〉	1905
りゃ	rya	さどうりゃ sadurya〈女好き〉	1921
りゅ	ryu	かりゅーぬ みず karyuunu midzï〈清めの水〉	1922
りょ	ryo	りょーり ryoori〈料理【新】〉	1923
が	ga	がずぱなぎー gadzïpanagii〈ガジュマルの木〉	0701
ぎ	gi	ぷすぎ psgi〈ひげ〉	0702
ぐ	gu	あぐ agu〈友人〉	0703

げ	ge	ゲートボール geetobooru 〈ゲートボール【新】〉	0704
ご	go	おごい ogoi 〈感嘆詞〉	0705
ぎゃ	gya	んぎゃます ngyamasï 〈うるさい〉、とうぎゃ tugya 〈とげ〉	0717
ぎゅ	gyu	くぎゅー ^る kugyuur 〈漕いでいる〉	0718
ぎょ	gyo	きんぎょ kingyo 〈金魚【新】〉	0719
ざ	za	あざ aza 〈兄〉、ざう zau 〈門〉	1601
じ	ji/zyi	じん jin/zyin 〈金〉	1602
ずぅ	zu	ずぅー zuu 〈しっぽ〉、くずぅ kuzu 〈去年〉	1603
ぜ	ze	ぜんそく zensoku 〈ぜんそく【新】〉	1604
ぞ	zo	れいぞーこ reizooko 〈冷蔵庫【新】〉	1605
ず	dzï	ずー dzïï 〈地面〉、ずみず dzïmidzï 〈みみず〉	1606
じゃ	ja/zya	じゃうとぅー jautuu/zyautuu 〈よい〉	1619
じゅ	ju/zyu	じゅく juku/zyuku 〈塾【新】〉	1620
じょ	jo/zyo	しょーじょー shoojoo/shoozyoo 〈賞状【新】〉	1622
だ	da	あだん adan 〈アダン〉、てぃだ tida 〈太陽〉	0501
でぃ	di	^むつでぃー mtsïdii 〈右側〉、すうでぃ sudi 〈袖〉	0502
どぅ	du	どぅー duu 〈自分、体〉、どぅす dusï 〈友達〉	0503

で	de	でんき denki 〈電気〉	0504
ど	do	ドア doa 〈ドア【新】〉	0505
でゃ	dya	うでゃー udyaa 〈腕は〉	0517
でゅ	dyu	うでゅー udyuu 〈腕を〉	0518
でょ	dyo	著者未確認	0519
ば	ba	ばー baa 〈私は〉、すば sïba 〈唇〉	0301
び	bi	びー bii 〈さあ（呼びかけ）〉	0302
ぶ	bu	ぶ＾る bur 〈折る〉	0303
べ	be	ベルト beruto 〈ベルト【新】〉	0304
ぼ	bo	ボール booru 〈ボール【新】〉	0305
ぶず	bzï	ぶずー bzïï 〈座る〉、すくぶず sukubzï 〈帯〉	0306
ぶる	br	ぶるぶるーがっさ brbrrgassa 〈クワズイモ〉	0310
びゃ	bya	なびゃーら nabyaara 〈へちま〉	0319
びゅ	byu	びゅーい どぅー byuui duu 〈酔っている〉	0320
びょ	byo	びょーいん byooin 〈病院【新】〉	0321
うぁ	va	っうぁ vva 〈あなた〉	0901
うぃ	vi	かっうぃ kavvi 〈かぶれ〉	0902

ゔぅ	vu	んゔぅ nvu〈抜く〉	0903
ゔぇ	ve	著者未確認	0904
ゔぉ	vo	著者未確認	0905
ゔゃ	vya	むぬっゔゃ munuvvya〈もの売り〉	0907
ゔゅ	vyu	っゔゅー^る vvyuur〈売っている〉	0908
ゔょ	vyo	著者未確認	0909
わ	wa	わー waa〈豚〉、わーつつ waatsïtsï〈天気〉	1101
くゎ	kwa	くゎーす kwaasï〈菓子〉	0612
ん	n	んす nsï〈北〉、んつぁ ntsa〈歌謡の調子を整える合いの手〉	2012
^む	m	^むた mta〈土〉、か^む kam〈神〉	2005
^る	r	ぱ^る par〈針〉、^るー rr〈入る〉	2006
^ゔ	v	ぱ^ゔ pav〈ヘビ〉、^ゔー vv〈売る〉	2003
^ず	z	ぱ^ず paz〈ハエ〉、^ずー zz〈しかる〉	2004
ー	音を重ねる /ː	まーすう maasu/maːsu〈塩〉、^むーな mmna/mːna〈みんな〉	2013
っ	子音を重ねる	っさん ssan〈しらない〉、ばっし^る basshir〈忘れる〉	2014

7.4 佐和田長浜方言の文例

※方言を話せる人に向けて書くものの場合、「=」の記号は省略してかまいません。

親子鳥

んきゃーんどう　ぬどぅっふう　^ゔっつぁとぅ　　みー　^ゔっつぁとぅ
nkyaan=du　　 nuduffuvttsa=tu　　　　　　miivttsa=tu
昔　　　　　　 のど黒うずらと　　　　　　　メスうずらと
（昔々、のど黒うずらとメスうずらとが）

とぅぬかがまー　　なしー　うりゅー　やまぬ　みなかん
tunukagama=a　　nashii　ury=uu　yama=nu　minaka=n
卵を　　　　　　うんで　それを　山の　　奥に
（卵を産んでそれを山の奥に）

うすぅいー　　うたりゃーどう　ぬーやまん　うくやまぬ　むいっふいば
usuii　　　　utaryaa=du　　nuuyama=n　ukuyama=nu　muiffiba
かくして　　 おいたら　　　山で　　　　大きな山が　　燃えたから
（かくしておいたら、山で山火事があったから）

ぬどぅっふ　^ゔっつぁー　　なうがら　おもいが　あさいから
nuduffuvttsa=a　　　　　　naugara　omoi=ga　asai=kara
のど黒うずらは　　　　　　なんというか　思いが　浅いから
（のど黒うずらはなんというか、薄情だから）

んみゃ　むいっふいば　　ずぅー　　まいぱらでぃてぃー　あっしば
nmya　muiffiba　　　zuu　　maiparadi=tii　　asshiba
もう　　燃えてくるから　さあ　　飛び去ろうと　　　　言うので
（「もう燃えてくるから、さあ飛び去ろう」と（のど黒うずらは）言うので）

んま　^ゔっつぁー　　ばが　　っふぁがまんみぬ　すでぃばどう
nmavttsa=a　　　　ba=ga　ffagamanmi=nu　　sïdiba=du
母うずらは　　　　　私の　　子供たちが　　　　孵化しているから
（母うずらは、「私の子供たちが孵化しているから」）

なーどぅ　なうがら　　あほうでぃてぃ　あすたりゃー
naadu　　naugara　ahudi=ti　　　asïtaryaa
自分たち　なんというか　しようと　　　言ったら
（「自分たち、なんというか、あれしよう」と言ったら）

びき＾ゔっつぁー　まいぱ＾るた＾るつぁ。　とうびー　ぱ＾るた＾るつぁ。
bikivttsa=a　　　maipartar=tsa　　　tubii　　partar=tsa
オスうずらは　　　飛び去ったんだって　　飛んで　いってしまったんだって
(オスうずらは飛んで行ってしまったんだって。)

んみゃ　あいどぅ　んみゃ　ままーっら　んみゃ　いきー
nmya　　aidu　　　nmya　　mamaar=ra　　nmya　　ikii
もう　　そこで　　もう　　まわりを　　　もう　　行って
(そこで、(母うずらが)鎌をもっていって)

＾むーな　っざら　むちーきー　すぅ＾るたりゃー
mmna　　　zzara　muchiikii　　surtaryaa
みんな　　鎌　　　もっていって　刈ったら
(まわりをみんな刈ってしまうと)

かまんかい　なしー　んみゃ
kama=nkai　nashii　nmya
向こうに　　やって　もう
((卵を)向こうにやって、)

むいだ　なーどぅが　すーがま　むいだ　う＾るきゃー
muida　naadu=ga　　sïïgama　muida　ur=kyaa
燃えずに　自分たちの　巣が　　燃えずに　いる間に
(自分たちの巣が燃えずにいる間に)

うんてゃが　すでぃば
untya=ga　　sïdiba
そいつらが　かえるので
(卵がかえったので)

ずぅー　＾ゔっつぁがま　まいぱり
zuu　　vttsagama　　　maipari
さあ　　うずらちゃん　　飛び去れ
(「さあ、うずらちゃん、飛んで行け」)

ぱにっつぁがままい　みがんさがままい　っふぁんさがままい
panittsagama=mai　　migansagama=mai　　ffansagama=mai
ぱにっつぁちゃんも　みがんさちゃんも　っふぁんさちゃんも
(「ぱにっつぁちゃんも、みがんさちゃんも、っはんさちゃんも」)

ゆからん　なーゆ　ふぃーた＾るつぁ。
yukaran　naa=yu　fiitar=tsa
変てこな　名前を　つけたんだって

(といって、変てこな名前をつけたそうだ。)

あいどぅ	っちー	っふぁぬ	んまー	っふぁぬ	んま	ゆらびうへるきゃー
aidu	cchii	ffa=nu	nmaa	ffa=nu	nma	yurabiur=kyaa
すると	来て	子の	母よ	子の	母よ	よんでいると

(すると (オスうずらが) やってきて、「母うずらよ、母うずらよ」と呼んでいると)

むぬへずなよ	ういが	たーんかい	むぬへずなてぃー	んまへづっつぁ	あっしば
munuzna=yo	ui=ga	taa=nkai	munuzna=tii	nmavttsa	asshiba
しゃべるなよ	そいつ	なんかに	しゃべるなと	母うずら	言うと

(「そんな (薄情な) やつに何も話しかけてはいけない。」と母うずらがいうと)

はい	ばんてゃー	くまんどぅ	うへるどーい	うや	あへずた へるつぁ。
hai	banty=aa	kuma=n=du	ur=dooi	uya	aztar=tsa
はい	私たちは	ここに	いるよ	父さん	言ったそうだ

((子供たちは)「はい、私たちはここにいますよ、父さん」と言ったそうだ。)

あいどぅ	あがいたんでぃがま	ならー	さきゅーどぅ	さがりー	ぬみー	っふぃば
aidu	agaitandigama	nara=a	saky=uu=du	sagarii	numii	ffiba
すると	なんということだ	私は	酒を	ツケで	飲んで	来たから

(すると、(オスうずらが)「これは驚いた!私は酒をツケで飲んできたんだが、」)

うりゅー	なうしが	あほうでぃがてぃ	あっしばどぅ
ury=uu	nau=shi=ga	ahudi=ga=ti	asshiba=du
それを	どのように	したものかと	言うと

(「それをどうしたもんだろうか」と言うと)

うぬ	へづっつぁがま	んみゃ	ばんてゃー	あーぬ	ぷーぬ	ゆーりゃ
unu	vttsagama	nmya	banty=aa	aa=nu	puu=nu	yuurya
その	うずらの子	もう	私たちは	粟の	穂の	季節

(そのうずらの子たちは「私たちは粟の穂の季節には」)

あーぬ	ぷーや	っふぃー	また	むず	かへる	ゆーりゃんな
aa=nu	puu=ya	ffii	mata	mudzï	kar	yuurya=n=na
粟の	穂を	くわえ	また	麦	刈る	季節には

(「粟の穂をとってきて、また麦を刈りいれる季節には」)

むずぬ	ぷーがま	っふぃー	っちー	うりゃー	っづぃー
mudzï=nu	puugama	ffii	cchii	ury=aa	vvii
麦の	穂	くわえて	来て	それを	売って

(「麦の穂をとってきてそれを売って」)

さきだいうば　ぱらーでぃっしばてぃ　あ＾ずたりゃー
sakidai=u=ba　paraadisshiba=ti　aztaryaa
酒代は　　　払うからと　　　　言ったら
（「酒代は払いましょう」と言ったので）

んみゃ　うやく　なかよし　くらすた＾るつぁーら。
nmya　uyaku　nakayoshi　kurasïtar=tsaara
もう　　親子　　仲良し　　暮らしたんだとさ
（親子そろって仲良く暮らしたんだとさ。）

第8章
多良間方言（沖縄県宮古郡多良間村）

8.1 多良間方言を書くために

　この章では多良間方言の書き方について具体的に説明します。後述する8.2で表記一覧、8.3で語例、8.4で文例を示しますが、まず8.1でこの方言を書くにあたって有用だと思われることをまとめておきます。

　「多良間」は南琉球の1地域であり、宮古島と石垣島の中間に位置する多良間島とその北方約12kmの水納島とからなります。この2つの島で話されていることばはそれぞれ「タラマフツ（多良間島方言）」「ミンナフツ（水納島方言）」と呼ばれ、さらにその総称を「多良間方言」と言います。多良間島は、村落の中央を走る境界線道路の西と東とで大きく「仲筋」と「塩川」という2つの集落（字）に分かれています。この両集落では、例えば「棒」のことを仲筋では「ばう」(bau)、塩川では「ぼー」(boo)、また「買う」を仲筋では「かう」(kau)、塩川では「こー」(koo)と言うなど、語彙レベルでの音韻的な対立が見られます。ですが、混同や語形の対立のない語も多く、例えば、顔を上の方に向ける（見上げる）という意味の「あうぎｚ゙」は両集落で同じように「あうぎｚ゙」と言います。（※ただし、団扇で扇ぐ意味の場合は、仲筋では「あうぎｚ゙」、塩川では「おーぎｚ゙」というように両集落で言い方が異なります。）また、文法の面での差異はほとんど見られません。よって両集落のことばは「タラマフツ」とまとめることができます。また、水納島は「水納」字となります。ただし、交通の便の不便さに加え、1961年10月、当時の琉球政府が行った宮古本島の平良市大野越（現在の宮古島市平良字東仲宗根添、通称「高野」集落）への移住政策によって人口は激減し、1959年には200名近くの島であったのが、2013年4月末現在は4戸5名が生活するのみとなっています（『広報たらま』平成25年5・6月号（No. 475）より）。つまり、現在ミンナフツが話されている主な地域は高野であると言えます。ミンナフツでは、タラマフツに見られる母音「ぴ」(i̥)や母音を伴わない「ぴ」(r)の音が「い」(i)、「る」(ru)に変化しているほか、「ん」(n)と「＾む」(m)の区別もないため、タラマフツよりも音韻の数が少なくなっています。なお、ミンナフツにはあってタラマフツにはないという音はありません。よって、タラマフツの表記法を示せばそれがミンナフツをもカバーするものとなります。8.2節からはタラマフツの例を中心に

「多良間方言」の具体的な書き方を記していきますが、それは、ミンナフツも含むものであることを注記しておきたいと思います。

また、多良間方言のいくつかの音について、平良など宮古本島のことばとの違いや注意点を指摘しておきます。まず「ぴ゚」(ï) について、これは「中舌母音」などと呼ばれる宮古のことばに特徴的な音を表しています。宮古方言の場合、この中舌母音「ï」には多く摩擦噪音（「s」や「z」のようなノイズ）が伴われています。なお語末の「ï」の場合は、摩擦噪音の度合いが非常に弱い、あるいは伴われないで発音されるのが典型的であり、最近の研究では、摩擦噪音の度合いの強い中舌母音は完全に子音化（「z」「s」）していると捉えることが主流となりつつあります。ですが、タラマフツの場合、この母音が摩擦噪音を伴って現れるのは [t][k][p] など閉鎖音と呼ばれる音に後続する場合に限られていることが、最近の研究で明らかになっています。つまり、閉鎖音に後続しない「ï」は多良間と宮古で違って聞こえる、ということです。そのため、例えば「魚」をタラマフツでは「ぴ゚ずぅ」(ïzu)、宮古方言では「っずぅ」(zzu) と書くなど、表記の仕方も異なります。また「す」「ず」「つ」について、これらはそれぞれ子音「s」「z」「ts」に中舌母音「ï」が後続した音節を表しますが、現代日本語共通語の「ス・ズ・ツ」の母音がそもそも「ï」によく似た音の母音「ɯ」ですので、多良間方言の表記でもそのまま採用しています。一方、先ほどの「ぴ゚ずぅ」の「ずぅ」(zu) など子音「s」「z」に唇を丸くして発音する「u」が後続する場合は、それぞれ「すぅ」「ずぅ」と表記します。また、語末が「ï」である語に助詞「－ヤ」（現代日本語共通語の「－は」に相当）が後接・融合して現れる「Cë (ë)」（※ C は子音）は、「エ段の仮名＋ぇ゚（ー）」と表記します。例えば語末が「す」の語に助詞「－ヤ」が融合した音は「せぇ゚（ー）」(së (ë)) と表記します。なお、「ë」は融合によってのみ現れる音で、つねに長音となります。このほか、2 種類の撥音（両唇を合わせない「n」と両唇を合わせる「m」）を「ん」(n) と「^む/む゚」(m) のように区別しています。なお、語頭、語中の「m」のあとに「m、p、b」（マ・パ・バ行）が続く場合、その仮名表記は「^む/む゚」「ん」のいずれを用いてもかまいません（例：^むま/んま [mma]）。また「ffa」のような語頭で子音が連続する場合について、語中の子音連続と同じく、いわゆる促音「っ」で書き表します。その他、母音を伴わない語中・語末の「r」は「^る/り゚」のように表記します（ただし、子音連続＝促音の場合を除きます）。

なお、上記の記号の「」内の / は統一的表記法（本書第 1 部）で 2 パターンの記号が提案されていることを示しており（8.2 節の一覧表についても同様）、原則的に、左側の記号が推奨されています。多良間方言の表記でも基本的に左側の記号を用いていきますが、語末の「r」については、これまでの表記の慣習に重きをおいて「り゚」を用いることとします。その他、アクセントについて書きたい人は角括弧を使うことができます。[は上がり目を、] は下がり目をそれぞれ表します（例：「えー]ぐ」(歌)）。

◆多良間方言を書く場合のポイント

　8.4節であげている文例を元に、確認していきます。本書の第2部冒頭に書かれた内容の繰り返しになりますが、文例は四段構成で、上から「仮名表記のテキスト」「アルファベット表記のテキスト」「逐語訳」「行ごとの意訳」となっています。三段目と四段目は、多良間方言をよく知らない人や、子どもたちに向けた教材を作る場合などにはぜひつけていただきたい項目です。多良間方言をよくわかる人同士のメモ書きや手紙などの場合は、一段目か二段目があれば十分です。

　また、テキストにつけている「=」は自立語（名詞や動詞など）と付属語（助詞など）の境目を示すための記号ですが、場合によっては省略してかまいません。ただし、多良間方言をよく知らない人向けの場合は「=」有りの方がわかりやすいでしょう。

　その他、平仮名と片仮名の使い方について、日本語と同じように、外来語は片仮名で書くなど、表現の幅を広げるために用いていただければと思います。なお、平仮名と片仮名とで異なる音を表すことは、本書の表記法の意図から外れますので避けて下さい。原則として、平仮名表記で書き、外来語（および固有名詞）に片仮名を使用するというのが、読見やすさのバランスからもお勧めの書き方です。また漢字の使い方については、本書の「第1部4.1漢字使用の非推奨」をご参照下さい。

　次に、従来の表記法との違いについてです。『多良間村史　第1巻通史編　島のあゆみ』（2000）の「凡例」には、「多良間村独特のことばの発音の特徴と本書に出る特殊音の表記」として以下をあげています（p 5）。なお、引用者注として（　）に補足事項を加筆し、このあと話題とする箇所に下線を引いています。

　　一段（ア段）を二段（一段＝ア段の誤りだろう）の拗音で、草－フシャ、笠－カシャ
　　二段（イ段）を三段（ウ段）で、牛－ウス、口－フツ、櫛－フス
　　三段（ウ段）を二段（イ段）の特殊音で、行く－イキィ゜、吹く－フキィ゜
　　四段（エ段）を二段（イ段）で、池－イキ、亀－カミ、雨－アミ
　　五段（オ段）を三段（ウ段）の半濁音で、星－プス、外－プカ、掘る－プリ
　　ハは半濁音で、花－パナ、箱－パク、針－パリ、鋏－パシャム゜
　　ヒは半濁音と特殊音で、昼－ピィル、人－ピィトゥ、左－ピィダリ
　　ビは特殊音で、旅－タビィ、瓶－ビィン
　　クはフで、櫛－フス、口－フツ、くじ－フズ
　　ルは特殊音で、掘る－プリ、張る－パリ、刈る－カリ
　　リは特殊音で、針－パリ、左－ピィダリ
　　イは特殊音で、米－マィ゜、ユィ゜
　　ギは特殊音で、釘－フギィ゜、漕ぐ－クギィ゜

ミがムの特殊音で、神－カム゚、海－イム゚
　　ムは特殊音で、積む－ツム、かむ－カム、神－カム　（ママ）
　　モー（（ママ））は特殊音で、桃－ムム゚、芋－ム゚

　このように、半濁点「゚」を用いて特殊音を表しているのですが、この表記の仕方は宮古方言に倣ったものだと思われます。琉球方言研究の大家であられた柴田武先生は、「宮古には、少なくとも大正時代から宮古語のための仮名が工夫されていた」とし、その仮名表記を「宮古仮名」と呼んで、例えば、「z (ï)」の音は「ス゚」（例：「ス゚ウ」（魚））、「ksï」の音は「キ゚」「キス゚」（例：「キ゚ン」（衣）、「バンキス゚ギー」（桑））のように表記されていることを報告しています。そしてこの仮名について、「宮古語独特の『音声』は半濁点を応用するという原則とも見られる」と述べています。なお、1973 年発刊の『村誌　たらま島』では、まだ「宮古仮名」は用いられていません。
　『村史』の表記法では「宮古仮名」の「キ゚」「キス゚」が「キィ゚」、「ス゚」は「イ゚」となっていますが、語末の「r」を「リ゚」で表すなど、多良間方言に独特の音の表記にも「宮古仮名」の原則（＝半濁音「゚」を用いて特殊音を表す）が用いられていることがわかります。本章で提案する表記法では、なるべく「゚」を用いない表記をとっています。これは、パソコンのワープロソフトなどで多良間方言を書く場合、特別な設定をしないと見栄えも悪くなるし読みにくいからです。ですが、「い゚」「り゚」など、ほかの宮古方言との区別が必要な音、多良間方言に独特な音などについては、従来通り「゚」を用いています。その他、本章の表記法では、「sï」と「su」（「す」－「すぅ」）、「zï」と「zu」（「ず」－「ずぅ」）の区別など、従来の表記の仕方の不足点も補われています。

　以下、特殊音についての従来の表記法と本章の表記法の対応表をあげますので、書く際の参考になさって下さい。

音声（音韻）	本章の表記法		従来の表記法
	仮名	ローマ字	
ï	いﾟ	ï	イﾟ
kï	きす	ksï	キィﾟ
gï	ぎず	gzï	ギィﾟ
pï	ぴす	psï	ピィﾟ
bï	びず	bzï	ビィﾟ
l (L)	りﾟ	r	リﾟ
m (M)	^む / む	m	ム
s	す	sï	—
su	すぅ	su	—
z 〜 dz	ず	dzï	—
zu 〜 dzu	ずぅ	zu	—

　では、次節より多良間方言の表記の仕方を具体的に示していきますが、上記の内容をふまえつつ見ていただければと思います。次のページには多良間方言にある音と仮名表記、アルファベット表記との対応表をあげました。

8.2 多良間方言の表記一覧

後述する語例の表 (8.3) で「著者未確認」としている表記は括弧に入れてあります。表中の「/」は、推奨するのは左側の表記ですが、どちらの表記を使ってもいいことを表します。

あ	い	う	え	お	ぴ	
a	i	u	e	o	ï	

か	き	く	け	こ	きす/くす	けぇ/けえ
ka	ki	ku	ke	ko	ksï	kë

さ	し	すう	せ	そ	す	せぇ/せえ
sa	shi/syi	su	se	so	sï	së

	すぃ					
	si					

た	てぃ	とぅ	て	と		
ta	ti	tu	te	to		

(つぁ)	ち	(つぇ)	(つぉ)	つ	つぇ	
(tsa)	chi	(tse)	(tso)	tsï	tsë	

な	に	ぬ	ね	の		
na	ni	nu	ne	no		

は	ひ		へ	ほ		
ha	hi		he	ho		

ふぁ	ふぃ	ふ	ふぇ	ふぉ	ふぃ/ふぅ	ふぇ
fa	fi	fu	fe	fo	fï	fë

ま	み	む	め	も	むぃ/むい	
ma	mi	mu	me	mo	mï	

ら	り	る	れ	ろ		
ra	ri	ru	re	ro		
が	ぎ	ぐ	げ	ご	ぎず/ぐず	げぇ/げぇ
ga	gi	gu	ge	go	gzï	gë
ざ	じ	ずぅ	ぜ	ぞ	ず	ぜぇ/ぜぇ
za	ji/zyi	zu	ze	zo	dzï	zë
	ずぃ					
	zi					
だ	でぃ	どぅ	で	ど		
da	di	du	de	do		
ば	び	ぶ	べ	ぼ	びず/ぶず	べぇ/べぇ
ba	bi	bu	be	bo	bzï	bë
ぱ	ぴ	ぷ	ぺ	ぽ	ぴず/ぷず	(ぺぇ/ぺぇ)
pa	pi	pu	pe	po	psï	(pë)
ゔぁ	ゔぃ	ゔぅ	ゔぇ	ゔぉ	ゔぃ	
va	vi	vu	ve	vo	vï	
や		ゆ	いぇ	よ		
ya		yu	ye	yo		
きゃ		きゅ		きょ		
kya		kyu		kyo		
しゃ		しゅ	しぇ	しょ		
sha/sya		shu/syu	she/sye	sho/syo		
ちゃ		ちゅ	ちぇ	ちょ		
cha		chu	che	cho		

(にゃ)		(にゅ)		(にょ)		
(nya)		(nyu)		(nyo)		
ひゃ		(ひゅ)		(ひょ)		
hya		(hyu)		(hyo)		
ぴゃ		(ぴゅ)		ぴょ		
pya		(pyu)		pyo		
(みゃ)		(みゅ)		(みょ)		
(mya)		(myu)		(myo)		
(りゃ)		りゅ		りょ		
(rya)		ryu		ryo		
(ぎゃ)		(ぎゅ)		(ぎょ)		
(gya)		(gyu)		(gyo)		
じゃ		じゅ	じぇ	じょ		
ja/zya		ju/zyu	je/zye	jo/zyo		
(びゃ)		びゅ		びょ		
(bya)		byu		byo		
わ	(うぃ)		うぇ	うぉ		
wa	(wi)		we	wo		
(くゎ)	(くぃ)		(くぇ)			
(kwa)	(kwi)		(kwe)			
ぐゎ	(ぐぃ)		(ぐぇ)	(ぐぉ)		
gwa	(gwi)		(gwe)	(gwo)		
			ヘむ/む	り		
			m	r		

ん	ー	っ				
n	音を重ねる /ː	子音を重ねる				

8.3 多良間方言の表記を使った語例

語の意味は〈　〉で括って示しています。【新】は新しい語（日本語からの借用含む）、【古】は最近ではあまり使われない語です。表中の「/」は、推奨するのは左側の表記ですが、どちらの表記を使ってもいいことを表します。音の上がり下がり（アクセント）を [あるいは] で示している語もあります。

あ	a	あがんねー a[gannee〈東隣の家〉、うつあ^む u[tsïam〈打ち網〉、あんしー a]nshii〈そのように〉、うぬあーき u[nuaaki〈それきり、そのかぎり〉、あり a]r〈ある〉 0101
い	i	いぬー i[nuu〈竜巻〉、かいく ka[iku〈蚕（かいこ）〉、かい ka]i〈棺桶※「かぴ」とも〉、いみしゃーり i]mishaar〈小さい〉、っさいり ssai]r〈知られる、申し上げる〉 0102
う	u	うやき u[yaki〈裕福であること〉、うっじゃ u[jja〈うずら〉、たう ta]u〈誰〉、かうだきす ka[udaksï〈抱きしめる〉、うっつー u[ttsuu〈写る、移る、伝染する※「ふっつー」とも〉 0103
え	e	えーぐ ee]gu〈歌〉、えーびず ee]bzï〈とこぶし〉、えーり ee]r〈ぽろぽろとこぼれる、もれる〉、えりまき e[rimaki〈えりまき【新】〉 0104
お	o	おー oo〈はい（目上への肯定・応諾）〉、おっほおっほ ohho-ohho〈こほんこほん〉、おーベーり oo]beer〈青ざめる※塩川〉、らじお rajio〈ラジオ【新】〉 0105
ぴ	ï	いざら ï[zara〈鎌（かま）〉、ぱい paj]ï〈蝿（はえ）〉、みうい mi]uï〈甥、姪〉、いずいり ï[zir〈入れる〉、ぴー ïï〈言う〉 0107
か	ka	かなまり kanamar〈頭〉、ぴｽかり psïkar〈光、光る〉、かたみり katamir〈かつぐ、担う〉、たかしゃーり takashaar〈高い〉、ぐるか（てぃー）guruka (tii)〈コロッと（モノなどが倒れるさまの擬態語）〉 0601
き	ki	きー kii〈木〉、ぴｽーき psïïki〈小さな節穴〉、きない kinai〈家族、家庭〉、うきり ukir〈起きる〉、きっふぁ kiffa〈はくしょん（くしゃみの音の擬音語）〉 0602
く	ku	くぶ kubu〈蜘蛛（くも）〉、くーむや kuumuya〈ごきぶり〉、こーくー kookuu〈法事〉、くぎｽ kugzï〈漕ぐ〉、くーずー kuudzïï〈来よう（動詞「きｽー」の志向形）〉 0603
け	ke	まけー makee〈白茅（ちがや）〉、くんけ kunke〈これら、こいつら〉、んけー nkee〈〜へ（方向を表す格助辞）〉、くすけー kusïkee〈（くしゃみをしたときに言うおまじないの言葉）〉 0604
こ	ko	こーる kooru〈香炉〉、がっこー gakkoo〈学校【新】〉、こー koo〈買う※塩川〉、こーしゃーり kooshaar〈痒い〉、くけーこっこ kukeekokko〈こけこっこ（雌鶏の鳴き声の擬音語）〉 0605
きｽ／くｽ	ksï	きｽぬー／くｽぬー ksï[nuu〈昨日〉、つきｽ／つくｽ tsï[ksï〈月〉、きｽだ^む／くｽだ^む ksï[dam〈刻む〉、きｽー／くｽー ksï]ji〈来る〉、しょーきｽ／しょーくｽ shoo]ksï〈連れる、引く〉 0606

けぇ / けえ	kë	かけぇー / かけぇー kakëë〈垣は〉、あけぇー / あけぇー akëë〈秋は〉 0609
さ	sa	さとうぬす satunusï〈里主〉、さかずきす sakadzïksï〈杯（さかずき）〉、っさん s[san〈虱（しらみ）〉、っさがり ssagar〈ぶら下がる〉、きすさす ksïsasï〈切らせる〉 1401
し	shi/syi	ばし bashi/basyi〈間（あいだ）〉、しんしー shinshii/syinsyii〈先生【新】〉、しみりr shimir/syimir〈閉める〉、みしりr mishir/misyir〈見せる〉、しばしゃーりr shibashaar/syibasyaar〈狭い〉 1402
すぅ	su	いだっすう i[dassu〈年上の総称〉、すぅく＾む su[kum〈八月踊り前日の予行演習※「すく＾む」とも〉、っすぅしゃーりr s[su]shaar〈白い〉、ぴすすうぎりr psï[sugir〈広がる〉 1403
せ	se	めいせん meisen〈銘仙（着物の柄の1つ）【新】〉 1404
そ	so	ぱたとぅりきょーそー pataturikyoosoo〈旗取り競争（遊戯名）【新】〉 1405
す	sï	すーす sïïsï〈肉〉、つぶす tsï[busï〈膝（ひざ）〉、ちゃくす cha[kusï〈嫡子（ちゃくし）〉、がすがす gasïgasï〈ざくざく、がりがり〉、すー sïï〈する〉、いかす i[kasï〈行かせる〉 1406
せぇ / せえ	së	うせぇー / うせぇー usëë〈牛は〉、つぶせぇー / つぶせぇー tsïbusëë〈膝は〉 1410
すぃ	si	きすすぃー ksïsii〈切って（動詞「きすす」の中止形）〉 1409
た	ta	たぃ taï〈松明（たいまつ）〉、あた ata〈明日〉、たすかみりr tasïkamir〈確かめる〉、たばりr tabar〈集まる〉、かたどぅりr katadur〈型取る〉、たかしゃーりr takashaar〈高い〉 0401
てぃ	ti	てぃー tii〈手〉、ぴすてぃっちゅ psïticchu〈同い年〉、すてぃりr sïtir〈捨てる〉、まーんてぃー maantii〈本当に、全く〉、あてぃかー atikaa〈それでは、それなら〉、〜てぃー tii〈〜と（引用助辞）〉 0402
とぅ	tu	とぅい tui〈干支〉、とぅぎずさ tugzïsa〈銛（もり）〉、うむくとぅ umukutu〈知恵（ちえ）〉、とぅ＾むでぃりr tumdir〈飛び出る〉、うとぅっらーりr uturraar〈恐ろしい〉、すとぅふしゃーりr sïtufushaar〈重い〉 0403
て	te	あてー atee〈検討、思慮〉、あがむてー agamutee〈私の分は〉 0404
と	to	とーかー tookaa〈一人〉、いっとがやー ittogayaa〈おはじき〉、とーりり toorir〈倒れる〉、とー too〈さあ（促す場合に使う）〉、とんとん tonton〈（嬉しくて胸が高まるさまの擬態語）〉、ぶとー butoo〈夫は〉 0405
つぁ	tsa	著者未確認 1701

8.3 多良間方言の表記を使った語例

ち	chi	ちびぐー chibiguu〈尻骨、骨盤〉、ちょーちん choochin〈提灯型の凧〉、すりばち sïribachi〈すり鉢【新】〉、かちみり kachimir〈捕まえる〉	1702
つぇ	tse	著者未確認	1704
つぉ	tso	著者未確認	1705
つ	tsï	つぶ tsï[bu〈壺（つぼ）〉、みつ mitsï〈道〉、あかつー a[katsïï〈血〉、むつー mu[tsïï〈餅（もち）〉、つつ^む tsïtsïm〈包む〉、つふぴー tsï[fïï〈作る〉、かつ ka[tsï〈搗つ（かつ）、脱穀する〉	1707
つぇ	tsë	みつぇー mitsëë〈道は〉、やなふつぇー yanafutsëë〈悪口は〉	1709
な	na	なら nara〈自分（再帰態）〉、かながい kanagai〈昔〉、いな ina〈犬〉、あてぃなしゃーり atinashaar〈情けない、ひどい〉、なきｽ naksï〈泣く〉、ななぎな nanagina〈～しながら〉	1301
に	ni	にか nika〈猫〉、にぬぱぶす ninupabusï〈北極星〉、がいにん gainin〈罪人、また素行の悪い者〉、にーり niir〈煮る〉、にふしゃーり nifushaar〈遅い〉	1302
ぬ	nu	えーぬ^む eenum〈南京虫〉、ぬー nuu〈何〉、しーむぬ shiimunu〈吸い物〉、かぬ kanu〈あの〉、ぬーり nuur〈乗る、上がる〉、ぬ^む num〈飲む〉、ぬったい nuttai〈どうして、なぜ〉	1303
ね	ne	あがんねー agannee〈東隣の家〉、かねーらず kaneeradzï〈必ず〉、ねーん neen〈無い〉、あねーら aneera〈たかが、せいぜい〉、ねーん neen〈～通り、ように〉	1304
の	no	かいのーよーい kainooyooï〈皆納祝い〉、じょーのー zyoonoo〈上納〉、ぎのー ginnoo〈金槌、げんのう〉、のーり noor〈治る〉	1305
は	ha	はーりー haarii〈爬竜舟〉、はくばす hakubasï〈運ばせる〉、はい hai〈ねえ（呼びかけ）〉、あはー ahaa〈（納得した時に発する感嘆詞）〉、はーはー haahaa〈（笑い声の擬音語）〉	1801
ひ	hi	なみひらがー namihiragaa〈なみひら井戸（井戸名）〉、ひーよー hiiyoo〈人夫〉	1802
へ	he	へっくりさ hekkurisa〈どっこいしょ〉	1804
ほ	ho	ほん hon〈本【新】〉、ほーむり hoomur〈葬る〉	1805
ふぁ	fa	っふぁ ffa〈子供〉、やーぬっふぁどうり yaanuffadur〈雀（すずめ）〉、かっふぁす kaffasï〈隠す〉、っふぁいり ffair〈太る、肥える〉、ふぁーん faan〈食べない〉、どっふぁら doffara〈ドスン〉	0801

ふぃ	fi	っふぃーま ffiima〈来間〉、きᵴ^むつっふぃりִ ksïmtsïffir〈冷や冷やする〉、かっふぃりִ kaffir〈隠れる〉、っふぃりִ ffir〈くれる〉	0802
ふ	fu	じんふつɿ jinfutsï〈銭打ち（紙銭を打つための道具）〉、かふつɿ kafutsï〈宅地〉、ぴらふ pirafu〈寒さ〉、みーんふーりִ miinfuur〈見ない振り〉、ふー fuu〈食べる〉	0803
ふぇ	fe	ぴᵴとうふぇー psïtufee〈人食い、人殺し〉、っふぇーまうたき ffeemautaki〈普天間御嶽〉、がーっふぇー gaaffee〈たくさん〉、ふぇーあらすɿ feearasï〈食い荒らす〉	0804
ふぉ	fo	ふぉーむぬ foomunu〈食べ物※塩川〉	0805
ふぃ/ふぅ	fɨ	ばーっふぃ/ばーっふぅ baaffɨ〈からかう〉、つっふぃ/つっふぅ tsïffɨ〈作る〉	0806
ふぇ	fë	つっふぇー tsïffëë〈作るのは〉	0808
ま	ma	まーまんま maamanma〈継母〉、あまん aman〈やどかり〉、くまりִ kumar〈入る〉、まっらーりִ marraar〈短い〉、どんま donma〈（人が高い場所から勢いよく下りるさまの擬態語）〉	1201
み	mi	みー mii〈目〉、みうとぅら miutura〈夫婦〉、みが miga〈（女性の童名の１つ）〉、かみりִ kamir〈（頭上に）いただく、のせる〉、みーりִ miir〈見る〉	1202
む	mu	むぎɿ mugzï〈麦（むぎ）〉、いきᵴむす iksïmusï〈動物〉、きᵴむ ksïmu〈心〉、まむりִ mamur〈守る〉、んむー nmuu〈紡ぐ〉、むっとう muttu〈全く、全然〉	1203
め	me	めーく meeku〈宮古〉、つめ tsïme〈為〉、くんきᵴめー kunksïmee〈根気勝負〉、うぷめーか upumeeka〈（土原豊見親の墓）〉、めーすɿ meesï〈燃やす〉、めーた meeta〈それとも、あるいは〉	1204
も	mo	もーかー mookaa〈前方〉、もくもー mokumoo〈もくまおう〉、もーきりִ mookir〈儲ける〉、しゃもーぎɿ shamoogzï〈騒ぐ〉、きᵴもー ksïmoo〈心は〉	1205
むぃ/むぃ	mï	むぃーゆみ/むぃーゆみ mïïyu]mi〈新妻（にいづま）〉、かむぃぬ かた/かむぃぬ かた kamïnu kata〈上座【新】〉、たたむぃきᵴ/たたむぃきᵴ tatamïksï〈ぐっすり眠る【古】〉	1207
ら	ra	らく raku〈楽（らく）【新】〉、みうとぅら miutura〈夫婦〉、ならーすɿ naraasï〈教える〉、かまらしゃーりִ kamarashaar〈悲しい〉、だらだら daradara〈グツグツ（煮るさま、音の擬声擬態語）〉	1901
り	ri	ぶりー burii〈無礼（ぶれい）〉、しょーずɿばり shoodzïbari〈産後の忌み明け、精進晴れ〉、なばだり nabadari〈垢だらけのさま〉、けーりִ keerir〈消える〉、かわりー kawarii〈変わって、違って〉	1902

る	ru	ぺるま peruma〈砂蟹（すながに）〉、こーる kooru〈香炉〉、なるー naruu〈習う〉、しゅるー shuruu〈揃う〉、ぐるぐる guruguru〈ゴロゴロ（モノが転がるさまの擬態語）〉	1903
れ	re	くくれーき kukureeki〈胸やけ〉、みぱれー miparee〈まぶたが切れている人〉、あれーき areeki〈（塩川の祭場の１つ）〉、ばーれ baare〈おりこうさん〉、くぬーれー kunuuree〈この頃は〉	1904
ろ	ro	ちゅーろーじゃ chuurooja〈中老座（50〜60才の男性からなるスィツィウプナカの中心組織）〉、いろー iroo〈伊良部※「いらう」とも〉、やろーぎー yaroogii〈てりはぼく※「やらうぎー」とも〉	1905
が	ga	がまく gamaku〈腰（ウエスト部分）〉、あんが anga〈姉〉、がばしゃーㇷ゚ gabashaar〈古い、年を取った〉、がらみかす garamikasï〈（下駄などが）カラカラと音を立てる〉	0701
ぎ	gi	ぎんのー ginnoo〈金槌、げんのう〉、ぴすぎ psïgi〈髭（ひげ）〉、にんぎん ningin〈人間〉、いぇーぎり yeegir〈しばる、つりさげる〉、きちぎしゃーㇷ゚ kichigishaar〈きれいな〉	0702
ぐ	gu	うぷぐい upugui〈大声〉、かなまるぐー kanamarguu〈頭蓋骨〉、えーぐ eegu〈歌〉、かきぐ kakigu〈監視、管理〉、にぐー niguu〈願う、祈る〉、〜ぐとぅ gutu〈〜（の）ように〉	0703
げ	ge	げー^むとぅ geemtu〈セッカ（ヒタキ科の鳥）〉、にげー nigee〈願い、祈り〉、うぷげー^む u[pugeem〈高きび〉、きげーす kigeesï〈かき回す、ひっくり返す〉、ごっげごー goggegoo〈（鶏の鳴き声の擬音語）〉	0704
ご	go	つごー tsïgoo〈言い訳〉、ご^むー gomm〈（勢いよく走るさまの擬態語）〉、ごっげごー goggegoo〈（鶏の鳴き声の擬音語）〉、ごーっふぃ gooffi〈たくさん※「がーっふぃ」とも〉	0705
ぎㇷ゚ / ぐㇷ゚	gzï	ぎㇷ゚ぱ / ぐㇷ゚ぱ gzï[pa〈簪（かんざし）〉、がぎㇷ゚な / がぐㇷ゚な ga[gzïna〈芝〉、ぎㇷ゚ーかぎㇷ゚ーか / ぐㇷ゚ーかぐㇷ゚ーか gzï[ika[gzï]ika〈ぎしぎし、ぎりぎり〉、しゃもーぎㇷ゚ / しゃもーぐㇷ゚ sha[moogzï〈騒ぐ〉	0706
げぇ / げぇ	gë	うんげぇー / うんげぇー ungëë〈恩義は〉、しゅぷげぇー / しゅぷげぇー shupugëë〈帯は〉	0709
ざ	za	いざら ïzara〈鎌（かま）〉、うやざとぅがー uyazatugaa〈親里井戸（井戸名）〉、うぷいざ upuïza〈父親より上の叔父〉	1601
じ	ji/zyi	じん ji]n/zyi]n〈お金〉、うやぱっじっふぁ u]yapajjiffa/u]yapazzyiffa〈孤児（みなしご）〉、っふぁじみ f[fajimi/f[fazyimi〈やもり〉、とぅんじー tun[jii/tun[zyii〈冬至〉、うーじり uu[jir/uu[zyir〈応じる【新】〉	1602
ずぅ	zu	いずぅ ï]zu〈魚〉、いずぅふしゃしゃーㇷ゚ ï[zufushashaar〈魚臭い、生臭い〉、やなかくずぅー（しー） ya[nakakuzu]u (shii)〈しかめっつらを（して）〉	1603
ぜ	ze	じんとーぜい jintoozei〈人頭税〉	1604

ぞ	zo	ぞーにぬしーむぬ zooninushiimunu〈雑煮の吸い物【新】〉	1605
ず	dzï	たらまずま ta[ramadzïma〈多良間島〉、ぴｽらずー psï[radzï〈(ヘラや鎌を入れる道具)〉、ずぷｽない dzï[psïnai〈仕方ない〉、あずましゃーり a[dzïmashaar〈甘い〉	1606
ぜぇ / ぜえ	zë	あぜｽー / あぜぇー azëë〈味は〉、ぴｽかぜぇー / ぴｽかぜぇー psïkazëë〈日数は〉	1609
ずぃ	zi	ぃずぃり ï[zir〈入れる〉、ぃずぃーうきｽ ï[ziiu]ksï〈言ってある、言っておく〉	1502
だ	da	いだり idar〈漁り(いさり)〉、びきだつ bikidatsï〈男性の独り身〉、なかだ nakada〈台所〉、かうだきｽ kaudaksï〈抱きつく〉、だー(ってぃ) daa(tti)〈ダーっと〉	0501
でぃ	di	でぃー dii〈柄〉、あでぃく adiku〈タコの隠れ場所〉、あ^むでぃり amdir〈魚を入れる籠〉、でぃかす dikasï〈立派にする、大漁する〉、すでぃり sïdir〈脱皮する〉	0502
どぅ	du	どぅー duu〈体、自分〉、やどぅ yadu〈戸〉、どぅす dusï〈友達〉、くんどぅ kundu〈今度〉、い^むつどぅり imtsïdur〈浜千鳥〉、うどぅるきｽ uduruksï〈驚く〉、ぺーどぅり peedur〈這う〉	0503
で	de	でーんなー deennaa〈大変な、一番の〉、でー dee〈さあ(相手に勧める語)〉、でんわ denwa〈電話【新】〉	0504
ど	do	どー doo〈道具〉、しんどーやー shindooyaa〈船頭家※屋号。「しんどぅーやー」とも〉、どーり doori〈道理、様子〉、どっふぁら doffara〈ドスン〉、どーん doon〈ドーン〉	0505
ば	ba	ばかぎｽさ bakagzïsa〈トカゲ〉、しゅば shuba〈側(そば)〉、ばしゃっずー bashaddzï〈怒る〉、とぅばがり tubagar〈飛ぶ〉、ばーばー baabaa〈ビュービュー〉	0301
び	bi	くび kubi〈壁〉、びきどぅ^む bikidum〈男〉、ゆしゃらび yusharabi〈晩(ばん)〉、びーふしゃり biifushar〈酔う〉、びーり biir〈座る〉、びらきｽ biraksï〈大の字になる、倒れて死ぬ〉	0302
ぶ	bu	ぶりー burii〈無礼(ぶれい)〉、あぶ abu〈穴〉、ぶなり bunar〈男兄弟からみた姉あるいは妹〉、にぬぱぶす ninupabusï〈北極星〉、ぶどぅり budur〈踊る、踊り〉、じゃぶら jabura〈ボチャン〉	0303
べ	be	べーた beeta〈私たち(聞き手を含む)〉、んべー nbee〈ベー(ヤギの鳴き声の擬音語)〉、あうべーり aubeeri〈青ざめること〉、べー bee〈～する係、役割の者〉、べー^む beem〈～だろう〉	0304
ぼ	bo	かんぼー kanboo〈感冒(かんぼう)〉、んぼー nboo〈モー(牛の鳴き声の擬音語)〉、さんぼー sanboo〈供え物を載せる台〉、ぼーし booshi〈帽子【新】〉、たぼーり taboor〈賜る【古】〉	0305

8.3 多良間方言の表記を使った語例

びずﾞ / ぶずﾞ	bzï	びずﾞさすﾞ / ぶずﾞさすﾞ bzï[sasï〈柱の根石〉、つつびゃﾞ / つつぶずﾞ tsï[tsï]bzï〈煤（すす）〉、あすびゃﾞ / あすぶずﾞ a[sïbzï〈遊ぶ〉、びゃﾞーたしゃーり / ぶずﾞーたしゃーり bzïï[tashaa]r〈弱々しい〉	0306
べぇ / べぇ	bë	えーつべぇー / えーつべぇー ee[tsïbëë〈泡は〉、かべぇー / かべぇー ka[bëë〈紙は〉	0309
ぱ	pa	ぱな pana〈花〉、みぱな mipana〈顔（「目鼻」から）〉、ぱっずー paddzïï〈外す、脱ぐ〉、やぱしゃーり yapashaar〈柔らかい〉、ぱらかぱらか parakaparaka〈ガリガリ（固い物をかじる音の擬音語）〉	0201
ぴ	pi	ぴー pii〈屁〉、ぴんだ pinda〈山羊（やぎ）〉、ぴんとー pintoo〈返答〉、ぴんなしゃーり pinnashaar〈変な、妙な、おかしい〉、んめぴ mmepi〈もっと〉、ぴーちゃ piicha〈少し〉	0202
ぷ	pu	ぷに puni〈骨〉、ぷす pusï〈干す〉、しゅぷぎずﾞ shupugzï〈帯〉、ぷからしゃーり pukarashaar〈嬉しい〉、つぷー（てぃ）tsïpuu (ti)〈ぽわーっと（体が温まるさまの擬態語）〉	0203
ぺ	pe	ぺーく peeku〈百〉、ぺるま peruma〈砂蟹（すながに）〉、っさぺー ssapee〈白癬〉、ぺーどぅり peedur〈這う〉、ぺーす peesï〈囃す〉、ぺーぺー peepee〈早く〉	0204
ぽ	po	ぽー poo〈蛇（へび）※塩川〉、ぽーちゃ poocha〈包丁、祝いで料理を担当する人〉、ぽーぐ poogu〈抱護林〉、うぽーうぷ upooupu〈たくさん〉	0205
ぴすﾟ / ぷすﾟ	psï	ぴすﾟてぃつ / ぷすﾟてぃつ psï[titsï〈1つ〉、ぴゃーま / ぷずーま psïï[ma〈昼間〉、ういぴすﾟとう / ういぷすﾟとう u[ipsïtu〈年寄り〉、ぱなぴすﾟー / ぱなぷすﾟー pa[napsïï〈くしゃみをする〉	0206
ぺぇ / ぺぇ	pë	著者未確認	0210
ゔぁ	va	っゔぁ vva〈お前、あなた〉、あっゔぁ avva〈油〉、じゃっゔぁ javva〈脳みそ〉、かっゔぁす kavvasï〈被せる〉	0901
ゔぃ	vi	いっゔぃり ivvir〈おびえる〉、いーやっゔぃり iiyavvir〈言い間違える、言い損なう〉、しゃっゔぃー shavvii〈突き刺して（動詞「しゃっゔぃ」の中止形）〉、かっゔぃ kavvi〈被れ（動詞「かっゔぃ」の命令形）〉	0902
ゔぅ	vu	まっゔぅり mavvur〈個人の守護神〉、あっゔぅり avvur〈べら〉、びっゔぅりがっさ bivvurgassa〈くわずいも〉、いっゔぅーいっゔぅ ivvuuivvu〈重い（重複形）〉、きっゔぅり kivvur〈〜軒（家の助数詞）〉	0903
ゔぇ	ve	いずうゔぇー ïzuvee〈魚を売ること、魚売り〉、ちびっゔぇー chibivvee〈あとをついてばかりいる人〉	0904
ゔぉ	vo	ゔぉん von〈（勢いよく立つさまなどを表す擬声擬態語、「うぉん」の代わり語形）〉	0905
ゔぃ	vï	っゔぃ vvï〈売る〉、かっゔぃ ka]vvï〈被る〉、あっゔぃ avvï〈炙る〉、しゃっゔぃ shavvï〈突き刺す〉、かきすﾟやっゔぃ ka[ksïya]vvï〈書き損じる〉	0906

や	ya	やまにか yamanika〈山猫〉、やまぐ yamagu〈悪質な悪戯をする子供〉、うやき uyaki〈裕福〉、やきｽ yaksï〈焼く〉、やぐみしゃーりｐ yagumishaar〈恐れ多い〉、やう yau〈よく〉	1001
ゆ	yu	ゆー yuu〈夜〉、ゆしゃらび yusharabi〈晩（ばん）〉、ゆすきｽ yusïksï〈ススキ〉、かゆー kayuu〈通う〉、ゆいりｐ yuir〈もらう〉、ゆびｽ yubzï〈吸う〉、ゆーり yuur〈〜より〉	1003
いぇ	ye	いぇーぎりｐ yeegir〈しばる、つり下げる〉、かいぇー kayee〈通って（動詞「かゆー」の中止形）〉	1004
よ	yo	よーいｐ yooï〈祝い〉、ひーよー hiiyoo〈人夫〉、よーしゃーりｐ yooshaar〈弱い〉、あいよーさー aiyoosaa〈あれあれ〉、よー yoo〈〜よ（終助詞）〉、なんよーんむ nanyoonmu〈キャッサバ【新】〉	1005
きゃ	kya	きゃ^むがー kyamgaa〈※仲筋にある井戸名〉、きゃく kyaku〈客【新】〉	0628
きゅ	kyu	きゅー kyuu〈今日〉、きゅーず kyuudzï〈行事の手伝いをする人〉	0629
きょ	kyo	きょーぎん kyoogin〈狂言※八月踊りの演目の１つ〉、ぱたとぅりきょーそー pataturikyoosoo〈旗取り競争（遊戯名）【新】〉	0630
しゃ	sha/sya	しゃ（ー）る shaaru/syaaru〈猿（さる）〉、がらしゃ garasha/garasya〈烏（からす）〉、やましゃか yamashaka/yamasyaka〈やまほど〉、ばしゃっずー bashaddzï/basyaddzï〈怒る〉	1419
しゅ	shu/syu	しゅば shuba/syuba〈側（そば）〉、しゅぷぎｽ shupugzï/syupugzï〈帯〉、ましゅーだつ mashuudatsï/masyuudatsï〈棒立ち〉、うんしゅく unshuku/unsyuku〈たくさん〉、うしゅりりｐ ushurir/usyurir〈恐れる〉	1420
しぇ	she/sye	い^むしぇー imshee/imsyee〈漁師〉、しぇーか sheeka/syeeka〈早朝〉、じゅーまーしぇ juumaashe/juumaasye〈せきれい（鳥名）〉	1421
しょ	sho/syo	ばしょー bashoo/basyoo〈芭蕉〉、しょーきｽ shooksï/syooksï〈連れる、引く〉、ごーしょごーしょ gooshogoosho/goosyogoosyo〈ズリズリ（重いものを引きずるさまの擬態語）〉	1422
ちゃ	cha	ちゃー chaa〈お茶〉、ちゃくす chakusï〈嫡子（ちゃくし）〉、いみっちゃ imiccha〈少し〉、ちゃん chan〈（コップなどを軽く合わせる音の擬音語。転じて「乾杯」の意にも）〉	1721
ちゅ	chu	いちゅふ ichufu〈いとこ※「いちふ」とも〉、かちゅー kachuu〈鰹（かつお）〉、ちゅーか chuuka〈急須（きゅうす）〉、ぱちゅがつぶどぅりｐ pachugatsïbudur〈八月踊り〉、ちゅーしゃーりｐ chuushaar〈強い〉	1722
ちぇ	che	がちぇーん gacheen〈〜しながら〉	1723
ちょ	cho	ちょーみん choomin〈帳面〉、ちょーちん choochin〈提灯型の凧〉、ちょーどぅ choodu〈ちょうど【新】〉、ちょいちょい choichoi〈ソロソロ（ゆっくり歩くさまの擬態語）〉	1724

にゃ	nya	著者未確認	1323
にゅ	nyu	著者未確認	1324
にょ	nyo	著者未確認	1325
ひゃ	hya	くぬひゃー kunuhyaa〈この野郎〉、ひゃっくりんまが hyakkurimmaga〈(遊戯の1つ)〉	1816
ひゅ	hyu	著者未確認	1817
ひょ	hyo	著者未確認	1818
ぴゃ	pya	ぴゃーく pyaaku〈百(「ぺーく」の変わり語形)〉	0226
ぴゅ	pyu	著者未確認	0227
ぴょ	pyo	ぴょーすん pyoosïn〈~(する)拍子に〉	0228
みゃ	mya	著者未確認	1224
みゅ	myu	著者未確認	1225
みょ	myo	著者未確認	1226
りゃ	rya	著者未確認	1921
りゅ	ryu	りゅーぐーにがい ryuuguunigaï〈竜宮願い(行事名)〉	1922
りょ	ryo	たいりょー tairyoo〈大漁【新】〉	1923
ぎゃ	gya	著者未確認	0717
ぎゅ	gyu	著者未確認	0718

ぎょ	gyo	著者未確認	0719
じゃ	ja/zya	あじゃ aja/azya〈兄〉、じゃっとう jattu/zyattu〈ざっと、大雑把〉、からっじゃく karajjaku/karazzyaku〈空咳〉、がじゃがじゃ gajagaja/gazyagazya〈ガヤガヤ（騒がしいさまの擬態語）〉	1619
じゅ	ju/zyu	じゅーぐや juuguya/zyuuguya〈十五夜〉、しんじゅ shin-ju/shinzyu〈先祖〉、じゅんーじゅん junn-jun/zyunnzyun〈正常の、本当の〉、かじゅー kajuu/kazyuu〈増える〉、じゅー juu/zyuu〈さあ（呼びかけ）〉	1620
じぇ	je/zye	ぶなじぇー bunajee/bunazyee〈（多良間島の始祖の兄妹の名）〉、むらじぇーふ murajeefu/murazyeefu〈村大工〉、かじぇーり kajeer/kazyeer〈増えている（動詞「かじゅー」の継続相）〉	1621
じょ	jo/zyo	じょー joo/zyoo〈情（なさけ）〉、しょじょ shojo/shozyo〈少女、娘〉、てぃんじょー tinjoo/tinzyoo〈天井〉、じょーしゃーり jooshaar/zyooshaar〈良い、上等である〉	1622
びゃ	bya	著者未確認	0319
びゅ	byu	びゅーびゅー byuubyuu〈ビュービュー【新】〉	0320
びょ	byo	がびょーしゃーり gabyooshaar〈痩せている〉、びょーびょー byoobyoo〈（犬の遠吠えの擬音語）〉	0321
わ	wa	わー waa〈豚〉、しわ shiwa〈心配〉、ちゃわん chawan〈湯呑（ゆのみ）〉、わーら waara〈上の方〉、かわり kawar〈異なる、変わる〉、わーり waar〈いらっしゃる〉	1101
うぃ	wi	著者未確認	1102
うぇ	we	うぇーだ weeda〈鼠（ねずみ）〉、うぇーんま weenma〈現地妻〉、うぇー wee〈ほら（呼びかけ）〉、うぇんしー wenshii〈このように〉、うぇーがり weegar〈成長する〉、うぇーしり weeshir〈差し上げる〉	1104
うぉ	wo	うぉん won〈（勢いよく動くさま、また電線などが激しくしなって鳴る音の擬声擬態語）〉	1105
くゎ	kwa	著者未確認	0612
くぃ	kwi	著者未確認	0619
くぇ	kwe	著者未確認	0621
ぐゎ	gwa	ぐゎー（てぃ）gwaa (ti)〈グワーっと〉	0726

ぐぃ	gwi	著者未確認 0727
ぐぇ	gwe	著者未確認 0728
ぐぉ	gwo	著者未確認 0729
^む/む	m	^むー/むー mm〈芋〉、^むた/むた m[ta〈土〉、み^む/みむ mi]m〈耳〉、うぷげー^む/うぷげーむ u[pugeem〈高きび〉、あ^む/あむ a]m〈編む〉、^むめぴ/むめぴ (/んめぴ) m[mepi〈もっと〉 ※ここの「んめぴ」のように、マ・バ・パ行、また「ゔぁ・ゔぃ・ゔぅ・ゔぇ・ゔぉ」（唇を使う音 :[m][b][p][v]）の前にくる「^む/む」は、「ん」で書いてもかまいません。発音してみると同じ音になります。 2005
ぴ	r	とぅぴ tu]r〈鳥、鶏（にわとり）〉、かぴ ka]r〈あれ、あの人〉、うきぴ uki]r〈起きる〉、まーぴ maa]r〈まわる〉、くぱしゃーぴ kupashaar〈かたい〉 2006
ん	n	んだ n[da〈どこ〉、あんが a]nga〈お姉さん〉、あんてぃー a[ntii〈そして〉、んだらーしゃーぴ n[daraashaar〈可哀そう、みじめな〉、んだす n[dasï〈出す〉、んまが (/^むまが/むまが) nmaga〈孫〉 2012
ー	母音を重ねる	あー^む aa]m〈あくび〉、ぴーくやー ï[kuyaa〈物乞い〉、いみーちゃ i]miicha〈少し〉、くー kuu〈粉〉、もーかー moo[kaa〈向かいの家〉、きｓぃー ksïï〈来る〉、ずー dzïï〈字（じ）〉、うせぇー usëë〈牛は〉 2013
ー	音を重ねる /:	じゅんーじゅん junn-jun/jun:jun〈正常の、本当の〉、ご^むー gomm/gom:〈勢いよく走るさまの擬態語〉、^むー mm/m:〈芋〉 2013
っ	子音を重ねる	あっゔぁ av[va〈油〉、とぅつら turra〈鳥は〉、きっふぁ kiffa〈くしゃみ〉、なっじゃ najja〈桑〉、きっずー kiddzïï〈削る〉、たっゔぃ tavvï〈たぐる〉、っふぃ ffï〈降る〉、っづぃ vvï〈売る〉、っさく s[saku〈咳〉 2014

8.4　多良間方言の文例

※方言を話せる人に向けて書くものの場合など、「＝」の記号は省略してもかまいません。

「月と生き水」　つきｽ＝とぅ いきｽみず

つきｽがなす＝んかー＝どぅ、　　かぬ、　いー＝ぬ　　あっろー、
tsïksïganasï=nkaa=du,　　　　　 kanu,　 ii=nu　　 arroo,
月加奈志＝には＝ぞ　　　　　　　 あの　　 絵＝の　　 あるのは
（お月様に、あの、絵があるのは、）

んめ、　すでぃみずぅー　　か＾むがなす＝から　　むてぃー　　きー、　きー＝どぅ、
nme,　 sïdimizuu　　　　 kamganasï=kara　　　mutii　　　kii,　 kii=du,
もう　　孵で水を　　　　　 神加奈志＝から　　　 持って　　 来て　 来て＝ぞ
（もう、孵で水を神様（のところ）から持ってきて、）

うり＝う　うつきー　　うきｽばどぅ、
ur=u　　 utsïkii　　 uksïbadu,
それ＝を　置いて　　 おくと
（それを置いておくと、）

ぽー＝ぬ　　んめ、　んめ　　いきｽむす＝ぬ　　んめ＝ぬ、　しゃだり　すとぅい　あみ、
poo=nu　　 nme,　 nme　 iksïmusï=nu　　nme=nu,　 shadar　 sïtui　 ami,
蛇＝の　　 （複数）　もう　 生き物＝の　　　 （複数）＝の
（蛇なんか、もう動物たちが、先になって（孵で水を）浴びて、）

にんぎん＝や　なっじゃ＝ぬ　なり＝う　むりー、
ningin=ya,　 najja=nu　　 nar=u　 murii,
人間＝は　　 桑＝の　　　　実＝を　 もいで
（人間は、桑の実をもいで、）

うりた＝う　むりー　ふぇー　ぶり　とぅくる＝ん、　んめー　にふしゃ　なりー、
urta=u　　 murii　 fee　 bur　 tukuru=n,　 nmee　 nifusha　 narii,
それら＝を　もいで　食って　いる　ところ＝に　　もう　　 遅く　　　 なって
（それらをもいで食っているところに、（もいで食べていたために）もう遅くなって、）

うぬ　すでぃみずぅー　　あみらいんぐとぅ＝なな
unu　 sïdimizuu　　　 amiraingutu=nana
その　孵で水を　　　　 浴びられないで＝まま
（その孵で水を浴びられずに、）

にんぎん=や　すでぃん　よー=ん　なりぴ。
ningin=ya　sïdin　yoo=n　nar
人間=は　脱皮しない　よう=に　なる
（人間は若返らないようになった。）

ぽー=や　んめー、　んめ　すでぃりぴ=てぃーぬ　（ぱなす）。
poo=ya　nmee,　nme　sïdir=tiinu　(panasï).
蛇=は　もう　もう　脱皮する=との　話
（蛇はもう、脱皮するという（話）。）

かぬ、　すでぃみずぅー　かたみー、　てぃん=から　たすき、　えー
kanu,　sïdimizuu　katamii,　tin=kara　tasïki,　ee
あの　孵で水を　担いで、　天=から　助け　えー
（あの、孵で水を担いで、天から（の）助け、えー、）

つかい=ぬ　みどぅ＾む=ぬ　いー=ぬ　ぬくりーぴ=てぃー=どぅ、…。
tsïkai=nu　midum=nu　ii=nu　nukuriir=tii=du,
使い=の　女=の　絵=の　残っている=と=ぞ
（使いの女の絵が残っているって、…。）

（以下　略。）

謝辞

　本章を執筆するにあたっては、多良間村ふるさと民俗学習館元館長の故垣花昇一氏、「多良間方言研究会（仮称）」（沖縄国際大学下地研究室に於いて月1開催）の主要メンバーである渡久山朝一氏、下地一男から貴重なご意見をいただくことができました。ここにお名前をあげた方をはじめ、これまで調査にご協力していただいている皆様に、心よりお礼申し上げます。

第9章
宮良方言（沖縄県石垣市宮良）

9.1 宮良方言を書くために

この章では宮良方言の書き方について具体的に説明します。後述する9.2で表記一覧、9.3で語例、9.4で文例を示しますが、まず9.1でこの方言を書くにあたって有用だと思われることをまとめておきます。

基本的には1つの大文字がひといきの発音に対応します。大文字と小文字の連続もひといきに読みます。例えば、「くぃ」は「く」と「ぃ」に分けて読むのではなく、大文字1つを読むのと同じように、ひといきに読みます。共通語にない発音は平仮名1文字で表せないため、このような措置をとりました。方言を共通語の発音で表しているというわけではありませんので注意してください。

なぜ宮良方言の書き方をきちんと決めておく必要があるのかについて考えてみます。例えば、民謡の中で「気」のことが「くぃ」と書いてあっても「きぃ」と書いてあっても（あるいは漢字で「気」と書いてあっても）、方言を知っている人なら誰でも正しく読むことができます。しかし、方言を知らない子供や孫の世代はどうでしょうか。100年後に生きている子孫はどうでしょうか。100年後には宮良方言はかなり変化しているかもしれませんので、「気」が一貫した書き方で書かれていなければ、どのように発音されていたのかがわからなくなってしまい、本来は別の発音である「木」との違いがわからなくなってしまいます。現代でも、昔の人が歌っていたとおりの歌詞がわからなくなったり、昔の文献が一部わからなくなったりしています。そこで、この本では、「気」の発音は「くぃ」（あるいは「きぃ」「くぃ゚」「きぃ゚」）と書き、「木」の発音は「き」と書こうというように提案しました。この本で提案されている文字・表記については、どのような音に対してどの文字を使うかという決めごとがきっちり記録されていますので、文字の記録だけが残ったとしてもあとから音を復元することが可能です。もちろん今まで書いてきた方法と違うなどの理由で、ここの提案をそのまま使いたくない場合もあると思います。そのときは、この本をコピーして（あるいはそのまま）、変えたい平仮名の上に白紙を貼るなどして自分の使ってきた平仮名に書き換えて使うと便利です。でもそのときは、本書で使っている「くぃ」を「きぅ」に変えた、などとどこかに書いてあると、あとから見た人もわかって

良いと思います。重要なのは1つの音と表記が一貫して対応していること、ほかの発音と区別がつくことです。字面が「くぃ」なのか「きぅ」なのかについて、多くの人が揃えて書けばもちろん便利であるのは言うまでもないですが、上で書いたような一貫性やほかの音との区別をつけられるようにすることに比べれば大きな問題ではありません。

　このことを踏まえた上で本章では宮良方言の書き方を9.2節〜9.4節のように提案します。文節のあとには区切りをわかりやすくするためにスペースを入れて、読みやすくしたほうが良いでしょう。文節より小さい単位の境界を表したい場合は、イコールサイン（＝）やハイフン (-) を使いますが、必須ではありません。例えば、「みどぅんふぁーぬ うるん」（女の子がいる）と書く場合、「みどぅんふぁーぬ」が「みどぅん」（女）と「ふぁー」（子）と「ぬ」（が）からできていることをわかりやすく示したい場合は、「みどぅん - ふぁー＝ぬ」というふうに書くことにします。イコールサインは主に助詞の前に、ハイフンはそのほかの場合に使います。方言の知識が少ない人や、子供たちに方言を伝える教材を作ったりするような場合には、こういった記号を使うとわかりやすくなるでしょう。片仮名は、日本語共通語と同じく中国語由来でない外来語（「グループ」「セット」など）を書き表すのに用いることをお勧めします。この方針はあくまで基準ですので、読み手にわかりやすい範囲内で自由に創造的に使われることが期待されます。漢字は、日本語共通語と同じ意味、同じ発音で使われている箇所に用いるのは問題ありませんが、方言の言葉を漢字にすると後世の人たちには発音がわからなくなってしまいますので、仮名文字を使うことが推奨されます。

9.2 宮良方言の表記一覧

後述する語例の表 (9.3) で「著者未確認」としている表記は括弧に入れてあります。表中の「/」は、推奨するのは左側の表記ですが、どちらの表記を使ってもいいことを表します。第 1 部の表と仮名の優先順位が違うところがありますが、この方言での慣習や書きやすさを考慮してこの順序にしています。もちろん、この表に載っていなくても自分の馴染みのある表記を使ってください。

あ	い	う	え	お	
a	i	u	e	o	
か	き	く	け	こ	くぃ/きぃ くぃ/きぃ
ka	ki	ku	ke	ko	kï
が	ぎ	ぐ	げ	(ご)	
ga	gi	gu	ge	(go)	
さ	し	す	(せ)	そ	すぃ/すぃ
sa	shi/syi	su	(se)	so	sï
しゃ		しゅ		しょ	
sha/sya		shu/syu		sho/syo	
ざ	じ	ず	(ぜ)	ぞ	ずぃ/ずぃ
za	ji/zyi	zu	(ze)	zo	dzï
じゃ		じゅ		じょ	
ja/zya		ju/zyu		jo/zyo	
た	てぃ	とぅ	て	と	
ta	ti	tu	te	to	
だ	でぃ	どぅ	で	ど	
da	di	du	de	do	

つぁ		つ		つぉ	つぃ / つぃ゚
tsa		tsu		tso	tsï

ちゃ	ち	ちゅ	ちぇ	(ちょ)	
cha	chi	chu	che	(cho)	

な	に	ぬ	ね	の	
na	ni	nu	ne	no	

は	ひ		へ	ほ	
ha	hi		he	ho	

ば	び	ぶ	(べ)	(ぼ)	ぶぃ / ぶぃ゚
ba	bi	bu	(be)	(bo)	bï

ぱ	ぴ	ぷ	(ぺ)	ぽ	ぷぃ / ぷぃ゚
pa	pi	pu	(pe)	po	pï

ふぁ	ふぃ	ふ	(ふぇ)	ふぉ	
hwa	hwi	hwu	(hwe)	hwo	

ま	み	む	め	も	
ma	mi	mu	me	mo	

や		ゆ		よ	
ya		yu		yo	

ら	り	る	れ	(ろ)	るぃ / るぃ゚
ra	ri	ru	re	(ro)	rï

わ					
wa					

ん	ー	っ			
n	母音を重ねる /:	子音を重ねる			

9.3 宮良方言の表記を使った語例

語の意味は〈 〉で括って示しています。表中の「/」は、推奨するのは左側の表記ですが、どちらの表記を使ってもいいことを表します。

あ	a	あっこん akkon〈芋〉、あかまじ akamaji/akamazyi〈髪の毛〉、あっぱー appaa〈おばあさん〉、ぶあま buama〈おばさん〉、あー aa〈粟〉	0101
い	i	いび ibi〈指〉、いしゃなぐ ishanagu/isyanagu〈石垣〉、うい ui〈上〉、くい kui〈声〉、はい hai〈南〉	0102
う	u	うむでぃ umudi〈顔〉、うしゅまい ushumai/usyumai〈ウシュマイ〉、うとぅどぅ utudu〈弟・妹〉、うでぃ udi〈腕〉	0103
え	e	えーま eema〈八重山〉	0104
お	o	おん on〈御嶽〉、おー oo〈豚〉	0105
か	ka	かーら kaara〈川〉、かざん kazan〈蚊〉、かま kama〈あそこ〉、なかっちゃー nakacchaa〈次男〉、すぃか／すぱか sïka〈四箇〉	0601
き	ki	きー kii〈木〉、びきどぅん bikidun〈男〉、ばーき baaki〈かご、ざる〉	0602
く	ku	くもーま kumooma〈小浜〉、くい kui〈声〉、くくる kukuru〈心〉、くり kuri〈これ〉、ふくんきー hwukunkii〈フクギ〉、ゆくずん yukuzun〈欲張り〉	0603
け	ke	かけーず kakeezu〈トンボ〉	0604
こ	ko	あっこん akkon〈芋〉、すこ suko〈そば〉	0605
くぃ／きぃ くぱ／きぱ	kï	くぃむ／きぃむ／くぱむ／きぱむ kïmu〈肝、心〉、くぃん／きぃん／くぱん／きぱん だいくに kïn daikuni〈人参〉、つくぃ／つきぃ／つくぱ／つきぱ tsukï〈月〉、くぃー／きぃー／くぱー／きぱー kïï〈気〉	0607
が	ga	がざむね gazamune〈がじゅまる〉、がっちゃー gacchaa〈三男〉、めーら がー meera gaa〈宮良川〉、かんがん kangan〈鏡〉	0701
ぎ	gi	ぱたぎ patagi〈畑〉、きゃーぎ kyaagi〈イヌマキ〉	0702
ぐ	gu	ずぐ zugu〈でいご〉、いしゃなぐ ishanagu/isyanagu〈石垣〉	0703
げ	ge	ぶげー bugee〈お父さん〉	0704

ご	go	著者未確認	0705
さ	sa	さったー sattaa〈砂糖〉、さん san〈しらみ〉、ぶざさ buzasa〈おじさん〉	1401
し	shi/syi	しっちゃ shiccha/syiccha〈サトウキビ〉、しじゃ shija/syija〈兄・姉〉、にしんた nishinta/nisyinta〈北〉、ばんしる banshiru/bansyiru〈ばんざくろ〉	1402
す	su	すーき suuki〈アコウの木〉、ふちすぱ hwuchisupa〈唇〉、うす usu〈牛〉	1403
せ	se	著者未確認	1404
そ	so	そんが songa〈けれども〉	1405
すぃ / すぴ	sï	むかすぃ / むかすぴ mukasï〈昔〉	1407
しゃ	sha/sya	いしゃなぐ ishanagu/isyanagu〈石垣〉	1419
しゅ	shu/syu	みしゅ mishu/misyu〈味噌〉、うしゅまい ushumai/usyumai〈ウシュマイ〉	1420
しょ	sho/syo	ばしょー bashoo/basyoo〈バナナ〉	1422
ざ	za	がざむね gazamune〈がじゅまる〉、ぶざさ buzasa〈おじさん〉、かざん kazan〈蚊〉	1601
じ	ji/zyi	じらば jiraba/zyiraba〈ジラバ〉	1602
ず	zu	ずぐ zugu〈でいご〉、うるずん uruzun〈雨期〉、かけーず kakeezu〈トンボ〉	1603
ぜ	ze	著者未確認	1604
ぞ	zo	くぞー kuzoo〈去年は〉	1605
ずぃ / ずぴ	dzï	でーずぃぬ / でーずぴぬ deedzïnu〈非常に〉	1607
じゃ	ja/zya	しじゃ shija/shizya〈兄・姉〉、はりじゃ harija/harizya〈さより〉、ぴびじゃ pibija/pibizya〈やぎ〉	1619

じゅ	ju/zyu	じゅー juu/zyuu〈しっぽ〉	1620
じょ	jo/zyo	いじょーれる ijooreru/izyooreru〈歌われる〉	1622
た	ta	たのーる tanooru〈能力〉、さったー sattaa〈砂糖〉、ぱたぎ patagi〈畑〉、かた kata〈肩〉	0401
てぃ	ti	てぃー tii〈手〉、てぃんぷす tinpusu〈へそ〉	0402
とぅ	tu	とぅずぶとぅ tuzubutu〈夫婦〉、とぅるぃ/とぅるぃ turï〈鳥〉、とぅもーる tumooru〈海〉、うとぅどぅ utudu〈弟・妹〉	0403
て	te	あんて ante〈そして〉	0404
と	to	とーむん toomun〈桃〉	0405
だ	da	だいくに daikuni〈大根〉、ばだ bada〈お腹〉、なだ nada〈涙〉、つぃだみ tsïdami〈かたつむり〉	0501
でぃ	di	うむでぃ umudi〈顔〉、うでぃ udi〈腕〉、すたでぃ sutadi〈醤油〉	0502
どぅ	du	どぅんつぃ/どぅんつぃ duntsï〈殿内〉、みどぅんうとぅどぅ midun-utudu〈妹〉、ぶどぅ budu〈夫〉、かどぅ kadu〈門〉	0503
で	de	でーずぃぬ/でーずぃぬ deedzïnu〈非常に〉	0504
ど	do	やどー yadoo〈戸は〉	0505
つぁ	tsa	あっつぁ attsa〈明日〉	1701
つ	tsu	つぶし tsubushi/tsubusyi〈膝〉	1703
つぉ	tso	あんつぉー antsoo〈重曹〉	1705
つぃ / つぃ	tsï	つぃー tsï〈血〉、ふだつぃめー/ふだつぃめー hwudatsïmee〈やもり〉、つぃだみ/つぃだみ tsïdami〈かたつむり〉	1711
ちゃ	cha	ちゃー chaa〈お茶〉、ふっちゃー hwucchaa〈長男〉、しっちゃ shiccha/syiccha〈サトウキビ〉	1721

ち	chi	ちみ chimi〈爪〉、ちび chibi〈おしり〉	1702
ちゅ	chu	うやんちゅ uyanchu〈ねずみ〉、ぬいちゅ nuichu〈糸〉	1722
ちぇ	che	あっちぇー acchee〈おじいさん〉	1723
ちょ	cho	著者未確認	1724
な	na	なだ nada〈涙〉、なかっちゃ nakaccha〈次男〉、ぱな pana〈花〉、いしゃなぐ ishanagu〈石垣〉	1301
に	ni	にー nii〈根〉、ふに hwuni〈船〉、いに ini〈稲〉、んに nni〈胸〉	1302
ぬ	nu	ぬび nubi〈首〉、ぬいちゅ nuichu〈糸〉、きーぬ ゆだ kiinu yuda〈木の枝〉	1303
ね	ne	びねー binee〈お母さん〉、がざむね gazamune〈がじゅまる〉	1304
の	no	たのーる tanooru〈能力〉	1305
は	ha	はびる habiru〈蝶々〉、はぶ habu〈蛇〉、はい hai〈南〉	1801
ひ	hi	ひーおれーる hiioreeru〈していらっしゃる〉	1802
へ	he	うたへーん utaheen〈落としてある〉	1804
ほ	ho	ほんま honma〈長女〉	1805
ば	ba	ばだ bada〈お腹〉、ばー baa〈私〉、ばーき baaki〈かご、ざる〉	0301
び	bi	はびる habiru〈蝶々〉、ぴびじゃ pibija/pibizya〈やぎ〉、なび nabi〈鍋〉、ちび chibi〈おしり〉	0302
ぶ	bu	ぶざさ buzasa〈おじさん〉、ぶどう budu〈夫〉、やらぶ yarabu〈テリハボク〉、はぶ habu〈蛇〉	0303
べ	be	著者未確認	0304

ぽ	bo	著者未確認	0305
ぶぃ / ぶぃ	bï	かぶぃ / かぶぃ kabï〈紙〉、あさぶぃなー / あさぶぃなー asabïnaa〈遊びに〉	0307
ぱ	pa	ぱな pana〈花〉、ぱん pan〈足〉、ぱいり pairi〈酢〉、あっぱー appaa〈おばあさん〉	0201
ぴ	pi	ぴにき piniki〈マングローブ〉、ぴー pii〈日〉、ぴん pin〈にんにく〉、ぴびじゃ pibija/pibizya〈やぎ〉	0202
ぷ	pu	ぷに puni〈骨〉、てぃんぷす tinpusu〈へそ〉	0203
ぺ	pe	著者未確認	0204
ぽ	po	ぽーぎ poogi〈ほうき〉	0205
ぷぃ / ぷぃ	pï	ぷぃとぅ / ぷぃとぅ pïtu〈人〉、ぷぃだるぃ / ぷぃだるぃ pïdarï〈左〉、ぷぃとぅるぃ / ぷぃとぅるぃ pïturï〈ひとり〉	0207
ふぁ	hwa	ふぁー hwaa〈子供〉	0813
ふぃ	hwi	ぞっふぃだ zohhwida〈濡れた〉	0814
ふ	hwu	ふだつぃめー / ふだつぃめー hwudatsïmee〈やもり〉、ふつぃ / ふつぃ hwutsï〈口〉、ふたい hwutai〈額〉、ふっちゃー hwucchaa〈長男〉	0815
ふぇ	hwe	著者未確認	0816
ふぉ	hwo	うふぉーま uhwooma〈小浜〉	0817
ま	ma	まい mai〈米〉、まーす maasu〈塩〉、うしゅまい ushumai〈ウシュマイ〉、ほんま honma〈長女〉	1201
み	mi	みつぃ / みつぃ mitsï〈道〉、みず mizu〈水〉、つぃだみ / つぃだみ tsïdami〈かたつむり〉、ちみ chimi〈爪〉	1202
む	mu	めーら むに meera muni〈宮良ことば〉、むん mun〈麦〉、くむす kumusu〈ゴキブリ〉	1203
め	me	めーら meera〈宮良〉、ふだつぃめー / ふだつぃめー hwudatsïmee〈やもり〉	1204

も	mo	とぅもーる tumooru〈海〉、くもーま kumooma〈小浜〉、もん mon〈門〉	1205
や	ya	やー yaa〈家〉、やいま yaima〈八重山〉、うや uya〈親〉、まや maya〈猫〉	1001
ゆ	yu	ゆだ yuda〈枝〉	1003
よ	yo	いずよー izuyoo〈歌い方〉	1005
ら	ra	かーら kaara〈川〉、だぶら dabura〈ふくらはぎ〉、めーら meera〈宮良〉	1901
り	ri	はりじゃ harija〈さより〉、うり uri〈それ〉	1902
る	ru	はびる habiru〈蝶々〉、とぅもーる tumooru〈海〉、うるずん uruzun〈雨期〉、くくる kukuru〈心〉	1903
れ	re	くれー kuree〈これは〉、ひーおれーる hiioreeru〈していらっしゃる〉	1904
ろ	ro	著者未確認	1905
るぃ / るㇷ゚	rï	ぷぃだるぃ / ぷぃだるㇷ゚ pïdarï〈左〉、ぷぃとぅるぃ / ぷぃとぅるㇷ゚ pïturï〈ひとり〉	1906
わ	wa	わー waa〈あなた〉	1101
ん	n	ほんま honma〈長女〉、なかんま nakanma〈次女〉、うやんちゅ uyanchu〈ねずみ〉	2012
ー	母音を重ねる /ː	まーす maasu〈塩〉、てぃーぱん tiipan〈手足〉、すーき suuki〈アコウの木〉、かけーず kakeezu〈トンボ〉、とぅもーる tumooru〈海〉	2013
っ	子音を重ねる	さったー sattaa〈砂糖〉、きっふ kihhwu〈煙〉、あっこん akkon〈芋〉、がっちゃー gacchaa〈三男〉、あっぱー appaa〈おばあさん〉	2014

9.4 宮良方言の文例

※方言を話せる人に向けて書く場合など、「＝」と「-」の記号は省略してもかまいません。

めーら＝ぬ　ゆんた、じらば

みやら＝でぃ　　いずそー＝や　　むかすぃ＝がら＝ぬ　　典型的な
miyara=di　　　izusoo=ya　　　mukasï=gara=nu　　　tenkeetekina
宮良＝と　　　　いうの＝は　　　昔＝から＝の　　　　　典型的な
(宮良というのは昔からの典型的な)

農民 - 社会　　　やり - き　　ゆんた　　じらば＝でぃ　　いず
noomin-shakai　yari-ki　　yunta　　jiraba=di　　　izu
農村 - 社会　　　だ - から　　ユンタ　　ジラバ＝と　　　いう
(農村社会だからユンタ・ジラバという)

むぬ＝ん＝どぅ　　でーずぃ＝ぬ　　しゅこー　　さかん　　ゆー。
munu=n=du　　　deedzï=nu　　　shukoo　　sakan　　yuu
もの＝が＝ぞ　　　とても＝の　　　ほどは　　　盛ん　　　です
(ものが非常に盛んです。)

あんずぃき　　くぬ　　ゆんた　　じらば＝やかー　　みやら＝んが　　のーばい＝どぅ
anzïki　　　kunu　　yunta　　jiraba=yakaa　　miyara=nga　　noobai=du
だから　　　この　　ユンタ　　ジラバ＝なら　　　宮良＝で　　　　どのように＝ぞ
(だからこのユンタ・ジラバなら宮良でどのように)

うきとぅらり　　のーばい＝どぅ　　うとぅどぅ＝ぬ　　めー＝げー　　つたいらり　　きーだ
ukiturari　　　noobai=du　　　　utudu=nu　　　　mee=gee　　　tsutairari　　kiida
受け取られて　　どのように＝ぞ　　後輩＝の　　　　　たち＝に　　　伝えられて　　来た
(受け取られてどのように後輩たちに伝えられてきた)

ゆー＝でぃ　　いず　　んめーま　　ばぬ＝なりに　　かんがい　　みる - かー　　おそらく
yuu=di　　　izu　　nmeema　　banu=narini　　kangai　　miru-kaa　　osoraku
か＝と　　　いう　　少し　　　　私＝なりに　　　考えて　　　みる - と　　　おそらく
(かということについて少し私なりに考えてみると、おそらく)

ゆんた＝とぅ　　じらば＝でぃ　　いず　　むのー　　むとぅむとー　　ちがう
yunta=tu　　　jiraba=di　　　izu　　munoo　　mutumutoo　　chigau
ユンタ＝と　　　ジラバ＝と　　　いう　　ものは　　もともと　　　　違う
(ユンタ・ジラバというものはもともと違う)

グループ=んが=どぅ　属ひー　うれーる　あらぬ=かやー=でぃ　ばー
guruupu=nga=du　zokuhii　ureeru　aranu=kayaa=di　baa
グループ=に=ぞ　　属して　いる　ではない=か=と　　私は
(グループに属しているのではないかと私は)

うもーりる　ゆー。でぃ　いず　そー=や　ゆんた=でぃ　いず　むのー　いずかー
umooriru　yuu　di　izu　soo=ya　yunta=di　izu　munoo　izukaa
思っている　です　と　いう　の=は　ユンタ=と　いう　ものは　言うならば
(思っています。というのはユンタというものは言うならば)

「ゆむ　うた」やり-きー　くれー　ゆんた=でぃ　いず-かー　のー=ん　問題=や
"yumu uta"　yari-kii　kuree　yunta=di　izu-kaa　noo=n　mondai=ya
ユム　ウタ　である-から　これは　ユンタ=と　いう-と　なに=も　問題=は
(「ユムウタ」だから、これはユンタというと何も問題)

ねーぬ-そんが　あんかー　問題=や　じらば=でぃ　いず　むのー
neenu-songa　ankaa　mondai=ya　jiraba=di　izu　munoo
ない-けれど　だが　問題=は　ジラバ=と　いう　ものは
(ないけれど、だが問題はジラバというものは)

の-いりゃー=でぃ　いざりる-かー　じらば=でぃ　いず　むぬ=ゆ
no-iryaa=di　izariru-kaa　jiraba=di　izu　munu=yu
なに-か=と　言われる-と　ジラバ=と　いう　もの=を
(何かと言われたら、ジラバというものを)

区別-ひー　しょーる　ぷぃとー　なま　おーらぬ　ゆー。
kubetsu-hii　shooru　pïtoo　nama　ooranu　yuu
区別-する　なさる　人は　今　おられない　です
(区別することができる人は今いらっしゃいません。)

あんそんが　ばー=や　ゆんた=とぅ　じらば=でぃ　いず　むのー
ansonga　baa=ya　yunta=tu　jiraba=di　izu　munoo
そして　私=は　ユンタ=と　ジラバ=と　いう　ものは
(そして私は、それでもユンタとジラバというものは)

むかすぃ=がら　びつびつ=ぬ　いずよー　ひー-おーれーる　グループ=んが
mukasï=gara　bitsubitsu=nu　izuyoo　hii-ooreeru　guruupu=nga
昔=から　別々=の　歌い方　する-なさる　グループ=に
(昔から別々の歌い方をしておられるグループに)

あるん　あらぬ-かやー=でぃ　うもーりる-き　ゆんた=とぅ　じらば=や
arun　aranu-kayaa=di　umooriru-ki　yunta=tu　jiraba=ya
ある　ではない-か=と　思っている-ので　ユンタ=と　ジラバ=は
(あるのではないかと思っているので、ユンタとジラバは)

やっぱり　　なま=やらばん　　しっかり　　ばぎて　　いざりる - よーな
yappari　　nama=yaraban　　shikkari　　bagite　　izariru-yoona
やっぱり　　今=も　　　　　　しっかり　　分けて　　歌われる - ような
(やっぱり今でもしっかり分けて歌われるような)

意味　　ありどぅる　　あらぬ - かやー=でぃ　　ばー　　うもーりる　　ゆー。
imi　　ariduru　　aranu-kayaa=di　　baa　　umooriru　　yuu
意味　　ある　　　　ではない - か=と　　　　私は　　思っている　　です
(意味があるのではないかと私は思っています。)

ばー　　いろいろ　　かんがい - そんが　　くぬ　　じらばー=でぃ　　いず　　むのー
baa　　iroiro　　kangai-songa　　kunu　　jirabaa=di　　izu　　munoo
私　　色々　　考える - けれども　　この　　ジラバ=と　　いう　　ものは
(私は色々考えているけれども、このジラバというものは)

えーま=ぬ　　地名=とぅ　　関係　　あるん　　あらぬ - かやー=でぃ
eema=nu　　chimee=tu　　kankee　　arun　　aranu-kayaa=di
八重山=の　　地名=と　　関係　　ある　　ではない - か=と
(八重山の地名と関係あるのではないかと)

うむいる　　ゆー。　地名=でぃ　　いず - そー=や　　いしなぎら=んが　　ある
umuiru　　yuu　　chimee=di　　izu-soo=ya　　ishinagira=nga　　aru
思っている　　です　　地名=と　　いう - の=は　　石垣=に　　　ある
(思っています。地名というのは、石垣にある)

じらーぱか　　いわゆる　　じらばが　　くぬ　　地名=ぬ　　あっ - そんが　　くれー
jiraapaka　　iwayuru　　jirabaga　　kunu　　chimee=nu　　as-songa　　kuree
ジラーパカ　　いわゆる　　ジラバガ　　この　　地名=が　　ある - けれども　　これは
(ジラーパカ、いわゆるジラバガ、この地名があるけれども、これは)

あざ　　いしがき=ぬ　　むとぅ　　なりる　　地名　　ゆー。
aza　　ishigaki=nu　　mutu　　nariru　　chimee　　yuu
字　　石垣=の　　もと　　なっている　　地名　　です
(字石垣のもとになっている地名です。)

くぬ　　じらばが=んが　　そーそーまかー=でぃ　　いず　　かー=ぬ　　あっ - そんが
kunu　　jirabaga=nga　　soosoomakaa=di　　izu　　kaa=nu　　as-songa
この　　ジラバガ=に　　ソーソーマカー=と　　いう　　井戸=が　　ある - けれども
(このジラバガにソーソーマカーという井戸があるけれども、)

くぬ　　じらばが=ぬ　　そーそーまかー=ば　　いじょーれる
kunu　　jirabaga=nu　　soosoomakaa=ba　　ijooreru
この　　ジラバガ=の　　ソーソーマカー=が　　歌われる
(このジラバガのソーソーマカーが歌われる)

じらばがぬそーそーまかーゆんた=でぃ　　　いず　うた=ん　あるん　ゆー。
jirabaganusoosoomakaayunta=di　　　　izu　uta=n　arun　yuu
ジラバガヌソーソーマカーユンタ=と　　　　　　いう　歌=も　　ある　　です。
(ジラバガヌソーソーマカーユンタという歌もあります。)

くぬ　　じらばがぬそーそーまかーゆんた、　くぬ　メロディ=でぃ　いず　むのー
kunu　jirabaganusoosoomakaayunta　　　kunu　merodi=di　izu　munoo
この　　ジラバガヌソーソーマカーユンタ　　　この　メロディ=と　いう　ものは
(このジラバガヌソーソーマカーユンタ、このメロディというものは)

ずま=ぬ　すま=んが=ん　ありどぅる　ゆー。
zuma=nu　suma=nga=n　ariduru　yuu
どこ=の　集落=に=も　　ある　　　です
(どこの集落にもあります。)

くり=ん=どぅ　じらばー=でぃ　いず　グループ=ゆ　かんがいる　ばしょ=んが
kuri=n=du　jirabaa=di　izu　guruupu=yu　kangairu　basho=nga
これ=が=ぞ　ジラバ=と　いう　グループ=を　考える　　とき=に
(これがジラバというグループを考えるときに)

いつぃばん　重要　あらぬ-かやー=でぃ　ばー　うむいる　ゆー。
itsïban　juuyoo　aranu-kayaa=di　baa　umuiru　yuu
いちばん　重要　ではない-か=と　　私は　思っている　です
(いちばん重要なのではないかと私は思っています。)

(中略)

あんずぃき　くり=ゆ　むとぅ=げ　ひーて　かんがいる-かー
anzïki　kuri=yu　mutu=ge　hiite　kangairu-kaa
だから　　これ=を　もと=に　して　考える-と
(だからこれをもとにして考えると、)

じらば=でぃ　いず　むのー　おそらく　じらばが=ぬ　ゆんた、
jiraba=di　izu　munoo　osoraku　jirabaga=nu　yunta
ジラバ=と　いう　ものは　おそらく　ジラバガ=の　　ユンタ、
(ジラバというものはおそらく、ジラバガのユンタ、)

じらばがゆんた=ぬ　なか=ぬ、　くぬ　地名=ば　とぅり
jirabagayunta=nu　naka=nu　kunu　chimee=ba　turi
ジラバガユンタ=の　　中=の　　この　地名=を　　取って
(ジラバガのユンタの中のこの地名を取って、)

じらばがゆんた=ぬ　　あと　　ゆんた=でぃ　　いず　　むのー　　必要(ひつよー)　　ねーぬ-きー
jirabagayunta=nu　　ato　　yunta=di　　izu　　munoo　　hitsuyoo　　neenu-kii
ジラバガユンタ=の　　あと　　ユンタ　　と　　いう　　もの　　必要　　ない-ので
（ジラバガのユンタのあと、ユンタというものが必要ないので、）

じらばが=げ　　なり　　かんて=どぅ　　なまー　　じらば=でぃ　　いず - よーな
jirabaga=ge　　nari　　kante=du　　namaa　　jiraba=di　　izu-yoona
ジラバ=に　　なって　　このように=ぞ　　今は　　ジラバ=と　　いう - ような
（「ジラバ」になり、このように今は「ジラバ」というような）

うた=ぬ　　でぃき、　じらばが=でぃ　　いず　　地名(ちめー)=ん=どぅ　　むとぅ=でぃ
uta=nu　　diki　　jirabaga=di　　izu　　chimee=n=du　　mutu=di
歌=が　　でき　　ジラバガ=と　　いう　　地名=が=ぞ　　もと=と
（歌ができ、もとはジラバガだと）

うもーりる　　ゆー。
umooriru　　yuu
思われる　　です
（思われます。）

謝辞

　著者らは宮良方言の書きかた執筆にあたり、本章の談話を提供してくださった新垣重雄氏を始め、多くの宮良方言の話者にご協力をいただいています。お忙しい中、方言研究の重要性を認めて貴重な時間を割いてくださる皆様方に心から感謝申し上げます。本章はこの話者の方々のご協力なしにはできませんでした。本章が昔から受け継がれてきた方言を後世に正確に伝える一端を担えていることを願います。
　本章には書ききれなかったまだ未解明の部分や間違いなどもあると思いますが、子孫にきちんとした方言を残し、より正確にするために努力していきたいと著者らは考えています。これからも話者の方々のご意見・ご協力をお願い致します。

第10章
波照間方言（沖縄県八重山郡竹富町波照間）

10.1 波照間方言を書くために

この章では波照間方言の書き方について具体的に説明します。後述する10.2で表記一覧、10.3で語例、10.4で文例を示しますが、まず10.1でこの方言を書くにあたって有用だと思われることをまとめておきます。

波照間方言は、日本最南端の有人島、波照間島で話されている方言です。波照間方言で使われている音を、10.2の表記一覧に挙げます。

波照間方言の音の特徴は、大きく3つあります。

1つ目の特徴は、とにかく語の始まりの息が強いことです。特に「ぱ行、た行、か行、ふぁ行、さ行」です。この息の強さはとても目立ちますが、表記には反映していません。

2つ目の特徴は、母音の種類が多いことです。日本語共通語では5つですが、波照間方言には7つ母音があります。共通語で用いられる仮名文字だけでは書ききれないので、本書の仮名表記では半濁点の記号「゜」（まる）を使うなどの工夫をして表せるようにしてあります（アルファベット表記ではïやëの記号を使います）。そのため例えば、「手」は「し shi」、「（鳥の）巣」は「すぃ sï」、汁物は「すんす sunsu」のように書き分けることができます。

3つ目の特徴は、波照間方言では音の上げ下げ（アクセント）が重要な役割を果たしていることです。例えば、「ずぃー dzïï」は、高い音から低い音で発音すると「血」、高い平らな音で「乳」、低い音から高い音に上げることで「土・地面」を意味します。この音の上げ下げもこの章では煩雑さを避けるために表記していませんが、もし表記したいという場合には、矢印の記号を使って「ずぃー↓」（血）、「ずぃー→」（乳）、「ずぃー↑」（土・地面）と表記してもよいかもしれません。

10.3には、各表記の語例を挙げています。表記一覧には、これまでの波照間方言に関する研究書に載っている表記を最大限載せました。このため、表記一覧には載せてあるものの、著者自身が話者から語例を確認できていない箇所には「著者未確認」と記しました。

最後に波照間方言を書く時のポイントを書いておきます。重要なのはご自身の発音を正直に書くことです。音が長い場合は「ー」、音が詰まる場合は「っ」を使って表記します。

自分はある単語を「ー」や「っ」を使って書くけれど、他の人は使わない、という状況が波照間方言では大変多くあります。例えば、「お腹」を意味する「ばったbatta」は、単独では小さい「つ」の記号「っ」を使いますが、「お腹がいっぱいです」を意味する「ばたんちゃんbatanchan」あるいは「ばたちゃんbatachan」では「ばた」に「っ」の記号を使わないと思います。このように、ご自分のその時々の発音によって「ー」や「っ」の記号を使ってみてください。

　日本語共通語の単語を使う場合は、漢字を使ってもよいかもしれません。例えば「しぇ」や「じぇ」という音は波照間方言では普通使わないので、本章の表記一覧には載っていません。しかし、共通語から取り入れた「先輩」や「全然」という語を発音する場合、「しぇんぱい」や「じぇんじぇん」と発音する方がいらっしゃるかもしれません。この場合、「しぇ she」や「じぇ je」という表記を使っても構いませんし、漢字を使うのも簡単な1つの方法です。ここで注意して頂きたいのは、方言話者同士でやりとりをする場合は漢字だけ書いても大丈夫なのですが、若い人に向けて書いたものや後世にまで残したいものを書く場合はぜひ「先輩（しぇんぱい）」「全然（じぇんじぇん）」のように方言での読み方を添えて頂きたいのです。それによって、方言の苦手な人や後世の人が現在の波照間方言の音がどうであったかを理解することができるからです。

　10.4には、本書で提案する表記法を用いた波照間方言のお話を載せました。このお話は、「にしむら nishimura」に住む田盛吉さんが話してくださったお話です。このお話の例を参考にすることで、日本語共通語だけでなく、方言でもいろいろなものが書けるのだということをわかって頂ければ嬉しい限りです。そして皆さんが普段使っている方言を書く際に、参考にして頂ければ幸いです。

10.2 波照間方言の表記一覧

後述する語例の表(10.3)で「著者未確認」としている表記は括弧に入れてあります。表中の「/」は、推奨するのは左側の表記ですが、どちらの表記を使ってもいいことを表します。

あ	い	う	え	お	いぴ / いぃ	(えぇ / ええ)
a	i	u	e	o	ï	(ë)

ぱ	ぴ	ぷ	ぺ	ぽ	ぴす / ぷす	ぺぇ / ぺえ
pa	pi	pu	pe	po	psï	pë

ぴゃ				(ぴょ)		
pya				(pyo)		

ば	び	ぶ	べ	ぼ	(ぶぴ / ぶぃ)	
ba	bi	bu	be	bo	(bï)	

(びゃ)				びょ		
(bya)				byo		

た	(てぃ)	とぅ	て	と		(てぇ / てえ)
ta	(ti)	tu	te	to		(të)

だ	(でぃ)	どぅ	で	ど		(でぇ / でえ)
da	(di)	du	de	do		(dë)

か	き	く	け	こ	(きぴ / きぃ くぴ / くぃ)	(けぇ / けえ)
ka	ki	ku	ke	ko	(kï)	(kë)

きゃ		きゅ		(きょ)		
kya		kyu		(kyo)		

が	ぎ	ぐ	げ	ご	(ぎぴ / ぎぃ ぐぴ / ぐぃ)	(げぇ / げえ)
ga	gi	gu	ge	go	(gï)	(gë)

ぎゃ		(ぎゅ)		(ぎょ)		
gya		(gyu)		(gyo)		
ふぁ	ふぃ	ふ	(ふぇ)	ふぉ	(ふぃ/ふぅ)	(ふぇ)
fa	fi	fu	(fe)	fo	(fï)	(fë)
ふゃ				(ふょ)		
fya				(fyo)		
や		ゆ		よ		わ
ya		yu		yo		wa
ま	み	む	め	も	むぃ/むい	めぇ/めえ
ma	mi	mu	me	mo	mï	më
みゃ				(みょ)		
mya				(myo)		
な	に	ぬ	ね	の	ぬぃ/ぬい	(ねぇ/ねえ)
na	ni	nu	ne	no	nï	(në)
(にゃ)		(にゅ)		(にょ)		
(nya)		(nyu)		(nyo)		
さ	し	す	せ	そ	すぃ/すい	(せぇ/せえ)
sa	shi/syi	su	se	so	sï	(së)
しゃ		しゅ		しょ		
sha/sya		shu/syu		sho/syo		
ざ	じ	ず	ぜ	ぞ	ずぃ/ずい	(ぜぇ/ぜえ)
za	ji/zyi	zu	ze	zo	dzï	(zë)
じゃ		(じゅ)		(じょ)		
ja/zya		(ju/zyu)		(jo/zyo)		

つぁ	ち	つ	つぇ	(つぉ)	つぃ/つぃ	(つぇ)
tsa	chi	tsu	tse	(tso)	tsï	(tsë)

ちゃ		ちゅ		(ちょ)		
cha		chu		(cho)		

は	ひ		へ	ほ		(へぇ/へぇ)
ha	hi		he	ho		(hë)

ひゃ						
hya						

ら	り	る	れ	ろ	るぃ/るぃ	(れぇ/れぇ)
ra	ri	ru	re	ro	rï	(rë)

りゃ		(りゅ)		りょ		
rya		(ryu)		ryo		

(ぷゎ)	ぶゎ	くゎ	(ぐゎ)	(ふゎ)	むゎ	
(pwa)	bwa	kwa	(gwa)	(fwa)	mwa	

(ぬゎ)	(すゎ)	(ずゎ)	(つゎ)	(るゎ)		
(nwa)	(swa)	(zwa)	(tswa)	(rwa)		

ん	ぷん	ー	っ			
n	hn	母音を重ねる /ː	子音を重ねる			

10.3 波照間方言の表記を使った語例

語の意味は〈 〉で括って示しています。表中の「/」は、推奨するのは左側の表記ですが、どちらの表記を使ってもいいことを表します。

あ	a	あん an〈粟〉、あまṣïくる amasïkuru〈頭〉、あなー anaa〈あるか?〉	0101
い	i	いな ina〈海〉、はいるん hairun〈食べられる〉	0102
う	u	うるずïん uruzïn〈春〉、うたま utama〈子ども〉、うぎるん ugirun〈起きる〉	0103
え	e	えなー enaa〈そうか〉、えやがら eyagara〈そうだから〉	0104
お	o	おー oo〈はい〉、おった otta〈カエル〉、おりゃたなー oryatanaa〈いらっしゃったか?〉	0105
いぃ / いい	ï	いぃ/いい ï〈ご飯〉、いぃまるぃ/いいまるい ïmarï〈ご飯茶碗〉	0110
えぇ / ええ	ë	著者未確認	0109
ぱ	pa	ぱー paa〈おばあさん〉、ぱな pana〈花、鼻〉、あすぃぱらー asïparaa〈遊びましょうね〉	0201
ぴ	pi	ぴー pii〈火、女性器〉、ぴん (/ぴぃん) ぴしゃん pin (/psïn) pishan〈おならをした〉	0202
ぷ	pu	ぷに puni〈骨〉、すぃぷすぃん sïpusïn〈ひざ〉	0203
ぺ	pe	ぺーかつぃ peekatsï〈南風〉、すーぺー suupee〈おたま〉	0204
ぽ	po	ぽー poo〈帆〉、ぽーつぃ pootsï〈ほうき〉	0205
ぴぃ / ぷぃ	psï	ぴぃみざ/ぷぃみざ psïmiza〈ヤギ〉、ぴぃま/ぷぃま psïma〈暇、時間〉	0206
ぺぇ / ぺえ	pë	ぺぇ/ぺえ pë〈ハエ〉	0210
ぴゃ	pya	かぴゃろー kapyaroo〈(草が) 生えているよ〉、しぴゃたん ひー shipyatan hii〈後ろの家〉	0226

ぴょ	pyo	著者未確認	0228
ば	ba	ばー baa〈私〉、あば aba〈油〉、ばーるん baarun〈笑う〉	0301
び	bi	いび ibi〈エビ〉、びどぅむ bidumu〈男〉、うーびやりょーばー uubiyaryoobaa〈いくらですか?〉	0302
ぶ	bu	ぶとぅ butu〈夫〉、ぶらぬ buranu〈いない〉	0303
べ	be	べ be〈私達〉、べすïま besïma〈私達の島=波照間島〉、べび bebi〈ちょっと〉	0304
ぼ	bo	なぼ na bo〈そこにいるよ〉、ぼま boma〈長女〉、やらぼい yaraboi〈屋良部〉	0305
ぶぃ / ぶぃ	bï	著者未確認	0307
びゃ	bya	著者未確認	0319
びょ	byo	びょはん byohan〈かゆい〉	0321
た	ta	たに tani〈種〉、たな tana〈田〉、たたぐん tatagun〈たたく〉	0401
てぃ	ti	著者未確認	0402
とぅ	tu	とぅん tun〈妻〉、あとぅ atu〈後〉、ぴｽとぅ / ぷｽとぅ psïtu〈人〉	0403
て	te	だーてー daatee〈あなた（は）〉、みざってー mizattee〈宮里〉	0404
と	to	ぱとん paton〈鳩〉、ぱとめー patomee〈鳩間〉	0405
てぇ / てぇ	të	著者未確認	0408
だ	da	だー daa〈あなた〉、んだすん ndasun〈出す〉	0501
でぃ	di	著者未確認	0502

10.3 波照間方言の表記を使った語例

どぅ	du	どぅー duu 〈胴、自分〉、んどぅぬ ndunu 〈出ない〉	0503
で	de	でーら deera 〈とても〉、にしでー nishidee 〈宮良〉	0504
ど	do	どーじん doojin 〈どうぞ〉、きゃどー kyadoo 〈来たよ〉	0505
でぇ / でぇ	dë	著者未確認	0508
か	ka	かつぃ katsï 〈風〉、かぱはん kapahan 〈いい匂い〉	0601
き	ki	きぷすぃ kipusï 〈煙〉、ながしきば naga shikiba 〈そこに置きなさい〉	0602
く	ku	く ku 〈粉〉、くば kuba 〈来い〉	0603
け	ke	けー kee 〈井戸〉、ごっかけ gokkake 〈(ニワトリの) 卵〉	0604
こ	ko	やっこん yakkon 〈やかん〉、こん kon 〈買う〉	0605
きぃ / きぃ くぃ / くぃ	kï	著者未確認	0607
けぇ / けぇ	kë	著者未確認	0609
きゃ	kya	こんた きゃろー konta kyaroo 〈買いに来たよ〉	0628
きゅ	kyu	きゅー kyuu 〈今日〉	0629
きょ	kyo	著者未確認	0630
が	ga	かんがん kangan 〈鏡〉、けーが んぐん keega ngun 〈井戸に行く〉	0701
ぎ	gi	そーぎ soogi 〈ざる〉、んぎば ngiba 〈行け〉	0702
ぐ	gu	ぐっつぇー guttsee 〈雄牛〉	0703

げ	ge	いげばり igebari〈交差〉、んげ おりした nge orishita〈お召し上がりになって〉、めむげー memugee〈前迎〉	0704
ご	go	ごっか gokka〈ニワトリ〉、ごーび / んごーび goobi/ngoobi〈たくさん〉	0705
ぎぱ / ぎぃ ぐぱ / ぐぃ	gï	著者未確認	0707
げぇ / げぇ	gë	著者未確認	0709
ぎゃ	gya	んぎゃろー ngyaroo〈行ったよ〉、たたぎゃん tatagyan〈叩いた〉	0717
ぎゅ	gyu	著者未確認	0718
ぎょ	gyo	著者未確認	0719
ふぁ	fa	まっふぁ maffa〈枕〉、んまん っふぁ nman ffa〈馬の鞍〉、ぬっふぁいたん nuffaitan〈眠れた〉	0801
ふぃ	fi	あみんどう ふぃぎしゃさろー amindu figishasaroo〈雨が降りそうだ〉	0802
ふ	fu	ふーふもん fuufumon〈黒雲（雨雲）〉、すぃふく sïfuku〈クモ〉	0803
ふぇ	fe	著者未確認	0804
ふぉ	fo	あみんどうっふぉ amindu ffo〈雨が降るよ〉	0805
ふぃ / ふぅ	fï	著者未確認	0806
ふぇ	fë	著者未確認	0808
ふゃ	fya	あみんどう ふゃろー amindu fyaroo〈雨が降っているよ〉、ぬっふゃんかやー nuffyankayaa〈寝たかね?〉	0809
ふょ	fyo	著者未確認	0811
や	ya	いや iya〈お父さん〉、ぶや buya〈おじいさん〉、やむん yamun〈痛む〉	1001

ゆ	yu	ゆーねん yuunen〈夕方〉、ゆる yuru〈夜〉、ゆーつぃ yuutsï〈4つ〉、にーはゆー niihayuu〈ありがとう〉	1003
よ	yo	よはん yohan〈弱い〉、あっさよー assayoo〈あれまあ〉、えーる よたろらー eeru yotaroraa〈そうだったよね?〉	1005
わ	wa	えわー ewaa〈そうよね〉、しわし びりゃろー shiwashi biryaroo〈心配しているよ〉	1101
ま	ma	あまー amaa〈姉さん〉、うたま utama〈子ども〉、ぬまぬ numanu〈飲まない〉	1201
み	mi	みどぅむ midumu〈女〉、みしゃはん mishahan〈よい〉	1202
む	mu	むがすぃ mugasï〈昔〉、むんだへ mundahe〈思い出せ〉、むっさはたん mussahatan〈面白かった〉	1203
め	me	めーぬ ぴぃん meenu psïn〈前の日〉、むすぃめ musïme〈もち米〉	1204
も	mo	もが くば moga kuba〈こっちに来い〉、もぬ monu〈いない〉、えやた もー eyata moo〈そうだと思う〉	1205
むぃ / むぃ	mï	むぃーつぃ / むぃーつぃ (/みーつぃ) mïïtsï (/miitsï)〈3つ〉	1207
めぇ / めぇ	më	めぇー / めぇー (/めー) mëë (/mee)〈米〉	1209
みゃ	mya	みゃん myan〈膿〉、ゆみゃん yumyan〈読んだ〉、みゃたんひー myatanhii〈前の家〉	1224
みょ	myo	著者未確認	1226
な	na	なん nan〈波、名〉、ながしきば naga shikiba〈ここに置け〉、えなー enaa〈そうか〉	1301
に	ni	ぷに puni〈骨〉、さにしゃん sanishan〈うれしい〉、えに おったっちゅ eni ottacchu〈言ってらっしゃったそうだ〉	1302
ぬ	nu	うぬ ぴぃとぅ unu psïtu〈あの人〉、ぬまぬ numanu〈飲まない〉、ぬーや nuuya〈何だ〉	1303
ね	ne	ねぬ nenu〈ない〉	1304
の	no	のーずぃん noozïn〈虹〉、のーるん noorun〈治る〉	1305

ぬぱ / ぬぃ	nï	ぴｽぬぃ / ぴｽぬい (/ぴｽに) psïnï (/psïni)〈ひげ〉、めーぬぃ/めーぬい (/めーに) meenï (/meeni)〈前野〉	1306
ねぇ / ねぇ	në	著者未確認	1308
にゃ	nya	著者未確認	1323
にゅ	nyu	著者未確認	1324
にょ	nyo	著者未確認	1325
さ	sa	さー saa〈お茶〉、さき saki〈酒〉	1401
し	shi/syi	し shi/syi〈手〉、あし ashi/asyi〈汗〉、ししゃん shishan/syishan〈知っている〉	1402
す	su	すーぺー suupee〈おたま〉、すんす sunsu〈汁物〉	1403
せ	se	せー see〈酢の物〉、せー (/しぇー) see (/shee)〈ほら、さあ〉	1404
そ	so	ゆみんどうそ yumindu so〈読むよ〉、っそー ssoo〈着るよ〉	1405
すぱ / すぃ	sï	すぱ / すぃ sï〈巣〉、すぱーすぱー / すぃーすぃー sïïsïï〈獅子〉、すぱた / すぃた sïta〈舌〉	1407
せぇ / せぇ	së	著者未確認	1410
しゃ	sha/sya	しゃしゃびら shashabira/syasyabira〈しゃもじ〉、そーしゃん sooshan/soosyan〈白い〉、まはしゃん mahashan/mahasyan〈おいしそう〉	1419
しゅ	shu/syu	みしゅ mishu/misyu〈味噌〉、みしゅくるみん (/みしくるみん) mishukurumin/misyukurumin (/mishikurumin)〈耳〉	1420
しょ	sho/syo	いしょん ishon/isyon〈砂〉	1422
ざ	za	うつぃざ utsïza〈兄弟〉、いざんだ izanda〈一生懸命〉、ざがる おりゃばー zagaru oryabaa〈どちらにいらっしゃいますか?〉	1601
じ	ji/zyi	じんと jinto/zyinto〈空〉、うたまんじ utamanji/utamanzyi〈子ども達〉、でーじ deeji/deezyi〈大変〉	1602

ず	zu	ずばぐ zubagu〈重箱〉、ひにんず hininzu〈家族〉	1603
ぜ	ze	とぅーぜー tuuzee〈東事〉	1604
ぞ	zo	ぞー zoo〈門〉、さーぞっか saazokka〈急須〉	1605
ずぃ / ずぃ	dzï	ずぃー / ずぃー dzï〈血、地、乳〉、みずぃ / みずぃ midzï〈水〉、ずぃん / ずぃん（/じん）dzïn（/jin）〈お金〉	1607
ぜぇ / ぜぇ	zë	著者未確認	1609
じゃ	ja/zya	じゃんちゃん janchan/zyanchan〈ぴょんぴょん〉	1619
じゅ	ju/zyu	著者未確認	1620
じょ	jo/zyo	著者未確認	1622
つぁ	tsa	あっつぁ attsa〈明日〉、ふつぁ futsa〈草〉	1701
ち	chi	ふちり fuchiri〈薬〉、しとむち shitomuchi〈朝〉	1702
つ	tsu	ぷつ（/ ぷっつぃ）putsu（/puttsï）〈星〉、ふつ futsu〈大便〉	1703
つぇ	tse	かっつぇー kattsee〈勝連〉	1704
つぉ	tso	著者未確認	1705
つぃ / つぃ	tsï	ぶとぅつぃ / ぶとぅつぃ bututsï〈おととい〉、ふつぃ / ふつぃ futsï〈口〉	1711
つぇ	tsë	著者未確認	1709
ちゃ	cha	ぬまんちゃ ならぬ numancha naranu〈飲まないといけない〉	1721
ちゅ	chu	まちゅ machu〈まつ毛〉、うやんちゅ uyanchu〈ねずみ〉、かちゅ kachu〈鰹〉	1722

ちょ	cho	著者未確認	1724
は	ha	はー haa〈自分〉、まはん mahan〈おいしい〉、ごはん gohan〈怖い〉	1801
ひ	hi	ひー hii〈家〉、ひるん hirun〈あげる〉	1802
へ	he	へば heba〈食べろ〉、すぃかへたぼりー sïkahetaborii〈聞かせてください〉	1804
ほ	ho	ほたろー hotaroo〈食べたよ〉	1805
へぇ / へえ	hë	著者未確認	1808
ひゃ	hya	ひゃん hyan〈食べた〉、あらひゃん arahyan〈洗った〉	1816
ら	ra	えわらー ewaraa〈そうだよね〉、ばがらぬ bagaranu〈わからない〉、うらんげー urangee〈浦仲〉	1901
り	ri	ぱり pari〈針〉、くり kuri〈これ〉、ぴぅすぃまり (/ぴぅすぃまるぃ) psïsïmari (/psïsïmarï)〈昼〉	1902
る	ru	ぱるみゃん parumyan〈妊娠した〉、むるーむるしゃん muruumurushan〈丸々・つるつるしている〉	1903
れ	re	っされー ssaree〈ごめんください〉、たむれー tamuree〈田盛〉	1904
ろ	ro	えんたろー entaroo〈言ったよ〉	1905
るぃ / るい	rï	かばるぃ / かばるい (/ かばり) kabarï (/kabari)〈皮〉、すぃぷるぃん / すぃぷるいん sïpurïn〈冬瓜〉、がるぃすぃ / がるいすぃ (/ がらすぃ) garïsï (/garasï)〈カラス〉	1906
れぇ / れえ	rë	著者未確認	1908
りゃ	rya	みりゃん miryan〈見た〉、へびりゃろー hebiryaroo〈食べているよ〉	1921
りゅ	ryu	著者未確認	1922
りょ	ryo	えーやりょーなー eeyaryoonaa〈そうなんですか〉	1923

10.3 波照間方言の表記を使った語例

ぷゎ	pwa	著者未確認	0238
ぶゎ	bwa	あぶゎ (/ あほあ / あほ) abwa (/aboa/abo) 〈お母さん〉	0312
くゎ	kwa	くゎん kwan 〈棺〉、くゎい kwai 〈会、回〉	0612
ぐゎ	gwa	著者未確認	0726
ふゎ	fwa	著者未確認	0812
むゎ	mwa	むゎいるん (/ むあいるん) mwairun (/muairun) 〈思える〉	1236
ぬゎ	nwa	著者未確認	1337
すゎ	swa	著者未確認	1432
ずゎ	zwa	著者未確認	1618
つゎ	tswa	著者未確認	1714
るゎ	rwa	著者未確認	1930
ん	n	んた nta 〈土〉、んじん njin 〈出る〉	2012
ん̥	hn	ぴ̥ーつぃ hnntsï 〈6つ〉、ぴ̥ーすぃん hnnsïn 〈6本〉	2015
ー	母音を重ねる /:	まーす maasu/ma:su 〈塩〉、ばー baa/ba: 〈私〉	2013
っ	子音を重ねる	おった otta 〈カエル〉、ばった (/ ばた) batta (/bata) 〈お腹〉	2014

10.4 波照間方言の文例

とーふ
toofu
豆腐
（豆腐）

ゆーじぬ	ばしゅあ	まー	とーふ	すぃくるんた	まー
yuujinu	bashua	maa	toofu	sïkurunta	maa
用事の	時は	まあ	豆腐	作ると	まあ

（何か用事がある時は、まあ、豆腐を作ろうと、まあ）

いなち	んぎ	ぶす	ふむんた	ぶすや	あますぃくるなが
inachi	ngi	busu	fumunta	busuya	amasïkurunaga
海へ	行って	海水	汲むと	海水は	頭の上に

（海へ行って、海水を汲もうと、海水は頭の上に）

ふみ	かまちる	むち	くたろー
fumi	kamachiru	muchi	kutaroo
汲んで	頭に乗せてが	持って	来たよ

（汲んで、頭に乗せて持ってきたよ。）

えした	あぼいま	よー	ぶすがしや	じぇったい
eshita	aboima	yoo	busugashiya	jettai
そして	母親達	ね	海水だけは	絶対

（そしてお母さん達は、ね、海水だけは絶対に）

くぱすなよーた	むっとぅ	くぱすなよーた	くぱすちゃ
kupasunayoota	muttu	kupasunayoota	kupasucha
こぼすなよと	絶対に	こぼすなよと	こぼしたら

（こぼすなよ、と。絶対にこぼすなよ、と。こぼしたら）

また	んぎ	ぶす	ふまるぬがらよー
mata	ngi	busu	fumarunugarayoo
また	行って	海水	汲めないからね

（また行って海水を汲むことはできないからね、）

みしくゎーみしくゎー	ま	かまち	くよーたる
mishikwaamishikwaa	ma	kamachi	kuyootaru
気を付けて	ま	頭に乗せ	来なさいよとが

（注意して、ま、頭に乗せてきなさいよ、と）

えー	とぅすぃか	おたろー	
ee	tusïka	otaroo	
そう	言い聞かせて	いらっしゃったよ	

(そう私達に言い聞かせていらっしゃったよ。)

えちる	とーふ	すぃくるたろー	ぶすみずぃし
echiru	toofu	sïkurutaroo	busumidzïshi
そうやってが	豆腐	作ったよ	海水で

(そうやって豆腐を作ったよ、海水で。)

謝辞

　本章に載せたお話の録音、書き起こしに際し、田盛吉さんに大変お世話になりました。田盛吉さんをはじめ、著者に方言を教えてくださっている屋良部ヒデさん、鳩間末さん、前迎スミさん、宮良英子さん、その他、調査を支えてくださっている方々に、心よりお礼を申し上げます。ありがとうございました。

第11章

与那国方言（沖縄県八重山郡与那国町）

11.1 与那国方言を書くために

この章では与那国のことばの書き方について具体的に説明します。後述する11.2で表記一覧、11.3で語例、11.4で文例を示しますが、まず11.1でこのことばを書くにあたって有用だと思われることをまとめておきます。

与那国のことばは日本最西端の与那国島で話されていることばです。与那国島には祖納（そない）、比川（ひがわ）、久部良（くぶら）の三つの集落がありますが、島外からの移民の多い久部良では伝統的な与那国のことばを使う人は他の集落ほど多くはいません。また琉球のことばは同じ島の中でも集落が違うと会話ができないほど違うことばが多いですが、与那国島の祖納と比川で話されていることばは、多少の違いはありますがそのように大きく違うということはありません。この章で紹介する表記法は、祖納と比川で話されていることばを書き表すものとします。

◆与那国方言の音と表記

与那国のことばは基本的に「あ、い、う」の三つの母音を持つことばで、「え、お」の段は特別な場合以外は使われません。主に文や単語の最後に「い」の段、「う」の段の音が来る場合に、それらが「え」の段、「お」の段のように発音されることがあります（例：「きー わり」～「きー われ」（しなされ（してください）））。ですからこれらの音は基本的には「い」の段「う」の段の音として扱います。しかし決まって「え」、「お」、「ど」として現れる言葉があるので、この三つは11.2と11.3の最後に掲載します。また、小さい「ゃ」の付く「きゃ、きゅ」のような記号と、小さい「ゎ」の付く「くゎ」のような音は、これまで確認できた言葉が少ないのでここに多くは掲載できません。しかし動詞の形式の一部（例：「きゃん」（した）＜「きるん」（する））として現れる可能性があるので、語例が確認できていない表記は「著者未確認」としてすべて11.3に掲載します（著者未確認でも『与那国語辞典』（池間 2005）から引用した語はページ番号を付して掲載します）。

他に現代日本語共通語と大きく違うところは、発音記号では [ŋ] で表される鼻濁音と

呼ばれる音が単語の意味を変える音（音素といいます）として使われること、「ん」の音で始まる単語があること、外来語でなくても「トゥモロー」の「とぅ」のように小さい「ぃ、ぅ」が付くような音があること、「ʻ」付きの記号で表す音があることがあげられます。鼻濁音は「゜」（半濁点：コンピュータや携帯電話で書くときは「まる」や「はんだくてん」の変換候補として出てきます）を使って「か゚、き゚、く゚」で表記し（例：みぬか゚（女））、「ん」はそのまま単語の最初の文字として使います（例：んま（馬））。「とぅ」のような音は現代日本語共通語をカタカナで書くときと同じように、小さい「ぃ、ぅ」などを使って書きます。これらの音は例えば「てぃだん」（太陽）、「どぅらい」（集まり）のように長音記号「ー」無しの「どぅ」だけで表します。また長音を表すには「ー」を使い、小さい「ぁ、ぃ、ぅ」は伸ばす音としては使いません。

「た」行、「か」行の文字は現代日本語共通語とほぼ同じ音の「た、てぃ、とぅ」「か、き、く」と、これらに濁点のついた「だ、でぃ、どぅ」「が、ぎ、ぐ」の他に、現代日本語共通語の促音（「たった」の「った」の部分）のように発音される音があります。これら促音のように聞こえる音は「ʻ」（ちょん）記号をつけて「ʻた、ʻてぃ、ʻとぅ」「ʻか、ʻき、ʻく」と表記します。つまり同じ「た」という文字が使われていても、「た」（田んぼ）・「だ」（家）・「ʻた」（舌）のように補助記号無し、濁点記号（てんてん）付き、「ʻ」記号（ちょん）付きで意味が変わるということです。音が似ているため、「ʻた」の代わりに「った」と表記するなど、「ʻ」付きの記号の代わりに「っ」を使う表記法もあるようですが、「ʻ」付きの記号が表す音に「っ」は使いません。すぐ下で説明しますが、将来促音が与那国のことばの表記に必要となったときのために促音記号を残しておくためです。また現代日本語共通語の「つぁ、ち、つ」「ぱ、ぴ、ぷ」に近い音はほぼ常に少し強めに発音され、琉球のことば全体を見たときは「ʻつぁ、ʻち、ʻつ」「ʻぱ、ʻぴ、ʻぷ」の文字で表す方が正確で実際の発音には近いかもしれませんが、促音や「ʻ」記号は使いません（「ʻ」記号に関しては下で解説します）。

◆『与那国語辞典』と違うところ

この章で提案する表記法は『与那国語辞典（池間 2005）』とは少し違うところがありますが、ほぼすべて対応する記号があります。『与那国語辞典』は基本的にカタカナで表記していて、この本の「ʻ」付きの記号を太字のひらがなで表記しています。この章で提案する表記法は、この本の第２部の冒頭に書いたとおりカタカナは外来語や擬音語・擬声語、固有名詞に使うことができるようにして、他の言葉はすべてひらがなで書けるように「ʻ」付きの記号を用います（例　『与那国語辞典』：**く**ユ（月）、本書表記法：ʻくゆ（月））。また『与那国語辞典』では鼻濁音を「んか゚、んき゚、んく゚」の二つの記号で書き表していますが、この章では「か゚、き゚、く゚」と一つの記号で表記します。例えば、白髪のことを

「つぁぎ°」と二拍で発音したり「つぁんぎ°」と三拍で発音したりする場合がありますが、『与那国語辞典』の表記法では後者は「つぁんんぎ°」となってしまいわかりにくくなってしまうためです。

　『与那国語辞典』には「アッタ」（明日）などのように促音が使われていますが、この章では与那国のことばには促音記号は必要ないという考え方をしています。すぐ下にも書きますが、「ʻ」付きの記号の音は現代日本語共通語の促音に似ており、「つぁ、ち、つ」「ぱ、ぴ、ぷ」や単語の途中の「た、てぃ、とぅ」「か、き、く」は「ʻ」付きの記号の音に近く発音されることが多いため、促音のように聞こえることがあるかもしれません。また「みた」（鶏）、「あた」（明日）などいくつかの単語に関しては、「みった」「あった」のように促音記号がある方がしっくりくると感じる方が多いようです。しかし例えば「あたん」（あった）と「あったん」（明日も）のように促音の有無だけで意味の違いが表されるような単語の対を使った実験音声学的な研究が進んでいないため、現時点では促音記号は使わないことにしています。とはいっても、母語話者の方が「この音は現代日本語共通語の促音と同じだ」と思う場合はそのように書き表せるように、11.2に促音記号「っ」を掲載します。同じ理由で長音記号「ー」もこの章の表記法では語の引用形としては使いませんが（後述するように文例では使います）、必要と感じた場合は使うことができるように11.2に長音記号「ー」を掲載します。与那国のことばの研究はまだまだ進んでいません。これまでの研究で確認されていなくても、与那国のことばの特徴として書き記す必要があるとわかったとき、正確に表記できるようにこれらの記号が用意されているということです。このすぐ下で説明する「ʻ」記号付きの文字に関しても同様で、母語話者の方が必要だと思う表記法は、すべて用意されています。

◆与那国方言を書くときの注意点

　この章では「ʻ」記号付きの文字に関して、「琉球のことばの音は、違う地域で話されていることばであっても、同じ音は同じ文字で表記する」というこの本全体のテーマから少し逸脱する表記法を提案します。理由は、与那国のことばでは単語の初めのt, kの音以外では「ʻ」有無の対立が観察されていないこと、そして単語の初めのt, kの音以外は、母語話者であっても「ʻ」記号付きの文字で表される音かどうかの認識がそれほど明確ではない場合が多いこと、さらに単語の初めのt, k以外では「ʻ」記号の有無の対立が自由変異である（どちらでもよい）場合が多いからです。よってこの章では、**音の違いが重要な、単語の初めの「ʻた、ʻてぃ、ʻとぅ」「ʻか、ʻき、ʻく」の音のみ「ʻ」付きの記号を使い、単語の途中と「ぱ、ぴ、ぷ」「つぁ、ち、つ」の音には「ʻ」記号を付けないことにします。**『与那国語辞典』の著者である池間苗さんは一貫して、「つぁ、ち、つ」「ぱ、ぴ、ぷ」と単語の途中のt, kはひらがな太字で表記し、この本の「ʻ」記号付きの文字が表す音と

しています。しかしこの表記法がすべての母語話者の直感に当てはまるとは言えず、また単語によっては単語の途中だからといって「゚」付きの記号で表記することが適切ではないものもいくつかあります（例えば「しかま」（仕事）という単語は、途中にあらわれる「か」を「゚か」と「゚」付きの文字で表記することに違和感がある方が多いようです）。単語の途中のt, kや「つぁ、ち、つ」「ぱ、ぴ、ぷ」を書くときに「゚」記号無しの文字ではしっくりこない場合は「゚」記号付きの文字で書き、一連の文章を書くときに一貫していれば、この章で提案する太字の簡易表記ルールを無視して書いても構いません。

　最も大事なことはこの章で提案する表記法に正確に従うことではなく、**同じ音は同じ文字で表記する**ということです。この章の表記法はこのことが達成できる最小限の文字を使っているので、自然と同じ表記法になると思います。強調するときやゆっくり話すとき、話す相手や場面など、言い方によって単語の音が違うように感じるときもあるかもしれません。しかし限られた文字の種類で、無限にある言い方を表記することはできません。また場面や言い方に合わせて書き方を変えると、与那国のことばがわかる人は同じ単語と認識できても、わからない人は同じ単語であると認識できません。ある単語がどんな場面で使われても変わらない部分を書き表します。ごく普通に発音するとき、例えば辞書に載せるとしたらどのように書くかということを考えて書いてみてください。

　与那国のことばはわからないが日本語がわかる人は、現代日本語共通語になくて与那国のことばにある音、つまり「か゚、き゚、く゚」と「゚」記号が付く文字の音に注意します。「か゚、き゚、く゚」の音は「が、ぎ、ぐ」や「んが、んぎ、んぐ」のように聞こえ、「゚」記号付きの文字の音は「゚」記号無しの文字の音や前に小さい「っ」があるように聞こえることがあるので、これらの音が聞こえたときは正しい音を表記するよう気をつけます。

　例えば白髪という単語は「つぁき゚」と発音する人も「つぁんき゚」と発音する人もいて、さらにどちらの発音でも正しいと言う人もいます。促音記号の「っ」や長音記号の「ー」に関しても同様のようです。「ん」、「っ」、「ー」を書くべきか迷うときは、拍数を手掛かりにします。この章の表記法は「てぃ」、「どぅ」、「きゃ」、「くゎ」などで使われ、前の文字の補助記号として使われる小さい「ぃ」、「ぅ」、「ゃ」、「ゎ」以外、一つの文字が一拍に対応します。先の例だと白髪という単語を発音するときに一つの音に一回手を叩きながら、「つぁ（パチン）・き゚（パチン）」と二回手を叩いたら二拍、つまり「ん」無しの「つぁき゚」と表記します。一方「つぁ（パチン）・ん（パチン）・き゚（パチン）」と三回手を叩いても不自然ではなかったら三拍、つまり「ん」ありの「つぁんき゚」です。どちらでもいい場合はどちらの表記でも構いませんが、「゚」記号付きの文字が表す音の影響で「ん」が聞こえることが多いようなので、「ん」無しの表記を推奨します。

　一拍の単語が、他の言葉とくっつかずに発音される場合は「きー」（木）、「きー　ぶん」（している）のように長音の記号「ー」を使って書く方が実際の発音に近いかもしれませ

ん。一方後ろに他のことばが付くときは「きぬ　ない」（木の実）、「きどぅ　ぶる」（してぞいる）のように、それほど長く発音されない方が自然です。与那国のことばの文法知識から一拍の単語の長音化は予測でき、また先の「˙」記号が付く文字の音と比べて音の長短はほとんどの人に認識されるようなので、11.3 など語例として取り上げるときを除き、11.4 など一連の文からなる文章を書くときは「ー」記号は実際の発音に合わせて表記することにします。

　最後に、11.2、11.3 では「ぱ゚」の音など一部の表記がアルファベット表記では ŋa / ~ga のように「/」で区切られて二種類掲載されていますが、これらはどちらを使っても構いません。また、ここで提案する文字よりもしっくりくる文字があれば、そちらを使いたいと思うこともあるかもしれません。その文字を使って文章を書く場合は、その文字がこの章のどの文字に対応するかをどこかに書いていただけると、より多くの人に誤解なく伝えることができると思います。

◆ **文例について**

　11.4 では実際にこの章の表記法を使って与那国のことばを書いた例を紹介します。単語のまとまりごとに分かち書きをして、一段目に与那国のことばのひらがな表記、二段目に与那国のことばのアルファベット表記、三段目に現代日本語共通語の単語ごとの訳（逐語訳）、四段目に現代日本語共通語訳という形式を採用しています。そのことばがまったくわからない人に配慮する場合には、このように単語のまとまりごとに分かち書きをした一・二段目のどちらかと、三段目、四段目まで含めた三段形式が一般的です。さらに単語と助詞・付属語（現代日本語共通語では「今日は」の「は」や、「おじいさんが」の「が」）の境界に「＝」記号を付し、この表記法を用いて書かれた文章を使って与那国のことばを学ぶ際などの助けになるようにしてあります。この章の最後に「＝」が挿入される語例を表にまとめました。一段目と二段目はどちらか一方で構いませんし、普段から与那国のことばを使っている人にとっては三段目や四段目、「＝」記号は少し煩雑かもしれませんが、子どもや孫の世代、島外の人も与那国のことばを読んで知ることができるというのが、ことばを文字で書き表すということです。母語話者どうしがやりとりする手紙などの文章ではこれらは省略しても構いませんが、人によっては一・二段目のどちらかだけでなく、三段目、四段目まで含めた三段形式の記述方法が与那国のことばの学習の助けになるということを覚えておいてください。

　現代日本語共通語や外国語の単語を与那国のことばの日常会話で使うこともあると思います。それらの単語の発音には与那国のことばが持たない音を使うこともあるので、現代日本語共通語で使われているひらがな・カタカナを使って表記します。本表記法は現代日本語共通語と矛盾しないように作られているので問題ありません。

動詞などの文の述語となる言葉は、文例の「つぁみらにぬたば」（着させられなかったら）のようにたくさんの要素が入った一つの語として扱っています。これはひらがな表記では細かく分けることができないためです。アルファベット表記の場合でも、与那国のことばの動詞の仕組み全体の分析をしないと一貫して細かい要素に分けることができません。例外として、「うい　ぶん」（織って　いる）、「うい　わるん」（織り　なさる）、「うい　とぅらん」（織り　取らせる）の「ぶん」「わるん」「とぅらん」などごく一部の語は本動詞と分けて書いていますが、実際に書くときは述語部分の分かち書きはそれほど気にしなくても問題ありません。

　11.4の文例には伝統的なことわざ、昔話の語り出し、そして日常会話を少しずつ収録しました。ことわざや昔話、伝統的な歌などは書き記して広めたり残したりすることで、与那国のことばや文化をより深く知る助けになるものとしてわかりやすいものかもしれません。しかし話者どうしの何気ない日常会話や個人的な日記、覚え書きなどこそ、実はありのままのことばの使われ方を知る上では重要な資料なのです。この本の著者は全員、各自が調査していることばのこのような資料を収集し記録保存を行っていますが、一人でできる量には限界があります。もしこの本を手に取った方がここで提案されている表記法と四段あるいは三段形式の記述方法を使って与那国のことばの実際の使用を記録してくださったら、それは島のことばを残し伝える上で大変重要な資料がより多く生産されることを意味します。母語話者の方はぜひ普段使っていることばを書いてみたり、母語話者でなくても耳にした与那国のことばを人に聞きながら書き留めてみてください。

11.2 与那国方言の表記一覧

後述する語例の表 (11.3) で「著者未確認」としている表記は括弧に入れてあります。表中の「/」は、推奨するのは左側の表記ですが、どちらの表記を使ってもいいことを表します。

あ	い	う			
a	i	u			

か	き	く	きゃ	(きゅ)	くゎ
ka	ki	ku	kya	(kyu)	kwa

が	ぎ	ぐ	ぎゃ	(ぎゅ)	ぐゎ
ga	gi	gu	gya	(gyu)	gwa

'か	'き	'く	('きゃ)	('きゅ)	'くゎ
k'a	k'i	k'u	(k'ya)	(k'yu)	k'wa

が	ぎ	ぐ	ぎゃ	(ぎゅ)	ぐゎ
ŋa/~ga	ŋi/~gi	ŋu/~gu	ŋya/~gya	(ŋyu/~gyu)	ŋwa/~gwa

さ	し	す	しゃ	(しゅ)	すゎ
sa	shi/syi	su	sha/sya	(shu/syu)	swa

た	てぃ	とぅ	(てゃ)	(てゅ)	とゎ
ta	ti	tu	(tya)	(tyu)	twa

だ	でぃ	どぅ	でゃ	(でゅ)	(どゎ)
da	di	du	dya	(dyu)	(dwa)

'た	'てぃ	'とぅ	('てゃ)	('てゅ)	('とゎ)
t'a	t'i	t'u	(t'ya)	(t'yu)	(t'wa)

つぁ	ち	つ	ちゃ	(ちゅ)	(つゎ)
tsa	chi	tsu	cha	(chu)	(tswa)

な	に	ぬ	(にゃ)	にゅ	ぬゎ
na	ni	nu	(nya)	nyu	nwa
は	ひ	ふ	(ひゃ)	ひゅ	ふゎ
ha	hi	hwu	(hya)	hyu	hwa
ば	び	ぶ	びゃ	びゅ	ぶゎ
ba	bi	bu	bya	byu	bwa
ぱ	ぴ	ぷ	(ぴゃ)	(ぴゅ)	ぷゎ
pa	pi	pu	(pya)	(pyu)	pwa
ま	み	む	みゃ	みゅ	むゎ
ma	mi	mu	mya	myu	mwa
や		ゆ			
ya		yu			
ら	り	る	りゃ	(りゅ)	(るゎ)
ra	ri	ru	rya	(ryu)	(rwa)
わ					
wa					
ん	(ー)	(っ)	え	お	ど
n	母音を重ねる /ː	子音を重ねる	e	o	do

11.3 与那国方言の表記を使った語例

語の意味は〈 〉で括って示しています。表中の「/」は、推奨するのは左側の表記ですが、どちらの表記を使ってもいいことを表します。ページ番号が付してあるのは、その語が「著者未確認」ではあるが、『与那国語辞典』の当該ページに掲載されていることを示しています。

あ	a	あがみ agami〈子ども〉 あいぐん aigun〈歩く〉	0101
い	i	いらら irara〈鎌〉、はいむぬ haimunu〈食べ物〉 いるん irun〈する〉、うぶいるん ubuirun〈覚える〉	0102
う	u	うとぅだ utuda〈兄姉〉 うむん umun〈思う〉	0103
か	ka	かび kabi〈紙〉、しかま shikama〈仕事〉 かぐん kagun〈書く〉、とぅはんかん tuhankan〈恥ずかしい〉	0601
き	ki	き ki〈木〉 きるん kirun〈する〉	0602
く	ku	くば kuba〈クバ（ブロウ）〉 くん kun〈来る〉	0603
きゃ	kya	きゃん kyan〈～した〉、 きゃぎるん kyaŋirun/kya~girun〈蹴る〉p. 118	0628
きゅ	kyu	著者未確認	0629
くゎ	kwa	くゎち kwachi〈菓子〉 くゎん kwan〈硬い〉	0612
が	ga	がんどぅう gandu〈頑丈〉、びんが binga〈男〉 がんみるん ganmirun〈曲げる〉、んがるん ngarun〈濡れる〉	0701
ぎ	gi	ぎち gichi〈使用人〉、さぎ sagi〈酒〉 ぎはるん giharun〈がんばる〉、さぎ sagi〈裂け〉	0702
ぐ	gu	ぐんな gunna〈長命草〉、いちぶぐ ichibugu〈石ころ〉、 ぐまん guman〈小さい〉、かぐん kagun〈書く〉	0703
ぎゃ	gya	あぎゃん agyan〈開けた〉p. 11	0717
ぎゅ	gyu	著者未確認	0718

ぐゎ	gwa	どぅぐゎん dugwan〈休んだ〉	0726
'か	k'a	'かしむぬ k'asimunu〈嘘〉 'かりるん k'arirun〈聞こえる〉	0640
'き	k'i	'きむぬ k'imunu〈漬物〉（「'てぃむぬ t'imunu」とも言う）、 'きるん k'irun〈浸ける〉	0641
'く	k'u	'くん k'un〈ほこり・ごみ〉 'くるん k'urun〈作る〉	0642
'きゃ	k'ya	著者未確認	0637
'きゅ	k'yu	著者未確認	0638
'くゎ	k'wa	'くゎん k'wan〈作った〉	0611
が	ŋa/~ga	かがん kaŋan/ka~gan〈鏡〉（「かんがん kanŋan/kan~gan」とも言う）、はがぬん haŋanun/ha~ganun〈配らない〉	1338
ぎ	ŋi/~gi	つぁぎ tsaŋi/tsa~gi〈白髪〉（「つぁんぎ tsanŋi/tsan~gi」とも言う）、はぎ haŋi/ha~gi〈配れ〉	1339
ぐ	ŋu/~gu	まぐ maŋu/ma~gu〈孫〉 はぐん haŋun/ha~gun〈配る〉	1340
ぎゃ	ŋya/~gya	つぁぎゃん tsaŋyan/tsa~gyan〈(米を)ついた〉p. 132	1335
ぎゅ	ŋyu/~gyu	著者未確認	1336
ぐゎ	ŋwa/~gwa	あんだぐゎ andaŋwa/anda~gwa〈脂っこい〉p. 19 んすぐゎ nsuŋwa/nsu~gwa〈味噌汁の味が濃い〉p. 332	1341
さ	sa	さぎ sagi〈酒〉、うさい usai〈供物〉、 さぐん sagun〈裂く〉、まいさん maisan〈大きい〉	1401
し	shi/syi	しかま shikama/syikama〈仕事〉、わしき washiki/wasyiki〈天気〉、しみるん shimirun/syimirun〈締める〉、ぬしるん nushirun/nusyirun〈乗せる〉	1402
す	su	すだ suda〈年上の男〉、んす nsu〈味噌〉、 すたん sutan〈来た〉、かいしすん kaishisun〈帰った〉	1403
しゃ	sha/sya	しゃなん shanan/syanan〈嬉しい〉、とぅらしゃん turashan/turasyan〈あげた、もらった、くれた〉	1419

しゅ	shu/syu	著者未確認	1420
すわ	swa	すわん swan〈苦い〉	1432
た	ta	た ta〈田〉 たたん tatan〈立てる〉	0401
てぃ	ti	てぃ ti〈手〉 てぃるん tirun〈照る〉	0402
とぅ	tu	とぅる turu〈ランプ〉 とぅるん turun〈取る〉	0403
てゃ	tya	著者未確認	0417
てゅ	tyu	著者未確認	0418
とゎ	twa	とゎん twan〈遠い〉	0410
だ	da	だ da〈家〉、すだ suda〈兄、年上の男〉、 だらん daran〈行かせる、遣わせる〉、とぅんだん tundan〈出す〉	0501
でぃ	di	でぃん din〈お金、お膳、来年〉、かでぃ kadi〈風〉 んでぃるん ndirun〈出る〉	0502
どぅ	du	どぅち duchi〈友だち〉、まどぅん madun〈一緒に〉 どぅぐん dugun〈休む〉、ふどぅるん hwudurun〈成長する〉	0503
でゃ	dya	でゃでぃ dyadi〈大事〉（「だいでぃ daidi」とも言う）、 はでゃん hadyan〈配った〉	0517
でゅ	dyu	著者未確認	0518
どゎ	dwa	著者未確認	0510
'た	t'a	'たら t'ara〈下〉 'たみるん t'amirun〈知らせる〉	0423
'てぃ	t'i	'てぃ t'i〈口〉（「'てぃぶに t'ibuni」とも言う）、 'てぃたん t'it'an〈吹いた〉	0424
'とぅ	t'u	'とぅ t'u〈人〉、'とぅむてぃ t'umuti〈朝〉	0425

'てゃ	t'ya	著者未確認	0431
'てゅ	t'yu	著者未確認	0432
'とゎ	t'wa	著者未確認	0428
つぁ	tsa	つぁ tsa〈草〉、つつぁ tsutsa〈魔除けの一種〉 つぁりるん tsarirun〈申し上げる〉、あつぁん atsan〈暑い〉	1701
ち	chi	ちち chichi〈獅子〉、 ちるまん chiruman〈珍しい〉、ばちるん bachirun〈忘れる〉	1702
つ	tsu	つつぁ tsutsa〈魔除けの一種〉 つん tsun〈着る、切る、知る〉	1703
ちゃ	cha	ちゃん chan〈着た、切った〉	1721
ちゅ	chu	著者未確認	1722
つゎ	tswa	著者未確認	1714
な	na	なびら nabira〈へちま〉、あみなぐ aminagu〈ゆりかご〉 なさん nasan〈長い〉、ふんな hwunna〈食べるな〉	1301
に	ni	にち nichi〈北〉、さんにん sannin〈月桃〉 にるん nirun〈煮る〉、はにぬん haninun〈食べられない〉	1302
ぬ	nu	ぬび nubi〈首〉、むぬ munu〈もの〉 ぬるん nurun〈上る〉、はぬん hanun〈食べない〉	1303
にゃ	nya	著者未確認	1323
にゅ	nyu	にゅん nyun〈煮えた〉（「にうん niun」とも言う）	1324
ぬゎ	nwa	ぬゎん nwan〈縫った、乗った、（縄を）なった〉、 ぬゎぬん nwanun〈なおさない〉	1337
は	ha	はん han〈足〉、あやみはびる ayamihabiru〈ヨナグニサン〉、 はぬん hanun〈食べない〉、ぎはるん giharun〈がんばる〉	1801
ひ	hi	ひびだ hibida〈やぎ〉、ひるん hirun〈行く〉	1802

ふ	hwu	ふち hwuchi〈星〉、まいふな maihwuna〈おりこう〉 ふん hwun〈食べる〉	1827
ひゃ	hya	著者未確認	1816
ひゅ	hyu	ひゅん hyun〈行った〉	1817
ふゎ	hwa	ふゎん hwan〈降った〉	1825
ば	ba	ばた bata〈腹〉、でぃば diba〈かんざし〉 ばちるん bachirun〈忘れる〉、とぅばぬん tubanun〈飛ばない〉	0301
び	bi	びぐい biŋui〈クワズイモ〉、かび kabi〈紙〉 びるん birun〈植える〉、とぅびたん tubitan〈飛んだ〉	0302
ぶ	bu	ぶでぃ budi〈踊り〉、かぶち kabuchi〈カブチ（頭に物を担ぐときにクッションにする道具）〉、ぶん bun〈いる〉、とぅぶん tubun〈飛ぶ〉	0303
びゃ	bya	びゃてぃ byati〈（妹が呼ぶ）すぐ上の兄〉p. 18、あんびゃ anbya〈遊び人〉、あびゃん abyan〈美しい〉、むんびゃん munbyan〈結んだ〉	0319
びゅ	byu	びゅか byuka〈年上の甥〉p. 54	0320
ぶゎ	bwa	ぶゎん bwan〈折った〉、うぶゎみるん ubwamirun〈覚えさせる〉	0312
ぱ	pa	ぱがい paŋai〈鍬（くわ）〉、いゆぱし iyupashi〈魚釣り〉 ぱぬん panun〈喰いつかない〉	0201
ぴ	pi	ぴりるん pirirun〈へこむ〉	0202
ぷ	pu	あなんぷ ananpu〈穴〉、ぷん pun〈喰いつく〉	0203
ぴゃ	pya	著者未確認	0226
ぴゅ	pyu	著者未確認	0227
ぷゎ	pwa	ぷゎん pwan〈渋い〉、ぷゎりるん pwarirun〈噛まれる〉p. 87	0238
ま	ma	まいふな maihwuna〈おりこう〉、ちま chima〈島〉 まがん magan〈ごはんをつくる〉、ぐまん guman〈小さい〉	1201

み	mi	みん min〈水〉、あみ ami〈雨〉 みぬん minun〈ない〉、はみるん hamirun〈食べさせる〉	1202
む	mu	むぐ mugu〈婿〉、うるむ urumu〈春〉 むいるん muirun〈燃える〉、どぅむん dumun〈読む〉	1203
みゃ	mya	みゃん myan〈近い〉、'たみゃん t'amyan〈知らせた〉	1224
みゅ	myu	みゅでぃん myudin〈気遣い〉p. 97〈名代〉p. 335	1225
むゎ	mwa	むゎん mwan〈燃えた、（果物を）もいだ〉	1236
や	ya	やいとぅ yaitu〈よいしょ（掛け声）〉、うや uya〈親〉 むやん muyan〈燃やす〉	1001
ゆ	yu	ゆだ yuda〈枝〉（「どぅだ duda」とも言う）、いゆ iyu〈魚〉	1003
ら	ra	ちら chira〈顔〉 ぶらぬん buranun〈いない〉	1901
り	ri	つり tsuri〈薬〉 まりるん marirun〈産まれる〉	1902
る	ru	とぅる turu〈ランプ〉、とぅるん turun〈取る〉	1903
りゃ	rya	'くりゃ k'urya〈作れば〉、きりゃ kirya〈すれば〉	1921
りゅ	ryu	著者未確認	1922
るゎ	rwa	著者未確認	1930
わ	wa	わ wa〈豚〉、わるん warun〈なさる・いらっしゃる〉	1101
ん	n	んま nma〈馬〉、はん han〈足〉 んくん nkun〈満ちる〉、はぬん hanun〈食べない〉	2012
ー	母音を重ねる /:	著者未確認	2013
っ	子音を重ねる	著者未確認	2014

え	e	え e〈え（感嘆詞）、ね（文末詞）〉（ほぼ常に「えーee」）	0104
お	o	お o〈はい（返事）〉（ほぼ常に「おーoo」）	0105
ど	do	ど do〈よ（文末詞）〉	0505

11.4　与那国方言の文例

※方言を話せる人に向けて書く場合など、「=」と「-」の記号は省略してもかまいません。

「島の俚諺」より

新村政二．1994．『与那国島：人とくらし』浦崎永二編．八島印刷．p. 115–147

あがみ=んき=や　あつぁ　ひさ　だざ　きみり。
agami=nki=ya　atsa　hisa　dasa　kimiri.
子ども=に=は　　　暑さ　寒さ　ひもじさ　させろ
（小さいときに暑さ、寒さ、ひもじさなどの経験をさせよ。）

うぶとぅ=んき　ないてぃ　'とぅ=ぬ　くとぅ　うむ　'とぅ=んき　なるんがら。
ubutu=nki　naiti　t'u=nu　kutu　umu　t'u=nki　narungara.
大人=に　　なって　人=の　こと　思う　人=に　　なるから
（大人になって他人を思いやる人になる。）

与那国の昔話「難題較べ」より

んかち　うやぎんとぅ=ぬ　あがみ=とぅ　ひんすむぬ=ぬ　あがみ=が
nkachi　uyagintu=nu　agami=tu　hinsumunu=nu　agami=ŋa
昔　　　金持ち=の　　　子ども=と　貧乏人=の　　　子ども=が
（昔、金持ちの子どもと、貧乏人の子どもが）

あらしぐとぅ=どぅ　きた=んでぃ。　'たいんとぅ=や　「みた　あやみ　あらし」
arashigutu=du　kita=ndi.　t'aintu=ya　　　mita　ayami　arashi
争いごと=ぞ　　　した=と　　二人=は　　　　　鶏　争わせ　争い
（争いごとをしたそうだ。二人は「鶏くらべ」）

「つー　まい　あらし」「ひぐん=し　んな　ぬい　あらし」
　tsuu　mai　arashi　　higun=shi　nna　nui　arashi
　糞　まり　争い　　　　灰=で　　縄　綯い　争い
（「糞くらべ」「灰縄くらべ」）

みち=ぬ　すぶ　いる　くとぅ=んき　なた=んでぃ。
michi=nu　subu　iru　kutu=nki　nata=ndi.
三つ=の　勝負　する　こと=に　　なった=と
（三つの勝負をすることになったそうだ。）

以下略

日常会話「孫に与那国織りの着物を作る」

［話者1］
まぐ゜=ぬ　　みん=でぃ　　んでぃ　　ない、　　ふりそで=どぅ
maŋu=nu　　min=di　　ndi　　nai,　　hwurisode=du
孫=の　　分=と　　言って　　今　　振袖=ぞ
（孫の分にと振袖を）

うい　　とぅらん=でぃ=んでぃ　　ない　　がんばい　　ぶる。
ui　　turan=di=ndi　　nai　　ganbai　　buru.
織り　　取らせる=よう=と　　今　　がんばり　　いる
（織ってあげようと、今がんばっている。）

さ=や　　つぁぬん　　つぁぬん　　んでぃび、
sa=ya　　tsanun　　tsanun　　ndibi,
自分=は　　着けない　　着けない　　言うから
（（上の姉は）自分は着けない着けないと言うから）

うとぅとぅ=ぬ　　むぬ=や　　ゆー　　うた　　くとぅ=や
ututu=nu　　munu=ya　　yuu　　uta　　kutu=ya
下の兄弟=の　　もの=は　　えー　　織った　　こと=は
（妹の着物を織ったら）

さ=ばぎん　　とぅるん=でぃ　　んでぃび=どぅ　　ない　　また　　うい　　ぶる。
sa=bagin　　turun=di　　ndibi=du　　nai　　mata　　ui　　buru.
自分=も　　取る=と　　言うから=ぞ　　今　　また　　織り　　いる
（自分もちょうだいと言うから今また織っている。）

また　　せー、　　せーじんしき=に=や　　まにあわぬび、　　まにあわぬび
mata　　see,　　seejinshiki=ni=ya　　maniawanubi,　　maniawanubi
また　　せい　　成人式=に=は　　間に合わないから　　間に合わないから
（成人式には間に合わないから）

そつぎょーしき=に、　　だいがくそつぎょーしき=に
sotsugyooshiki=ni　　daigakusotsugyooshiki=ni
卒業式=に　　大学卒業式=に
（卒業式に、大学卒業式に）

まにあいしてぃがら=に　　うい　　とぅらん=でぃ。
maniaishitigara=ni　　ui　　turan=di.
間に合わせてから=に　　織り　　取らせる=と
（間に合わせて織ってあげると。）

ひ、 'とぅい＝や　 つん＝でぃ　 んどぅが＝どぅ
hi,　 t'ui=ya　　 tsun=di　　 nduŋa=du
ひ　 一人＝は　　 着る＝と　　 言うが＝ぞ
（一人は着ると言ったが）

'とぅい＝や　 さ＝や　 んさん　 んさん＝でぃ　 んでぃてい
t'ui=ya　　 sa=ya　 nsan　 nsan=di　　 nditi
一人＝は　　 自分＝は　 いい　 いい＝と　　 言って
（(もう) 一人は自分はいいと言って）

すだ＝や　 んさん　 んさん＝でぃ　 んでぃてい
suda=ya　 nsan　 nsan=di　　 nditi
上の兄姉＝は　 いい　 いい＝と　　 言って
（姉はいらないいらないと言って）

ぬた　　 くとぅ＝や、　「さ　　 みん、　さ　　 むぬ＝や」＝んでぃ　 んでぃび
nuta　 kutu=ya,　　 sa　　 min　 sa　　 munu=ya=ndi　　 ndibi
縫った　 こと＝は　　 自分　 分　　 自分　 もの＝は＝と　　　 言うから
（縫ったら、「自分のものは」と言うから…）

「んだ　 みん＝や　 みぬん」＝でぃ　 んたば
　nda　 min=ya　 minun=di　　 ntaba
　あなた　 分＝は　 ない＝と　　　 言ったら
（あなたの分はないと言ったら）

かなでぃ　 とぅい＝どぅ　 きる＝んでぃ　 んでぃび、　 ない　 また　 うい　 ぶる。
kanadi　 tui=du　　 kiru=ndi　　 ndibi,　 nai　 mata　 ui　 buru.
必ず　　 取り＝ぞ　　 する＝と　　 言うから　 今　 また　 織り　 いる
（必ずちょうだいと言うから、今また織っている。）

うや＝んた＝んき＝や　 せーじんしき＝ぬ　 んなに　 つぁみらにぬたば…
uya=nta=nki=ya　　 seejinshiki=nu　　 nnani　 tsamiraninutaba…
親＝たち＝に＝は　　 成人式＝の　　　 着物　 着けさせられなかったら
（(孫の) 親たちには成人式の着物を着させられなかったから…）

[話者2]
うや＝んた＝んでぃ、　 あがみ＝んた＝んき。
uya=nta=ndi,　　　 agami=nta=nki
親＝たち＝に　　　　 子ども＝たち＝に
（「親たちに」と（言わないで）「子どもたちに」）

んだ＝ぱ＝どぅ　 うや＝どぅ　 なる。　 あがみ＝んき…
nda=ŋa=du　　 uya=du　　 naru.　 agami=nki...
あなた＝が＝ぞ　 親＝ぞ　　 なる　　 子ども＝に

（あなたが親にあたるでしょう。子どもに...）

[話者1]
あがみ=んき=や　ならぬたば　ない　また　まぐ=んき…
agami=nki=ya　naranutaba　nai　mata　maŋu=nki…
子ども=に=は　　ならなかったら　今　また　孫=に
（子どもには織ってあげられなかったから、今また孫に…）

[話者2]
まぐ=んき=どぅ　ういてぃ　つぁみ　ぶる。
maŋu=nki=du　uiti　tsami　buru.
孫=に=ぞ　　　　織って　着せ　いる
（孫に織って着せている。）

[話者1]
どぅぬどぅ=し　わる　むぬ=し=どぅ　つぁみ、ぬい　つぁみ　ぶる。
dunudu=shi　waru　munu=shi=du　tsami,　nui　tsami　buru.
自分=で　　織った　もの=で=ぞ　着せ　縫い　着せ　いる
（自分で織ったもので着せ、縫って着せている。）

んたいんとぅ=ぬ　むぬ=どぅ　'くゎるゆん=がら　＜あと　なんめー　くらい　かね＞。
ntaintu=nu　munu=du　k'waruyun=gara　＜ato　nanmee　kurai　kane＞.
三名=の　　もの=ぞ　作った=から　　　　あと　何名　くらい　かね
（三名のものを作ったから、あと何名くらいかね。）

＜あと＞　ごろくめー=ばがい　'くりゃ=どぅ　なる。
＜ato＞　gorokumee=bagai　k'urya=du　naru.
　あと　五、六名=くらい　　作れば=ぞ　なる
（あと五、六名くらい作ればいい。）

[話者2]
びんが=ぬ　むぬ=や…　みぬが=ぬ　はんぶん　あんし
binga=nu　munu=ya…　minuga=nu　hanbun　anshi
男=の　　もの=や　　女=の　　　半分　　あるでしょう
男のものは…（今まで織った分は）女の（孫の数の）半分でしょう。

びんが=ぬ　むぬ　あるゆんがら、うがら
binga=nu　munu　aruyungara,　ugara
男=の　　もの　あるから　　　それから
（男の子のものもあるから、それから）

ぶる=んき=や　'くらにぬば=ん　さくち=んき=や　さくち=んき=や
buru=nki=ya　k'uraninuba=n　sakuchi=nki=ya　sakuchi=nki=ya
みんな=に=は　作れなくて=も　長男=に=は　　　長男=に=は

（みんなには作れなくても、長男には）

'くい　　とぅらば　　なるん＝でぃ　がんばい　ぶる。
k'ui　　turaba　　narun=di　　ganbai　　buru
作り　　取らせれば　なる＝と　　がんばり　いる
（作ってあげればいいと、がんばっている。）

「＝」記号を付す助詞・付属語の例

表記		雑日本語訳	与那国のことば例	雑日本語例
＝や	=ya	＝は	かり＝や くん	彼は来る
＝どぅ	=du	＝ぞ	う＝が＝どぅ	これぞ
＝が	=ŋa	＝が	かり＝が くん	彼が来る
＝ぬ	=nu	＝の	かり＝ぬ すぐてぃ	彼の本
＝んき	=nki	＝に	いす＝んき ひるん かり＝んき とぅらん	磯へ行く 彼に渡す
＝に	=ni	（場所）＝で （場所）＝に （時間）＝に	いす＝に あんぶん いす＝に ぶん うぬ ばす＝に	磯で遊ぶ 磯にいる そのときに
＝がら	=gara	＝から	いす＝がら すたん	磯から来た
＝とぅ	=tu	＝と	かり＝とぅ くん	彼と来る
＝し	=shi/=syi	＝で	かたな＝し つん	刀で切る
＝ん ＝ばぎん	=n =bagin	＝も	かり＝ん くん かり＝ばぎん くん	彼も来る
＝か	=ka	＝より	く＝か まち	これよりよい
＝んでぃ	=ndi	＝と ＝ように	くん＝でぃ んでぃたん とぅらん＝でぃ	来ると言った 取らせるように
＝んす	=nsu	＝の	んでぃたん＝す＝や	言ったのは
＝んに	=nni	＝のよう	う＝んに＝ぬ	そのような

注記）与那国のことばは「＝んき」「＝んす」のような「ん」で始まる接辞・接語が「ん」で終わる語に接続する際に一つの「ん」が落ちるという特徴があります。どちらの「ん」が落ちているかは判別不可能なため、一律に接辞・接語の最初の「ん」が落ちるとして扱っています。

謝辞

本章執筆にあたり、池間苗氏、三蔵敵氏、三蔵順子氏、「与那国語（方言）伝承事業」担当者の新城好美氏、村松稔氏（与那国町教育委員会）、与那国町シンポジウム「与那国のことばを語り継ぐために　その1（2013年9月）、その2（2014年11月）」参加者のみなさまから貴重なご意見をいただきました。文例の「難題較べ」は目差ウナリ氏が語られた昔話（岩瀬ほか（1983）「南東昔話業書10 与那国島の昔話」に採録）をもとに、三蔵敵氏、三蔵順子氏、与那覇有羽氏に協力していただき、2012年度与那国中学校総合学習「方言コース」の教材として使用しました。三蔵敵氏、三蔵順子氏には日常会話の文例の収集と書き起こしに協力していただきました。ここにお名前をあげた方をはじめ、著者の調査に様々な形で協力していただいている多くの方に心よりお礼申し上げます。最後に、本章は2010年からずっと一緒に与那国のことばを研究しているトマ・ペラール氏（フランス国立科学研究所）との共同研究の成果を一部含みます。

主要参考文献

飯豊毅一ほか［編］（1984）『講座方言学 10　沖縄・奄美地方の方言』国書刊行会
池間苗（1998）『与那国ことば辞典』池間龍一・池間龍三［編］私家版
池間苗（2003）『与那国語辞典』池間龍一・池間龍三［編］私家版
石垣實佳（2013）『メーラムニ用語便覧』南山舎
伊是名島方言辞典編集委員会［編］（2004）『伊是名島方言辞典』伊是名村教育委員会
井上史雄ほか［編］（2001）『日本列島方言叢書　琉球方言考』ゆまに書房
宇検村文化財保護審議会委員［編］（1991）『焼内ぬしまことば』宇検村教育委員会
岡村隆博（2007）『奄美方言―カナ文字での書き方　八つの島の五つの言葉七つの呼名―』南 方新社
岡村隆博ほか［編著］（2009）『徳之島方言二千文辞典（改定版）』徳之島方言の会
小川晋史（2011）「これからの琉球語に必要な表記法はどのようなものか」『日本語の研究』 7-4, 99–111.
沖縄語普及協議会（2006）『沖縄ぬ暮らしとぅ昔話』でいご出版
生塩睦子（1999/2009）『沖縄伊江島方言辞典』伊江村教育委員会
加治工真市（1984）「八重山方言概説」飯豊毅一ほか［編］『講座方言学 10　沖縄・奄美地方 の方言』289–361, 国書刊行会
金田章宏（2010）「八重山西表島（祖内）方言動詞の活用タイプ」『琉球の方言』35, 39–58.
亀井孝ほか［編］（1997）『言語学大辞典セレクション　日本列島の言語』三省堂
狩俣繁久（1997）「方言原話資料」具志川市史編さん委員会［編］『具志川市史　第三巻民話 編・上＜伝説＞』1014–1030, 具志川市教育委員会
かりまたしげひさ（1999）「音声の面からみた琉球諸方言」『ことばの科学』9, 13–85.
かりまたしげひさ（2005）「沖縄県宮古島平良方言のフォネーム」『日本東洋文化論集』11, 67–113.
菊千代・高橋俊三（2005）『与論方言辞典』武蔵野書院
木部暢子ほか（2011）『国立国語研究所共同調査報告 11-01　消滅危機方言の調査・保存のた めの総合的研究　喜界島方言調査報告書』国立国語研究所
木部暢子［編］（2012）『国立国語研究所共同調査報告 12-02　消滅危機方言の調査・保存のた めの総合的研究　宮古方言調査報告書』国立国語研究所
國學院大學日本文化研究所［編］（1990）『琉球竹富島の方言』國學院大學日本文化研究所
國學院大學日本文化研究所［編］（1992）『南琉球新城島の方言』國學院大學日本文化研究所
国立国語研究所［編］（1963）『沖縄語辞典』財務省印刷局
重野裕美（2011）『奄美諸島方言敬語法の記述的研究』広島大学博士学位論文
下地賀代子（2006）『多良間方言の空間と時間の表現』千葉大学博士学位論文

下地良男（2012）「宮古口の音韻構造と正書法について」*Southern Review* 27, 123–137.
白田理人ほか（2011）「琉球語喜界島上嘉鉄方言の談話資料」『地球研言語記述論集』3, 111–152.
高橋俊三（1975）「沖縄県八重山郡与那国町の方言の生活語彙」藤原与一［編］『方言研究論叢4』159–217, 三弥井書店
田窪行則［編］（2013）『琉球列島の言語と文化—その記録と継承—』くろしお出版
寺師忠夫（1985）『奄美方言、その音韻と文法』根元書房
冨髙康一・かりまたしげひさ（1992）「鹿児島県大島郡瀬戸内町諸鈍方言のフォネームについてのおぼえがき」『沖縄文化』27-2, 33–73.
富浜定吉（2013）『宮古伊良部方言辞典』沖縄タイムス社
仲宗根政善（1983）『沖縄今帰仁方言辞典』角川書店
長田須磨ほか［編］（1980）『奄美方言分類辞典　下巻』笠間書院
仲原穣（2013）「沖縄中南部方言の仮名表記の問題点—「沖縄語仮名遣い」に向けて—」『南島文化』35, 19–39.
仲原穣（2002）「石垣島宮良方言の音韻研究序説」『琉球の方言』27, 139–157.
名嘉真三成（1992）『琉球方言の古層』第一書房
中本正智（1976）『琉球方言音韻の研究』法政大学出版
中本正智（1981）『図説 琉球語辞典』力富書房金鶏社
名護市史編さん委員会（2006）『名護市史本編10　言語』名護市
波平憲一郎（2007）『しまくとぅば辞典—久米島町字儀間の言葉—』私家版
西岡敏・仲原穣（2006）『改訂版 沖縄語の入門　たのしいウチナーグチ』白水社
比嘉清（2013）『文でおぼえるうちなあぐち』南謡出版
平山輝男ほか［編］（1967）『琉球先島方言の総合的研究』明治書院
平山輝男［編］（1983）『琉球宮古諸島方言基礎語彙の総合的研究』桜楓社
平山輝男［編］（1986）『奄美方言基礎語彙の研究』角川書店
平山輝男［編］（1988）『南琉球の方言基礎語彙』桜楓社
平山輝男［編］（1992–1994）『現代日本語方言大辞典』明治書院
平山輝男・中本正智（1964）『琉球与那国方言の研究』東京堂
福治友邦・加治工真市（2012）『久高島方言基礎語彙辞典』法政大学沖縄文化研究所
船津好明［著］・中松竹雄［監修］（2011）『沖縄口さびら 沖縄語を話しましょう』琉球新報社
法政大学沖縄文化研究所（1987a）『琉球の方言11　八重山・与那国島』法政大学沖縄文化研究所
法政大学沖縄文化研究所（1987b）『琉球の方言12　八重山・与那国島』法政大学沖縄文化研究所
前新透（2011）『竹富方言辞典』南山舎
前大用安（2002）『西表方言集』私家版
又吉里美（2007）『沖縄津堅島方言の格助詞に関する研究』広島大学博士学位論文
三石泰子（1993）『名瀬市の方言』秋山書店
宮城信勇（2003）『石垣方言辞典』沖縄タイムス社
宮良信詳（1995）『南琉球八重山石垣方言の文法』くろしお出版

宮良当壯（1930）『八重山語彙』東洋文庫

宮良婦人会（2012）『宝ぬ島言葉』宮良婦人会

吉屋松金（1999）『実践うちなあぐち教本』南謠出版

琉球方言研究クラブ（1989）『琉球方言17号―津堅方言の音韻と語彙―』琉球大学琉球方言研究クラブ

Coulmas, Florian（1996）*The Blackwell encyclopedia of writing systems*. Oxford: Blackwell.

Dawson, Jean（1989）"Orthography decisions" *Notes on Literacy* 57, 1–13.

Heinrich, Patrick et al.（eds.）（2015）*Handbook of the Ryukyuan languages history, structure, and use*. Berlin: Mouton de Gruyter.

Niinaga, Yuto.（2014）*A grammar of Yuwan, a northern Ryukyuan language*. Doctral dissertation. The University of Tokyo.

Pellard, Thomas（2009）*Ōgami — Éléments de description d'un parler du Sud des Ryūkyū*. Doctoral dissertation. École des hautes études en sciences sociales.

Seifart, Frank（2006）"Orthography development" In: Jost Gippert, Nikolaus P. Himmelmann and Ulrike Mosel（eds.）, *Essentials of language documentation*, 275–299. Berlin: Mouton de Gruyter.

Shimoji, Michinori（2008）*A grammar of Irabu, a southern Ryukyuan language*. Doctral dissertation. The Australian National University.

Shimoji, Michinori and Thomas Pellard（eds.）（2010）*An introduction to Ryukyuan languages*. Tokyo: Research Institute for Languages and Cultures of Asia and Africa.

かな索引

あ	あ	0101	え・え	ええ	0109
あ・まる	あ゚	0108	え・え・まる	え゚え゚	0109
あ・まる	あ゚	0111	お	お	0105
い	い	0102	か	か	0601
い・い	いい	0110	が	が	0701
い・い・まる	いい゚	0110	か・あ	かぁ	0608
い・え	いえ	1004	か・あ	かぁ	0610
い・え・まる	いえ゚	1018	が・あ	がぁ	0708
い・てんてん	じ	1002	が・あ	がぁ	0710
い・てんてん・い	じぃ	1013	か・あ・まる	かぁ゚	0608
い・てんてん・い・まる	じぃ゚	1013	か・あ・まる	かぁ゚	0610
い・てんてん・え・まる	じぇ゚	1018	が・あ・まる	がぁ゚	0708
い・まる	い゚	0107	が・あ・まる	がぁ゚	0710
い・や	いゃ	1014	か・まる	か゚	1338
い・ゆ	いゅ	1015	き	き	0602
い・よ	いょ	1017	ぎ	ぎ	0702
う	う	0103	き・あ	きぁ	0631
う	う	0107	き・あ	きぁ	0647
う・い	うぃ	1102	ぎ・あ	ぎぁ	0720
う・い・まる	うぃ゚	1116	ぎ・あ	ぎぁ	0721
う・え	うぇ	1104	き・あ・まる	きぁ゚	0631
う・え・まる	うぇ゚	1117	き・あ・まる	きぁ゚	0647
う・お	うぉ	1105	ぎ・あ・まる	ぎぁ゚	0720
う・てんてん・あ	ゔぁ	0901	ぎ・あ・まる	ぎぁ゚	0721
う・てんてん・い	ゔぃ	0902	き・い	きぃ	0607
う・てんてん・い・まる	ゔぃ゚	0906	ぎ・い	ぎぃ	0707
う・てんてん・う	ゔぅ	0903	き・い・まる	きぃ゚	0607
う・てんてん・え	ゔぇ	0904	ぎ・い・まる	ぎぃ゚	0707
う・てんてん・お	ゔぉ	0905	き・す	きす	0606
う・てんてん・や	ゔゃ	0907	ぎ・ず	ぎず	0706
う・てんてん・ゆ	ゔゅ	0908	き・まる	き゚	1339
う・てんてん・よ	ゔょ	0909	き・まる・い	き゚ぃ	1348
う・わ	うゎ	1113	き・まる・い・まる	き゚ぃ゚	1348
え	え	0104	き・まる・や	き゚ゃ	1335

295

き・まる・ゆ	ぎゅ	1336	こ・まる	ご	1347
き・や	きゃ	0628	さ	さ	1401
ぎ・や	ぎゃ	0717	ざ	ざ	1601
き・ゆ	きゅ	0629	さ・あ	さぁ	1408
ぎ・ゆ	ぎゅ	0718	さ・あ	さぁ	1412
き・ゆ・まる	きゅ	0649	さ・あ	さぁ	1931
ぎ・ゆ・まる	ぎゅ	0731	ざ・あ	ざぁ	1608
き・よ	きょ	0630	ざ・あ	ざぁ	1611
ぎ・よ	ぎょ	0719	さ・あ・まる	さぁ	1408
く	く	0603	さ・あ・まる	さぁ	1412
ぐ	ぐ	0703	ざ・あ・まる	ざぁ	1608
く・い	くぃ	0607	ざ・あ・まる	ざぁ	1611
く・い	くぃ	0619	し	し	1402
ぐ・い	ぐぃ	0707	じ	じ	1602
ぐ・い	ぐぃ	0727	し・あ	しぁ	1423
く・い・まる	くぃ	0607	し・あ	しぁ	1431
く・い・まる	くぃ	0615	じ・あ	じぁ	1623
ぐ・い・まる	ぐぃ	0707	じ・あ	じぁ	1631
く・え	くぇ	0621	し・あ・まる	しぁ	1423
ぐ・え	ぐぇ	0728	し・あ・まる	しぁ	1431
く・え・まる	くぇ	0617	じ・あ・まる	じぁ	1623
ぐ・え・まる	ぐぇ	0730	じ・あ・まる	じぁ	1631
く・お	くぉ	0650	し・い	しい	1411
ぐ・お	ぐぉ	0729	じ・い	じい	1610
く・す	くす	0606	し・い・まる	しい	1411
ぐ・ず	ぐず	0706	じ・い・まる	じい	1610
く・ふ	くふ	0648	し・え	しぇ	1421
く・まる	ぐ	1340	じ・え	じぇ	1621
く・まる・わ	ぐゎ	1341	し・え・まる	しぇ	1424
く・わ	くゎ	0612	じ・え・まる	じぇ	1624
ぐ・わ	ぐゎ	0726	し・や	しゃ	1419
け	け	0604	じ・や	じゃ	1619
げ	げ	0704	し・ゆ	しゅ	1420
け・え	けぇ	0609	じ・ゆ	じゅ	1620
げ・え	げぇ	0709	し・よ	しょ	1422
け・え・まる	けぇ	0609	じ・よ	じょ	1622
げ・え・まる	げぇ	0709	す	す	1403
け・まる	げ	1346	す	す	1406
け・まる・え	げぇ	1349	ず	ず	1603
け・まる・え・まる	げぇ	1349	ず	ず	1606
こ	こ	0605	す・い	すぃ	1407
ご	ご	0705	す・い	すぃ	1409

す・ぃ	すぃ	1932	小さいず	(小文字)ず	0106
ず・ぃ	ずぃ	1501	小さいず	(小文字)ず	2004
ず・ぃ	ずぃ	1502	小さいち	(小文字)ち	2011
ず・ぃ	ずぃ	1607	小さいつ	(小文字)っ	2014
す・ぃ・まる	すぴ	1407	小さいと	(小文字)と	2007
ず・ぃ・まる	ずぴ	1607	小さいふ	(小文字)ふ	2001
す・う	すう	1403	小さいぷ	(小文字)ぷ	2008
す・う	すう	1933	小さいむ	(小文字)む	2005
ず・う	ずう	1603	小さいん	(小文字)ん	2017
す・まる	ず	0106	ち・い・まる	ちぴ	1710
す・わ	すゎ	1432	ち・え	ちぇ	1723
ず・わ	ずゎ	1618	ち・え・まる	ちぇ	1713
せ	せ	1404	ち・や	ちゃ	1721
ぜ	ぜ	1604	ち・ゆ	ちゅ	1722
せ・え	せぇ	1410	ち・よ	ちょ	1724
せ・え	せぇ	1934	ちょん・あ	'あ	0121
ぜ・え	ぜぇ	1609	ちょん・い	'い	0122
せ・え・まる	せぇ	1410	ちょん・い・い	'いい	0126
ぜ・え・まる	ぜぇ	1609	ちょん・い・い・まる	'いぴ	0126
そ	そ	1405	ちょん・い・え	'いぇ	1016
ぞ	ぞ	1605	ちょん・い・てんてん・い	'びぃ	1020
そ・お	そぉ	1935	ちょん・い・てんてん・い・まる	'びぴ	1020
た	た	0401	ちょん・う	'う	0123
だ	だ	0501	ちょん・う・い	'うぃ	1114
た・あ	たぁ	0407	ちょん・う・い・まる	'うぴ	1120
た・あ	たぁ	0409	ちょん・う・え	'うぇ	1115
だ・あ	だぁ	0507	ちょん・う・え・まる	'うぇ	1121
だ・あ	だぁ	0509	ちょん・う・お	'うぉ	1119
た・あ・まる	たぁ	0407	ちょん・え	'え	0124
た・あ・まる	たぁ	0409	ちょん・え・え	'ええ	0127
だ・あ・まる	だぁ	0507	ちょん・え・え・まる	'ええ	0127
だ・あ・まる	だぁ	0509	ちょん・お	'お	0125
ち	ち	1702	ちょん・か	'か	0640
ち・あ	ちぁ	1725	ちょん・き	'き	0641
ち・あ	ちぁ	1726	ちょん・き・い	'きぃ	0645
ち・あ・まる	ちぁ	1725	ちょん・き・い・まる	'きぴ	0645
ち・あ・まる	ちぁ	1726	ちょん・き・や	'きゃ	0637
ち・い	ちぃ	1710	ちょん・き・ゆ	'きゅ	0638
小さいう・てんてん	(小文字)ぅ	2003	ちょん・き・よ	'きょ	0639
小さいく	(小文字)く	2009	ちょん・く	'く	0642
小さいし	(小文字)し	2010	ちょん・く・い	'くぃ	0620
小さいす	(小文字)す	2002	ちょん・く・い・まる	'くぴ	0616

かな索引 297

ちょん・く・え	'くぇ	0622	ちょん・に・ゆ	'にゅ	1332
ちょん・く・え・まる	'くぇ	0618	ちょん・に・ゆ・まる	'にゅ	1343
ちょん・く・お	'くぉ	0614	ちょん・に・よ	'にょ	1333
ちょん・く・わ	'くゎ	0611	ちょん・ぬ	'ぬ	1312
ちょん・け	'け	0643	ちょん・ぬ・い	'ぬぃ	1334
ちょん・け・え	'けぇ	0646	ちょん・ぬ・い・まる	'ぬぃ	1334
ちょん・け・え・まる	'けぇ	0646	ちょん・ね	'ね	1313
ちょん・こ	'こ	0644	ちょん・の	'の	1314
ちょん・た	'た	0423	ちょん・ぱ	'ぱ	0213
ちょん・ち	'ち	1740	ちょん・ぴ	'ぴ	0214
ちょん・ち・い	'ちぃ	1738	ちょん・ぴ・や	'ぴゃ	0235
ちょん・ち・い・まる	'ちぃ	1738	ちょん・ぴ・ゆ	'ぴゅ	0236
ちょん・ち・え	'ちぇ	1742	ちょん・ぴ・よ	'ぴょ	0237
ちょん・ち・え・まる	'ちぇ	1745	ちょん・ぷ	'ぷ	0215
ちょん・ち・や	'ちゃ	1739	ちょん・ぷ・い	'ぷぃ	0219
ちょん・ち・ゆ	'ちゅ	1741	ちょん・ぷ・い・まる	'ぷぃ	0219
ちょん・ち・よ	'ちょ	1743	ちょん・ぷ・わ	'ぷゎ	0239
ちょん・つ	'つ	1734	ちょん・ぺ	'ぺ	0216
ちょん・つ・あ	'つぁ	1732	ちょん・ぺ・え	'ぺぇ	0218
ちょん・つ・い	'つぃ	1733	ちょん・ぺ・え・まる	'ぺぇ	0218
ちょん・つ・い	'つぃ	1737	ちょん・ぽ	'ぽ	0217
ちょん・つ・い・まる	'つぃ	1737	ちょん・ま	'ま	1212
ちょん・つ・え	'つぇ	1735	ちょん・み	'み	1213
ちょん・つ・え・まる	'つぇ	1744	ちょん・み・や	'みゃ	1233
ちょん・つ・お	'つぉ	1736	ちょん・み・ゆ	'みゅ	1234
ちょん・つ・わ	'つゎ	1746	ちょん・み・よ	'みょ	1235
ちょん・て	'て	0426	ちょん・む	'む	1214
ちょん・て・い	'てぃ	0424	ちょん・む・い	'むぃ	1217
ちょん・て・い	'てぃ	0429	ちょん・む・い・まる	'むぃ	1217
ちょん・て・い・まる	'てぃ	0429	ちょん・め	'め	1215
ちょん・て・え	'てぇ	0430	ちょん・も	'も	1216
ちょん・て・え・まる	'てぇ	0430	ちょん・や	'や	1014
ちょん・て・や	'てゃ	0431	ちょん・ゆ	'ゆ	1015
ちょん・て・ゆ	'てゅ	0432	ちょん・よ	'よ	1017
ちょん・て・よ	'てょ	0433	ちょん・ら	'ら	1910
ちょん・と	'と	0427	ちょん・り	'り	1911
ちょん・と・う	'とう	0425	ちょん・る	'る	1912
ちょん・と・わ	'とゎ	0428	ちょん・れ	'れ	1913
ちょん・な	'な	1310	ちょん・ろ	'ろ	1914
ちょん・に	'に	1311	ちょん・わ	'わ	1113
ちょん・に・え・まる	'にぇ	1345	ちょん・ん	'ん	2016
ちょん・に・や	'にゃ	1331	つ	つ	1703

つ	つ	1707	に	に	1302
つ・あ	つぁ	1701	に・あ	にぁ	1322
つ・あ・まる	つぁ	1708	に・あ	にぁ	1330
つ・あ・まる	つぁ	1712	に・あ・まる	にぁ	1322
つ・い	つぃ	1706	に・あ・まる	にぁ	1330
つ・い	つぃ	1711	に・え・まる	にぇ	1344
づ・い	づぃ	1501	に・や	にゃ	1323
つ・い・まる	つぃ	1711	に・ゆ	にゅ	1324
つ・う	つう	1703	に・ゆ・まる	にゅ	1342
つ・え	つえ	1704	に・よ	にょ	1325
つ・え・まる	つぇ	1709	にょろ・あ	~あ	0112
つ・お	つぉ	1705	にょろ・あ・まる	~ぁ	0118
つ・わ	つゎ	1714	にょろ・い	~い	0113
て	て	0404	にょろ・い・い	~いい	0117
で	で	0504	にょろ・い・い・まる	~いぃ	0117
て・い	てぃ	0402	にょろ・い・え	~いぇ	1010
て・い	てぃ	0406	にょろ・う	~う	0114
で・い	でぃ	0502	にょろ・う・い	~うぃ	1109
で・い	でぃ	0506	にょろ・う・え	~うぇ	1110
て・い・まる	てぃ	0406	にょろ・う・お	~うぉ	1111
で・い・まる	でぃ	0506	にょろ・う・や	~うゃ	1118
て・え	てえ	0408	にょろ・え	~え	0115
で・え	でえ	0508	にょろ・え・え・まる	~えぇ	0119
て・え・まる	てぇ	0408	にょろ・お	~お	0116
で・え・まる	でぇ	0508	にょろ・か	~か	0623
て・や	てゃ	0417	にょろ・が	~が	0711
で・や	でゃ	0517	にょろ・か・あ	~かぁ	0633
て・ゆ	てゅ	0418	にょろ・が・あ	~がぁ	0716
で・ゆ	でゅ	0518	にょろ・か・あ・まる	~かぁ	0633
て・よ	てょ	0419	にょろ・き	~き	0624
で・よ	でょ	0519	にょろ・ぎ	~ぎ	0712
と	と	0405	にょろ・き・あ	~きぁ	0632
ど	ど	0505	にょろ・ぎ・あ	~ぎぁ	0725
と・う	とう	0403	にょろ・き・あ・まる	~きぁ	0632
ど・う	どう	0503	にょろ・ぎ・あ・まる	~ぎぁ	0725
と・わ	とゎ	0410	にょろ・き・や	~きゃ	0634
ど・わ	どゎ	0510	にょろ・ぎ・や	~ぎゃ	0722
な	な	1301	にょろ・き・ゆ	~きゅ	0635
な・あ	なぁ	1307	にょろ・ぎ・ゆ	~ぎゅ	0723
な・あ	なぁ	1309	にょろ・き・よ	~きょ	0636
な・あ・まる	なぁ	1307	にょろ・ぎ・よ	~ぎょ	0724
な・あ・まる	なぁ	1309	にょろ・く	~く	0625

にょろ・ぐ	~ぐ	0713	にょろ・ち・あ	~ちぁ	1731
にょろ・く・ゎ	~くゎ	0613	にょろ・ち・あ・まる	~ちぁ	1731
にょろ・け	~け	0626	にょろ・ち・え	~ちぇ	1729
にょろ・げ	~げ	0714	にょろ・ち・や	~ちゃ	1727
にょろ・こ	~こ	0627	にょろ・ち・ゆ	~ちゅ	1728
にょろ・ご	~ご	0715	にょろ・ち・よ	~ちょ	1730
にょろ・さ	~さ	1413	にょろ・つ	~つ	1717
にょろ・ざ	~ざ	1612	にょろ・つ・あ	~つぁ	1715
にょろ・さ・あ	~さぁ	1418	にょろ・つ・あ・まる	~つぁ	1720
にょろ・ざ・あ	~ざぁ	1617	にょろ・つ・え	~つぇ	1718
にょろ・さ・あ・まる	~さぁ	1418	にょろ・つ・お	~つぉ	1719
にょろ・ざ・あ・まる	~ざぁ	1617	にょろ・て	~て	0414
にょろ・し	~し	1426	にょろ・で	~で	0514
にょろ・じ	~じ	1613	にょろ・て・い	~てぃ	0412
にょろ・じ	~じ	1626	にょろ・で・い	~でぃ	0512
にょろ・し・あ	~しぁ	1430	にょろ・て・や	~てゃ	0420
にょろ・じ・あ	~じぁ	1630	にょろ・で・や	~でゃ	0520
にょろ・し・あ・まる	~しぁ	1430	にょろ・て・ゆ	~てゅ	0421
にょろ・じ・あ・まる	~じぁ	1630	にょろ・で・ゆ	~でゅ	0521
にょろ・し・え	~しぇ	1428	にょろ・て・よ	~てょ	0422
にょろ・じ・え	~じぇ	1628	にょろ・で・よ	~でょ	0522
にょろ・し・や	~しゃ	1425	にょろ・と	~と	0415
にょろ・じ・や	~じゃ	1625	にょろ・ど	~ど	0515
にょろ・し・ゆ	~しゅ	1427	にょろ・と・う	~とう	0413
にょろ・じ・ゆ	~じゅ	1627	にょろ・ど・う	~どう	0513
にょろ・し・よ	~しょ	1429	にょろ・な	~な	1315
にょろ・じ・よ	~じょ	1629	にょろ・な・あ	~なぁ	1320
にょろ・す	~す	1415	にょろ・な・あ・まる	~なぁ	1320
にょろ・ず	~ず	1614	にょろ・に	~に	1316
にょろ・す・い	~すぃ	1414	にょろ・に・あ	~にぁ	1321
にょろ・ず・う	~ずぅ	1614	にょろ・に・あ・まる	~にぁ	1321
にょろ・せ	~せ	1416	にょろ・に・え	~にぇ	1329
にょろ・ぜ	~ぜ	1615	にょろ・に・や	~にゃ	1326
にょろ・そ	~そ	1417	にょろ・に・ゆ	~にゅ	1327
にょろ・ぞ	~ぞ	1616	にょろ・に・よ	~にょ	1328
にょろ・た	~た	0411	にょろ・ぬ	~ぬ	1317
にょろ・だ	~だ	0511	にょろ・ね	~ね	1318
にょろ・た・あ	~たぁ	0416	にょろ・の	~の	1319
にょろ・だ・あ	~だぁ	0516	にょろ・は	~は	1810
にょろ・た・あ・まる	~たぁ	0416	にょろ・ば	~ば	0313
にょろ・だ・あ・まる	~だぁ	0516	にょろ・ぱ	~ぱ	0220
にょろ・ち	~ち	1716	にょろ・は・あ	~はぁ	1815

にょろ・ば・あ	~ばぁ	0318	にょろ・み	~み	1219
にょろ・ぱ・あ	~ぱぁ	0225	にょろ・み・や	~みゃ	1229
にょろ・は・あ・まる	~はぁ	1815	にょろ・み・ゆ	~みゅ	1230
にょろ・ば・あ・まる	~ばぁ	0318	にょろ・み・よ	~みょ	1231
にょろ・ぱ・あ・まる	~ぱぁ	0225	にょろ・む	~む	1220
にょろ・ひ	~ひ	1811	にょろ・め	~め	1221
にょろ・び	~び	0314	にょろ・も	~も	1222
にょろ・ぴ	~ぴ	0221	にょろ・や	~や	1008
にょろ・ひ・あ	~ひぁ	1824	にょろ・や・あ	~やぁ	1012
にょろ・び・あ	~びぁ	0327	にょろ・や・あ・まる	~やぁ	1012
にょろ・ぴ・あ	~ぴぁ	0234	にょろ・ゆ	~ゆ	1009
にょろ・ひ・あ・まる	~ひぁ	1824	にょろ・よ	~よ	1011
にょろ・び・あ・まる	~びぁ	0327	にょろ・ら	~ら	1915
にょろ・ぴ・あ・まる	~ぴぁ	0234	にょろ・ら・あ	~らぁ	1920
にょろ・ひ・や	~ひゃ	1821	にょろ・り	~り	1916
にょろ・び・や	~びゃ	0324	にょろ・り・あ	~りぁ	1929
にょろ・ぴ・や	~ぴゃ	0231	にょろ・り・あ・まる	~りぁ	1929
にょろ・ひ・ゆ	~ひゅ	1822	にょろ・り・や	~りゃ	1926
にょろ・び・ゆ	~びゅ	0325	にょろ・り・ゆ	~りゅ	1927
にょろ・ぴ・ゆ	~ぴゅ	0232	にょろ・り・よ	~りょ	1928
にょろ・ひ・よ	~ひょ	1823	にょろ・る	~る	1917
にょろ・び・よ	~びょ	0326	にょろ・れ	~れ	1918
にょろ・ぴ・よ	~ぴょ	0233	にょろ・ろ	~ろ	1919
にょろ・ふ	~ふ	0823	にょろ・わ	~わ	1108
にょろ・ぶ	~ぶ	0315	にょろ・わ・あ	~わぁ	1112
にょろ・ぷ	~ぷ	0222	にょろ・わ・あ・まる	~わぁ	1112
にょろ・ふ・あ	~ふぁ	0807	ぬ	ぬ	1303
にょろ・ふ・あ	~ふぁ	0821	ぬ・い	ぬぃ	1306
にょろ・ふ・あ・まる	~ふぁ	0826	ぬ・い・まる	ぬぃ	1306
にょろ・ふ・い	~ふぃ	0822	ぬ・わ	ぬゎ	1337
にょろ・ふ・え	~ふぇ	0824	ね	ね	1304
にょろ・ふ・お	~ふぉ	0825	ね・え	ねぇ	1308
にょろ・へ	~へ	1813	ね・え・まる	ねぇ	1308
にょろ・べ	~べ	0316	の	の	1305
にょろ・ぺ	~ぺ	0223	は	は	1801
にょろ・ほ	~ほ	1814	ば	ば	0301
にょろ・ぼ	~ぼ	0317	ぱ	ぱ	0201
にょろ・ぽ	~ぽ	0224	は・あ	はぁ	1807
にょろ・ほ・う	~ほぅ	1812	は・あ	はぁ	1809
にょろ・ま	~ま	1218	ば・あ	ばぁ	0308
にょろ・ま・あ	~まぁ	1223	ば・あ	ばぁ	0311
にょろ・ま・あ・まる	~まぁ	1223	ぱ・あ	ぱぁ	0209

ぱ・あ	ぱぁ	0212	ふ・あ	ふぁ	1825
は・あ・まる	はぁ	1807	ふ・あ・まる	ふぁ	0819
は・あ・まる	はぁ	1809	ふ・あ・まる	ふぁ	0827
ば・あ・まる	ばぁ	0308	ふ・い	ふぃ	0802
ば・あ・まる	ばぁ	0311	ふ・い	ふぃ	0814
ぱ・あ・まる	ぱぁ	0209	ふ・い	ふぃ	1826
ぱ・あ・まる	ぱぁ	0212	ぶ・い	ぶぃ	0307
ひ	ひ	1802	ぷ・い	ぷぃ	0207
び	び	0302	ふ・い・まる	ふぃ	0806
ぴ	ぴ	0202	ふ・い・まる	ふぃ	0818
ひ・あ	ひぁ	1819	ぶ・い・まる	ぶぃ	0307
ひ・あ	ひぁ	1820	ぷ・い・まる	ぷぃ	0207
び・あ	びぁ	0322	ぶ・う	ぶう	0303
び・あ	びぁ	0323	ぷ・う	ぷう	0203
ぴ・あ	ぴぁ	0229	ふ・う・まる	ふづ	0806
ぴ・あ	ぴぁ	0230	ふ・う・まる	ふづ	0818
ひ・あ・まる	ひぁ	1819	ふ・え	ふぇ	0804
ひ・あ・まる	ひぁ	1820	ふ・え	ふぇ	0816
び・あ・まる	びぁ	0322	ふ・え	ふぇ	1828
び・あ・まる	びぁ	0323	ふ・え・まる	ふぇ	0808
ぴ・あ・まる	ぴぁ	0229	ふ・え・まる	ふぇ	0820
ぴ・あ・まる	ぴぁ	0230	ふ・お	ふぉ	0805
ひ・い	ひぃ	1806	ふ・お	ふぉ	0817
ひ・い・まる	ひぃ	1806	ふ・お	ふぉ	1829
び・ず	びず	0306	ぶ・ず	ぶず	0306
ぴ・す	ぴす	0206	ぷ・す	ぷす	0206
ひ・や	ひゃ	1816	ふ・や	ふゃ	0809
び・や	びゃ	0319	ふ・ゆ	ふゅ	0810
ぴ・や	ぴゃ	0226	ふ・よ	ふよ	0811
ひ・ゆ	ひゅ	1817	ぶ・る	ぶる	0310
び・ゆ	びゅ	0320	ぷ・る	ぷる	0211
ぴ・ゆ	ぴゅ	0227	ふ・わ	ふゎ	0812
ひ・よ	ひょ	1818	ぶ・わ	ぶゎ	0312
び・よ	びょ	0321	ぷ・わ	ぷゎ	0238
ぴ・よ	ぴょ	0228	へ	へ	1804
ふ	ふ	0803	べ	べ	0304
ふ	ふ	0815	ぺ	ぺ	0204
ふ	ふ	1827	へ・え	へぇ	1808
ぶ	ぶ	0303	べ・え	べぇ	0309
ぷ	ぷ	0203	ぺ・え	ぺぇ	0210
ふ・あ	ふぁ	0801	へ・え・まる	へぇ	1808
ふ・あ	ふぁ	0813	べ・え・まる	べぇ	0309

ぺ・え・まる	ぺぇ	0210	やま・ち	ヘち	2011
ほ	ほ	1805	やま・と	ヘと	2007
ぽ	ぽ	0305	やま・ふ	ヘふ	2001
ぽ	ぽ	0205	やま・ぷ	ヘぷ	2008
ほ・う	ほう	1803	やま・む	ヘむ	2005
ま	ま	1201	やま・る	ヘる	2006
ま・あ	まぁ	1208	やま・ん	ヘん	2017
ま・あ	まぁ	1211	ゆ	ゆ	1003
ま・あ・まる	まぁ	1208	よ	よ	1005
ま・あ・まる	まぁ	1211	よこぼう	ー	2013
み	み	1202	ら	ら	1901
み・あ	みぁ	1227	ら・あ	らぁ	1907
み・あ	みぁ	1228	ら・あ	らぁ	1909
み・あ・まる	みぁ	1227	ら・あ・まる	らぁ	1907
み・あ・まる	みぁ	1228	ら・あ・まる	らぁ	1909
み・ず	みず	1206	り	り	1902
み・や	みゃ	1224	り・あ	りぁ	1924
み・ゆ	みゅ	1225	り・あ	りぁ	1925
み・ゆ・まる	みゅ	1237	り・あ・まる	りぁ	1924
み・よ	みょ	1226	り・あ・まる	りぁ	1925
む	む	1203	り・まる	ぴ	2006
む・い	むぃ	1207	り・や	りゃ	1921
む・い・まる	むぃ	1207	り・ゆ	りゅ	1922
む・ず	むず	1206	り・よ	りょ	1923
む・る	むる	1210	る	る	1903
む・わ	むゎ	1236	る・い	るぃ	1906
め	め	1204	る・い・まる	るぃ	1906
め・え	めぇ	1209	る・わ	るゎ	1930
め・え・まる	めぇ	1209	れ	れ	1904
も	も	1205	れ・え	れぇ	1908
や	や	1001	れ・え・まる	れぇ	1908
や・あ	やぁ	1006	ろ	ろ	1905
や・あ	やぁ	1007	わ	わ	1101
や・あ・まる	やぁ	1006	わ・あ	わぁ	1106
や・あ・まる	やぁ	1007	わ・あ	わぁ	1107
やま・う	ヘう	0103	わ・あ・まる	わぁ	1106
やま・う・てんてん	ヘゔ	2003	わ・あ・まる	わぁ	1107
やま・か	ヘか	1830	を・う	をぅ	1103
やま・が	ヘが	1831	ん	ん	2012
やま・く	ヘく	2009	ん・まる	ぷ	2015
やま・し	ヘし	2010			
やま・す	ヘす	2002			

アルファベット索引

アール	r	2006	エイチ・イー	he	1804
アール・アイ	ri	1902	エイチ・エー	ha	1801
アール・イー	re	1904	エイチ・エヌ	hn	2015
アール・エー	ra	1901	エイチ・オー	ho	1805
アール・オー	ro	1905	エイチ・ダブリュー・アイ	hwi	0814
アール・ダブリュー・エー	rwa	1930	エイチ・ダブリュー・アイ	hwi	1826
アール・ちょん・アイ	r'i	1911	エイチ・ダブリュー・イー	hwe	0816
アール・ちょん・イー	r'e	1913	エイチ・ダブリュー・イー	hwe	1828
アール・ちょん・エー	r'a	1910	エイチ・ダブリュー・エー	hwa	0813
アール・ちょん・オー	r'o	1914	エイチ・ダブリュー・エー	hwa	1825
アール・ちょん・ユー	r'u	1912	エイチ・ダブリュー・オー	hwo	0817
アール・ちょんちょん・アイ	rï	1906	エイチ・ダブリュー・オー	hwo	1829
アール・ちょんちょん・イー	rë	1908	エイチ・ダブリュー・ちょんちょん・アイ	hwï	0818
アール・ちょんちょん・エー	rä	1907	エイチ・ダブリュー・ちょんちょん・イー	hwë	0820
アール・にょろ・アイ	rĩ	1916	エイチ・ダブリュー・ちょんちょん・エー	hwä	0819
アール・にょろ・イー	rẽ	1918	エイチ・ダブリュー・にょろ・アイ	hwĩ	0822
アール・にょろ・エー	rã	1915	エイチ・ダブリュー・にょろ・イー	hwẽ	0824
アール・にょろ・オー	rõ	1919	エイチ・ダブリュー・にょろ・エー	hwã	0821
アール・にょろ・ちょんちょん・エー	rã̈	1920	エイチ・ダブリュー・にょろ・オー	hwõ	0825
アール・にょろ・ユー	rũ	1917	エイチ・ダブリュー・にょろ・ちょんちょん・エー	hwã̈	0826
アール・やま・エー	râ	1909	エイチ・ダブリュー・にょろ・ユー	hwũ	0823
アール・ユー	ru	1903	エイチ・ダブリュー・やま・エー	hwâ	0827
アール・ワイ・エー	rya	1921	エイチ・ダブリュー・ユー	hwu	0815
アール・ワイ・オー	ryo	1923	エイチ・ダブリュー・ユー	hwu	1827
アール・ワイ・ちょんちょん・エー	ryä	1924	エイチ・ちょんちょん・アイ	hï	1806
アール・ワイ・にょろ・エー	ryã	1926	エイチ・ちょんちょん・イー	hë	1808
アール・ワイ・にょろ・オー	ryõ	1928	エイチ・ちょんちょん・エー	hä	1807
アール・ワイ・にょろ・ちょんちょん・エー	ryã̈	1929	エイチ・にょろ・アイ	hĩ	1811
アール・ワイ・にょろ・ユー	ryũ	1927	エイチ・にょろ・イー	hẽ	1813
アール・ワイ・やま・エー	ryâ	1925	エイチ・にょろ・エー	hã	1810
アール・ワイ・ユー	ryu	1922	エイチ・にょろ・オー	hõ	1814
アイ	i	0102	エイチ・にょろ・ちょんちょん・エー	hã̈	1815
イー	e	0104	エイチ・にょろ・ユー	hũ	1812
エイチ・アイ	hi	1802	エイチ・やま・エー	hâ	1809

エイチ・ユー	hu	1803	エス・にょろ・ユー	sū	1415
エイチ・ワイ・エー	hya	1816	エス・やま・エー	sâ	1412
エイチ・ワイ・オー	hyo	1818	エス・ユー	su	1403
エイチ・ワイ・ちょんちょん・エー	hyä	1819	エス・ワイ・アイ	syi	1402
エイチ・ワイ・にょろ・エー	hyã	1821	エス・ワイ・イー	sye	1421
エイチ・ワイ・にょろ・オー	hyõ	1823	エス・ワイ・エー	sya	1419
エイチ・ワイ・にょろ・ちょんちょん・エー	hyã̈	1824	エス・ワイ・オー	syo	1422
エイチ・ワイ・にょろ・ユー	hyū	1822	エス・ワイ・ちょんちょん・アイ	syï	1411
エイチ・ワイ・やま・エー	hyâ	1820	エス・ワイ・ちょんちょん・イー	syë	1424
エイチ・ワイ・ユー	hyu	1817	エス・ワイ・ちょんちょん・エー	syä	1423
エー	a	0101	エス・ワイ・にょろ・アイ	syĩ	1426
エス	s	2002	エス・ワイ・にょろ・イー	syẽ	1428
エス・アイ	si	1409	エス・ワイ・にょろ・エー	syã	1425
エス・イー	se	1404	エス・ワイ・にょろ・オー	syõ	1429
エス・エイチ	sh	2010	エス・ワイ・にょろ・ちょんちょん・エー	syã̈	1430
エス・エイチ・アイ	shi	1402	エス・ワイ・にょろ・ユー	syū	1427
エス・エイチ・イー	she	1421	エス・ワイ・やま・エー	syâ	1431
エス・エイチ・エー	sha	1419	エス・ワイ・ユー	syu	1420
エス・エイチ・オー	sho	1422	エックス・エー	xa	1830
エス・エイチ・ちょんちょん・アイ	shï	1411	エヌ	n	2012
エス・エイチ・ちょんちょん・イー	shë	1424	エヌ	n	2017
エス・エイチ・ちょんちょん・エー	shä	1423	エヌ・アイ	ni	1302
エス・エイチ・にょろ・アイ	shĩ	1426	エヌ・イー	ne	1304
エス・エイチ・にょろ・イー	shẽ	1428	エヌ・エー	na	1301
エス・エイチ・にょろ・エー	shã	1425	エヌ・オー	no	1305
エス・エイチ・にょろ・オー	shõ	1429	エヌ・ダブリュー・エー	nwa	1337
エス・エイチ・にょろ・ちょんちょん・エー	shã̈	1430	エヌ・ちょん	n'	2016
エス・エイチ・にょろ・ユー	shū	1427	エヌ・ちょん・アイ	n'i	1311
エス・エイチ・やま・エー	shâ	1431	エヌ・ちょん・イー	n'e	1313
エス・エイチ・ユー	shu	1420	エヌ・ちょん・エー	n'a	1310
エス・エー	sa	1401	エヌ・ちょん・オー	n'o	1314
エス・オー	so	1405	エヌ・ちょん・ちょんちょん・アイ	n'ï	1334
エス・ダブリュー・エー	swa	1432	エヌ・ちょん・ユー	n'u	1312
エス・ちょんちょん・アイ	sï	1406	エヌ・ちょん・ワイ・エー	n'ya	1331
エス・ちょんちょん・アイ	sï	1407	エヌ・ちょん・ワイ・オー	n'yo	1333
エス・ちょんちょん・イー	së	1410	エヌ・ちょん・ワイ・ちょんちょん・アイ	n'ÿ	1343
エス・ちょんちょん・エー	sä	1408	エヌ・ちょん・ワイ・ちょんちょん・イー	n'yë	1345
エス・にょろ・アイ	sĩ	1414	エヌ・ちょん・ワイ・ユー	n'yu	1332
エス・にょろ・イー	sẽ	1416	エヌ・ちょんちょん・アイ	nï	1306
エス・にょろ・エー	sã	1413	エヌ・ちょんちょん・イー	në	1308
エス・にょろ・オー	sõ	1417	エヌ・ちょんちょん・エー	nä	1307
エス・にょろ・ちょんちょん・エー	sã̈	1418	エヌ・にょろ・アイ	nĩ	1316

エヌ・にょろ・イー	nẽ	1318	エム・ちょん・エー	m'a	1212
エヌ・にょろ・エー	nã	1315	エム・ちょん・オー	m'o	1216
エヌ・にょろ・オー	nõ	1319	エム・ちょん・ちょんちょん・アイ	m'ï	1217
エヌ・にょろ・ちょんちょん・エー	nã̈	1320	エム・ちょん・ユー	m'u	1214
エヌ・にょろ・ユー	nũ	1317	エム・ちょん・ワイ・エー	m'ya	1233
エヌ・やま・エー	nâ	1309	エム・ちょん・ワイ・オー	m'yo	1235
エヌ・ユー	nu	1303	エム・ちょん・ワイ・ユー	m'yu	1234
エヌ・ワイ・エー	nya	1323	エム・ちょんちょん・アイ	mï	1207
エヌ・ワイ・オー	nyo	1325	エム・ちょんちょん・イー	më	1209
エヌ・ワイ・ちょんちょん・アイ	nyï	1342	エム・ちょんちょん・エー	mä	1208
エヌ・ワイ・ちょんちょん・イー	nyë	1344	エム・にょろ・アイ	mĩ	1219
エヌ・ワイ・ちょんちょん・エー	nyä	1322	エム・にょろ・イー	mẽ	1221
エヌ・ワイ・にょろ・イー	nyẽ	1329	エム・にょろ・エー	mã	1218
エヌ・ワイ・にょろ・エー	nyã	1326	エム・にょろ・オー	mõ	1222
エヌ・ワイ・にょろ・オー	nyõ	1328	エム・にょろ・ちょんちょん・エー	mã̈	1223
エヌ・ワイ・にょろ・ちょんちょん・エー	nyã̈	1321	エム・にょろ・ユー	mũ	1220
エヌ・ワイ・にょろ・ユー	nyũ	1327	エム・やま・エー	mâ	1211
エヌ・ワイ・やま・エー	nyâ	1330	エム・ユー	mu	1203
エヌ・ワイ・ユー	nyu	1324	エム・ワイ・エー	mya	1224
エフ	f	2001	エム・ワイ・オー	myo	1226
エフ・アイ	fi	0802	エム・ワイ・ちょんちょん・アイ	myï	1237
エフ・イー	fe	0804	エム・ワイ・ちょんちょん・エー	myä	1227
エフ・エー	fa	0801	エム・ワイ・にょろ・エー	myã	1229
エフ・オー	fo	0805	エム・ワイ・にょろ・オー	myõ	1231
エフ・ダブリュー・エー	fwa	0812	エム・ワイ・にょろ・ユー	myũ	1230
エフ・ちょんちょん・アイ	fï	0806	エム・ワイ・やま・エー	myâ	1228
エフ・ちょんちょん・イー	fë	0808	エム・ワイ・ユー	myu	1225
エフ・にょろ・エー	fã	0807	エング・アイ	ŋi	1339
エフ・ユー	fu	0803	エング・イー	ŋe	1346
エフ・ワイ・エー	fya	0809	エング・エー	ŋa	1338
エフ・ワイ・オー	fyo	0811	エング・オー	ŋo	1347
エフ・ワイ・ユー	fyu	0810	エング・ダブリュー・エー	ŋwa	1341
エム	m	2005	エング・ちょんちょん・アイ	ŋï	1348
エム・アール	mr	1210	エング・ちょんちょん・イー	ŋë	1349
エム・アイ	mi	1202	エング・ユー	ŋu	1340
エム・イー	me	1204	エング・ワイ・エー	ŋya	1335
エム・エー	ma	1201	エング・ワイ・ユー	ŋyu	1336
エム・オー	mo	1205	オー	o	0105
エム・ゼット・ちょんちょん・アイ	mzï	1206	キュー・エー	qa	1831
エム・ダブリュー・エー	mwa	1236	ケー	k	2009
エム・ちょん・アイ	m'i	1213	ケー・アイ	ki	0602
エム・ちょん・イー	m'e	1215	ケー・イー	ke	0604

ケー・エー	ka	0601	ケー・ワイ・にょろ・エー	kyã	0634
ケー・エス・ちょんちょん・アイ	ksï	0606	ケー・ワイ・にょろ・オー	kyõ	0636
ケー・エフ	kf	0648	ケー・ワイ・にょろ・ちょんちょん・エー	kyã̈	0632
ケー・オー	ko	0605	ケー・ワイ・にょろ・ユー	kyũ	0635
ケー・ダブリュー・アイ	kwi	0619	ケー・ワイ・やま・エー	kyâ	0647
ケー・ダブリュー・イー	kwe	0621	ケー・ワイ・ユー	kyu	0629
ケー・ダブリュー・エー	kwa	0612	ジー・アイ	gi	0702
ケー・ダブリュー・オー	kwo	0650	ジー・イー	ge	0704
ケー・ダブリュー・ちょんちょん・アイ	kwï	0615	シー・エイチ	ch	2011
ケー・ダブリュー・ちょんちょん・イー	kwë	0617	シー・エイチ・アイ	chi	1702
ケー・ダブリュー・にょろ・エー	kwã	0613	シー・エイチ・イー	che	1723
ケー・ちょん・アイ	k'i	0641	シー・エイチ・エー	cha	1721
ケー・ちょん・イー	k'e	0643	シー・エイチ・オー	cho	1724
ケー・ちょん・エー	k'a	0640	シー・エイチ・ちょんちょん・アイ	chï	1710
ケー・ちょん・オー	k'o	0644	シー・エイチ・ちょんちょん・イー	chë	1713
ケー・ちょん・ダブリュー・アイ	k'wi	0620	シー・エイチ・ちょんちょん・エー	chä	1725
ケー・ちょん・ダブリュー・イー	k'we	0622	シー・エイチ・にょろ・アイ	chĩ	1716
ケー・ちょん・ダブリュー・エー	k'wa	0611	シー・エイチ・にょろ・イー	chẽ	1729
ケー・ちょん・ダブリュー・オー	k'wo	0614	シー・エイチ・にょろ・エー	chã	1727
ケー・ちょん・ダブリュー・ちょんちょん・アイ	k'wï	0616	シー・エイチ・にょろ・オー	chõ	1730
ケー・ちょん・ダブリュー・ちょんちょん・イー	k'wë	0618	シー・エイチ・にょろ・ちょんちょん・エー	chã̈	1731
ケー・ちょん・ちょんちょん・アイ	k'ï	0645	シー・エイチ・にょろ・ユー	chũ	1728
ケー・ちょん・ちょんちょん・イー	k'ë	0646	シー・エイチ・やま・エー	châ	1726
ケー・ちょん・ユー	k'u	0642	シー・エイチ・ユー	chu	1722
ケー・ちょん・ワイ・エー	k'ya	0637	ジー・エー	ga	0701
ケー・ちょん・ワイ・オー	k'yo	0639	ジー・オー	go	0705
ケー・ちょん・ワイ・ユー	k'yu	0638	ジー・ゼット・ちょんちょん・アイ	gzï	0706
ケー・ちょんちょん・アイ	kï	0607	ジー・ダブリュー・アイ	gwi	0727
ケー・ちょんちょん・イー	kë	0609	ジー・ダブリュー・イー	gwe	0728
ケー・ちょんちょん・エー	kä	0608	ジー・ダブリュー・エー	gwa	0726
ケー・にょろ・アイ	kĩ	0624	ジー・ダブリュー・オー	gwo	0729
ケー・にょろ・イー	kẽ	0626	ジー・ダブリュー・ちょんちょん・イー	gwë	0730
ケー・にょろ・エー	kã	0623	シー・ちょん・エイチ・アイ	c'hi	1740
ケー・にょろ・オー	kõ	0627	シー・ちょん・エイチ・イー	c'he	1742
ケー・にょろ・ちょんちょん・エー	kã̈	0633	シー・ちょん・エイチ・エー	c'ha	1739
ケー・にょろ・ユー	kũ	0625	シー・ちょん・エイチ・オー	c'ho	1743
ケー・やま・エー	kâ	0610	シー・ちょん・エイチ・ちょんちょん・アイ	c'hï	1738
ケー・ユー	ku	0603	シー・ちょん・エイチ・ちょんちょん・イー	c'hë	1745
ケー・ワイ・エー	kya	0628	シー・ちょん・エイチ・ユー	c'hu	1741
ケー・ワイ・オー	kyo	0630	ジー・ちょんちょん・アイ	gï	0707
ケー・ワイ・ちょんちょん・アイ	kyï	0649	ジー・ちょんちょん・イー	gë	0709
ケー・ワイ・ちょんちょん・エー	kyä	0631	ジー・ちょんちょん・エー	gä	0708

ジー・にょろ・アイ	gĭ	0712	ゼット・ちょんちょん・アイ	zï	1607
ジー・にょろ・イー	gẽ	0714	ゼット・ちょんちょん・イー	zë	1609
ジー・にょろ・エー	gã	0711	ゼット・ちょんちょん・エー	zä	1608
ジー・にょろ・オー	gõ	0715	ゼット・にょろ・イー	zẽ	1615
ジー・にょろ・ちょんちょん・エー	gã̈	0716	ゼット・にょろ・エー	zã	1612
ジー・にょろ・ユー	gũ	0713	ゼット・にょろ・オー	zõ	1616
ジー・やま・エー	gâ	0710	ゼット・にょろ・ちょんちょん・エー	zã̈	1617
ジー・ユー	gu	0703	ゼット・にょろ・ユー	zũ	1614
ジー・ワイ・エー	gya	0717	ゼット・やま・エー	zâ	1611
ジー・ワイ・オー	gyo	0719	ゼット・ユー	zu	1603
ジー・ワイ・ちょんちょん・アイ	gyï	0731	ゼット・ワイ・アイ	zyi	1602
ジー・ワイ・ちょんちょん・エー	gyä	0720	ゼット・ワイ・イー	zye	1621
ジー・ワイ・にょろ・エー	gyã	0722	ゼット・ワイ・エー	zya	1619
ジー・ワイ・にょろ・オー	gyõ	0724	ゼット・ワイ・オー	zyo	1622
ジー・ワイ・にょろ・ちょんちょん・エー	gyã̈	0725	ゼット・ワイ・ちょんちょん・アイ	zyï	1610
ジー・ワイ・にょろ・ユー	gyũ	0723	ゼット・ワイ・ちょんちょん・イー	zyë	1624
ジー・ワイ・やま・エー	gyâ	0721	ゼット・ワイ・ちょんちょん・エー	zyä	1623
ジー・ワイ・ユー	gyu	0718	ゼット・ワイ・にょろ・アイ	zyĭ	1613
ジェー・アイ	ji	1602	ゼット・ワイ・にょろ・アイ	zyĭ	1626
ジェー・イー	je	1621	ゼット・ワイ・にょろ・イー	zyẽ	1628
ジェー・エー	ja	1619	ゼット・ワイ・にょろ・エー	zyã	1625
ジェー・オー	jo	1622	ゼット・ワイ・にょろ・オー	zyõ	1629
ジェー・ちょんちょん・アイ	jï	1610	ゼット・ワイ・にょろ・ちょんちょん・エー	zyã̈	1630
ジェー・ちょんちょん・イー	jë	1624	ゼット・ワイ・にょろ・ユー	zyũ	1627
ジェー・ちょんちょん・エー	jä	1623	ゼット・ワイ・やま・エー	zyâ	1631
ジェー・にょろ・アイ	jĭ	1613	ゼット・ワイ・ユー	zyu	1620
ジェー・にょろ・アイ	jĭ	1626	ダブリュー・アイ	wi	1102
ジェー・にょろ・イー	jẽ	1628	ダブリュー・イー	we	1104
ジェー・にょろ・エー	jã	1625	ダブリュー・エー	wa	1101
ジェー・にょろ・オー	jõ	1629	ダブリュー・オー	wo	1105
ジェー・にょろ・ちょんちょん・エー	jã̈	1630	ダブリュー・ちょん・アイ	w'i	1114
ジェー・にょろ・ユー	jũ	1627	ダブリュー・ちょん・イー	w'e	1115
ジェー・やま・エー	jâ	1631	ダブリュー・ちょん・エー	w'a	1113
ジェー・ユー	ju	1620	ダブリュー・ちょん・オー	w'o	1119
ゼット	z	2004	ダブリュー・ちょん・ちょんちょん・アイ	w'ï	1120
ゼット・アイ	zi	1501	ダブリュー・ちょん・ちょんちょん・イー	w'ë	1121
ゼット・アイ	zi	1502	ダブリュー・ちょんちょん・アイ	wï	1116
ゼット・イー	ze	1604	ダブリュー・ちょんちょん・イー	wë	1117
ゼット・エー	za	1601	ダブリュー・ちょんちょん・エー	wä	1106
ゼット・オー	zo	1605	ダブリュー・にょろ・アイ	wĭ	1109
ゼット・ダブリュー・エー	zwa	1618	ダブリュー・にょろ・イー	wẽ	1110
ゼット・ちょんちょん・アイ	zï	0106	ダブリュー・にょろ・エー	wã	1108

ダブリュー・にょろ・オー	wõ	1111	ティー・エス・やま・エー	tsâ	1712
ダブリュー・にょろ・ちょんちょん・エー	wã̈	1112	ティー・エス・ユー	tsu	1703
ダブリュー・やま・エー	wâ	1107	ティー・オー	to	0405
ダブリュー・ユー	wu	1103	ディー・オー	do	0505
ダブリュー・ワイ・にょろ・エー	wyã	1118	ディー・ゼット・ちょんちょん・アイ	dzï	1606
ちょん・アイ	'i	0122	ディー・ゼット・ちょんちょん・アイ	dzï	1607
ちょん・イー	'e	0124	ティー・ダブリュー・エー	twa	0410
ちょん・エー	'a	0121	ディー・ダブリュー・エー	dwa	0510
ちょん・オー	'o	0125	ティー・ちょん・アイ	t'i	0424
ちょん・ちょんちょん・アイ	'ï	0126	ティー・ちょん・イー	t'e	0426
ちょん・ちょんちょん・イー	'ë	0127	ティー・ちょん・エー	t'a	0423
ちょん・ユー	'u	0123	ティー・ちょん・エス・アイ	t'si	1733
ちょんちょん・アイ	ï	0107	ティー・ちょん・エス・イー	t'se	1735
ちょんちょん・アイ	ï	0110	ティー・ちょん・エス・エー	t'sa	1732
ちょんちょん・イー	ë	0109	ティー・ちょん・エス・オー	t'so	1736
ちょんちょん・エー	ä	0108	ティー・ちょん・エス・ダブリュー・エー	t'swa	1746
ティー	t	2007	ティー・ちょん・エス・ちょんちょん・アイ	t'sï	1737
ティー・アイ	ti	0402	ティー・ちょん・エス・ちょんちょん・イー	t'së	1744
ディー・アイ	di	0502	ティー・ちょん・エス・ユー	t'su	1734
ティー・イー	te	0404	ティー・ちょん・オー	t'o	0427
ディー・イー	de	0504	ティー・ちょん・ダブリュー・エー	t'wa	0428
ティー・エイチ・アイ	thi	1932	ティー・ちょん・ちょんちょん・アイ	t'ï	0429
ティー・エイチ・イー	the	1934	ティー・ちょん・ちょんちょん・イー	t'ë	0430
ティー・エイチ・エー	tha	1931	ティー・ちょん・ユー	t'u	0425
ティー・エイチ・オー	tho	1935	ティー・ちょん・ワイ・エー	t'ya	0431
ティー・エイチ・ユー	thu	1933	ティー・ちょん・ワイ・オー	t'yo	0433
ティー・エー	ta	0401	ティー・ちょん・ワイ・ユー	t'yu	0432
ディー・エー	da	0501	ティー・ちょんちょん・アイ	tï	0406
ティー・エス・アイ	tsi	1706	ディー・ちょんちょん・アイ	dï	0506
ティー・エス・イー	tse	1704	ティー・ちょんちょん・イー	të	0408
ティー・エス・エー	tsa	1701	ディー・ちょんちょん・イー	dë	0508
ティー・エス・オー	tso	1705	ティー・ちょんちょん・エー	tä	0407
ティー・エス・ダブリュー・エー	tswa	1714	ディー・ちょんちょん・エー	dä	0507
ティー・エス・ちょんちょん・アイ	tsï	1707	ティー・にょろ・アイ	tĩ	0412
ティー・エス・ちょんちょん・アイ	tsï	1711	ディー・にょろ・アイ	dĩ	0512
ティー・エス・ちょんちょん・イー	tsë	1709	ティー・にょろ・イー	tẽ	0414
ティー・エス・ちょんちょん・エー	tsä	1708	ディー・にょろ・イー	dẽ	0514
ティー・エス・にょろ・イー	tsẽ	1718	ティー・にょろ・エー	tã	0411
ティー・エス・にょろ・エー	tsã	1715	ディー・にょろ・エー	dã	0511
ティー・エス・にょろ・オー	tsõ	1719	ティー・にょろ・オー	tõ	0415
ティー・エス・にょろ・ちょんちょん・エー	tsã̈	1720	ディー・にょろ・オー	dõ	0515
ティー・エス・にょろ・ユー	tsũ	1717	ティー・にょろ・ちょんちょん・エー	tã̈	0416

ディー・にょろ・ちょんちょん・エー	dã	0516	ビー・イー	be	0304
ティー・にょろ・ユー	tũ	0413	ピー・イー	pe	0204
ディー・にょろ・ユー	dũ	0513	ビー・エー	ba	0301
ティー・やま・エー	tâ	0409	ピー・エー	pa	0201
ディー・やま・エー	dâ	0509	ピー・エス・ちょんちょん・アイ	psï	0206
ティー・ユー	tu	0403	ビー・オー	bo	0305
ディー・ユー	du	0503	ピー・オー	po	0205
ティー・ワイ・エー	tya	0417	ビー・ゼット・ちょんちょん・アイ	bzï	0306
ディー・ワイ・エー	dya	0517	ビー・ダブリュー・エー	bwa	0312
ティー・ワイ・オー	tyo	0419	ピー・ダブリュー・エー	pwa	0238
ディー・ワイ・オー	dyo	0519	ピー・ちょん・アイ	p'i	0214
ティー・ワイ・にょろ・エー	tyã	0420	ピー・ちょん・イー	p'e	0216
ディー・ワイ・にょろ・エー	dyã	0520	ピー・ちょん・エー	p'a	0213
ティー・ワイ・にょろ・オー	tyõ	0422	ピー・ちょん・オー	p'o	0217
ディー・ワイ・にょろ・オー	dyõ	0522	ピー・ちょん・ダブリュー・エー	p'wa	0239
ティー・ワイ・にょろ・ユー	tyũ	0421	ピー・ちょん・ちょんちょん・アイ	p'ï	0219
ディー・ワイ・にょろ・ユー	dyũ	0521	ピー・ちょん・ちょんちょん・イー	p'ë	0218
ティー・ワイ・ユー	tyu	0418	ピー・ちょん・ユー	p'u	0215
ディー・ワイ・ユー	dyu	0518	ピー・ちょん・ワイ・エー	p'ya	0235
にょろ・アイ	ĩ	0113	ピー・ちょん・ワイ・オー	p'yo	0237
にょろ・イー	ẽ	0115	ピー・ちょん・ワイ・ユー	p'yu	0236
にょろ・エー	ã	0112	ピー・ちょんちょん・アイ	bï	0307
にょろ・オー	õ	0116	ピー・ちょんちょん・アイ	pï	0207
にょろ・ジー・アイ	˜gi	1339	ピー・ちょんちょん・イー	bë	0309
にょろ・ジー・イー	˜ge	1346	ピー・ちょんちょん・イー	pë	0210
にょろ・ジー・エー	˜ga	1338	ピー・ちょんちょん・エー	bä	0308
にょろ・ジー・オー	˜go	1347	ピー・ちょんちょん・エー	pä	0209
にょろ・ジー・ダブリュー・エー	˜gwa	1341	ビー・にょろ・アイ	bĩ	0314
にょろ・ジー・ちょんちょん・アイ	˜gï	1348	ピー・にょろ・アイ	pĩ	0221
にょろ・ジー・ちょんちょん・イー	˜gë	1349	ビー・にょろ・イー	bẽ	0316
にょろ・ジー・ユー	˜gu	1340	ピー・にょろ・イー	pẽ	0223
にょろ・ジー・ワイ・エー	˜gya	1335	ビー・にょろ・エー	bã	0313
にょろ・ジー・ワイ・ユー	˜gyu	1336	ピー・にょろ・エー	pã	0220
にょろ・ちょんちょん・アイ	ï̃	0117	ビー・にょろ・オー	bõ	0317
にょろ・ちょんちょん・イー	ë̃	0119	ピー・にょろ・オー	põ	0224
にょろ・ちょんちょん・エー	ä̃	0118	ビー・にょろ・ちょんちょん・エー	bä̃	0318
にょろ・ユー	ũ	0114	ピー・にょろ・ちょんちょん・エー	pä̃	0225
ピー	p	2008	ビー・にょろ・ユー	bũ	0315
ビー・アール	br	0310	ピー・にょろ・ユー	pũ	0222
ピー・アール	pr	0211	ビー・やま・エー	bâ	0311
ビー・アイ	bi	0302	ピー・やま・エー	pâ	0212
ピー・アイ	pi	0202	ビー・ユー	bu	0303

ピー・ユー	pu	0203
ビー・ワイ・エー	bya	0319
ピー・ワイ・エー	pya	0226
ビー・ワイ・オー	byo	0321
ピー・ワイ・オー	pyo	0228
ビー・ワイ・ちょんちょん・エー	byä	0322
ピー・ワイ・ちょんちょん・エー	pyä	0229
ビー・ワイ・にょろ・エー	byã	0324
ピー・ワイ・にょろ・エー	pyã	0231
ビー・ワイ・にょろ・オー	byõ	0326
ピー・ワイ・にょろ・オー	pyõ	0233
ビー・ワイ・にょろ・ちょんちょん・エー	byã̈	0327
ピー・ワイ・にょろ・ちょんちょん・エー	pyã̈	0234
ビー・ワイ・にょろ・ユー	byū	0325
ピー・ワイ・にょろ・ユー	pyū	0232
ビー・ワイ・やま・エー	byâ	0323
ピー・ワイ・やま・エー	pyâ	0230
ビー・ワイ・ユー	byu	0320
ピー・ワイ・ユー	pyu	0227
ブイ	v	2003
ブイ・アイ	vi	0902
ブイ・イー	ve	0904
ブイ・エー	va	0901
ブイ・オー	vo	0905
ブイ・ちょんちょん・アイ	vï	0906
ブイ・ユー	vu	0903
ブイ・ワイ・エー	vya	0907
ブイ・ワイ・オー	vyo	0909
ブイ・ワイ・ユー	vyu	0908
やま・エー	â	0111
ユー	u	0103
ワイ・アイ	yi	1002
ワイ・イー	ye	1004
ワイ・エー	ya	1001
ワイ・オー	yo	1005
ワイ・ちょん・イー	y'e	1016
ワイ・ちょん・エー	y'a	1014
ワイ・ちょん・オー	y'o	1017
ワイ・ちょん・ちょんちょん・アイ	y'ï	1020
ワイ・ちょん・ユー	y'u	1015
ワイ・ちょんちょん・アイ	yï	1013
ワイ・ちょんちょん・イー	yë	1018
ワイ・ちょんちょん・エー	yä	1006
ワイ・にょろ・イー	yẽ	1010
ワイ・にょろ・エー	yã	1008
ワイ・にょろ・オー	yõ	1011
ワイ・にょろ・ちょんちょん・エー	yã̈	1012
ワイ・にょろ・ユー	yū	1009
ワイ・やま・エー	yâ	1007
ワイ・ユー	yu	1003

●「琉球諸語表記法プロジェクト」について

　本書の内容はトヨタ財団 2011（平成 23）年度研究助成プログラム「琉球諸語表記法プロジェクト―多様な方言からなる琉球諸語を統一の規格で書き表わせる一般向け表記法の構築と今後の普及のための基盤づくり」（助成番号：D11-R-0009）によるプロジェクトの成果を基にしており、本書の出版にあたっても同財団から出版に係る費用の補助を受けた。ここに感謝の意を示すとともに、実施したプロジェクトのメンバーを以下に記しておく。

「琉球諸語表記法プロジェクト―多様な方言からなる琉球諸語を統一の規格で書き表わせる一般向け表記法の構築と今後の普及のための基盤づくり」

（実施期間：2011 年 11 月～ 2013 年 10 月）

研究代表者：小川晋史（国立国語研究所）
研究分担者・研究協力者：青井隼人（東京外国語大学大学院／日本学術振興会）
　　　　　　　　　　　麻生玲子（東京外国語大学大学院／日本学術振興会）
　　　　　　　　　　　重野裕美（広島経済大学非常勤）
　　　　　　　　　　　下地賀代子（沖縄国際大学）
　　　　　　　　　　　下地理則（群馬県立女子大学）
　　　　　　　　　　　新永悠人（東京大学大学院／日本学術振興会）
　　　　　　　　　　　林由華（京都大学非常勤）
　　　　　　　　　　　Thomas Pellard（日本学術振興会／京都大学）
　　　　　　　　　　　又吉里美（志學館大学）
アドバイザー：石原昌英（琉球大学）
　　　　　　　狩俣繁久（琉球大学）
　　　　　　　西岡敏（沖縄国際大学）
　　　　　　　波照間永吉（沖縄県立芸術大学）
　　　　　　　宮良信詳（琉球大学）

（※ 2011 年 11 月時点。五十音順）

●執筆者一覧

麻生玲子（あそう　れいこ）
東京外国語大学大学院 博士後期課程　　　　　　　第2部10章 波照間方言 担当

小川晋史（おがわ　しんじ）*
熊本県立大学 講師　　　　　　　　　　　　　　　第1部、第2部序章 担当

重野裕美（しげの　ひろみ）
広島経済大学 准教授　　　　　　　　　　　　　　第2部1章 浦方言 担当

下地賀代子（しもじ　かよこ）
沖縄国際大学 准教授　　　　　　　　　　　　　　第2部8章 多良間方言 担当

下地理則（しもじ　みちのり）
九州大学 准教授　　　　　　　　　　　　　　　　第2部7章 佐和田長浜方言 担当

クリストファー・デイビス（Christopher Davis）
琉球大学 准教授　　　　　　　　　　　　　　　　第2部9章 宮良方言 担当

當山奈那（とうやま　なな）
琉球大学 特命助教　　　　　　　　　　　　　　　第2部4章 首里方言 担当

中川奈津子（なかがわ　なつこ）
日本学術振興会特別研究員PD／千葉大学　　　　　　第2部9章 宮良方言 担当

新永悠人（にいなが　ゆうと）
成城大学 非常勤講師　　　　　　　　　　　　　　第2部2章 湯湾方言 担当

林由華（はやし　ゆか）
日本学術振興会特別研究員RPD／大阪大学　　　　　第2部6章 池間方言 担当

トマ・ペラール（Thomas Pellard）
フランス国立科学研究所（CNRS）研究員　　　　　　第2部5章 大神方言 担当

又吉里美（またよし　さとみ）
岡山大学 講師　　　　　　　　　　　　　　　　　第2部3章 津堅方言 担当

山田真寛（やまだ　まさひろ）
京都大学 特定助教　　　　　　　　　　　　　　　第2部11章 与那国方言 担当

（※ 2015年10月時点。五十音順。*は編者）

琉球のことばの書き方
琉球諸語統一的表記法

2015 年 11 月 25 日　第 1 刷発行

[編者]　小川晋史

[発行]　株式会社　くろしお出版
〒 113-0033　東京都文京区本郷 3-21-10
Tel: 03-5684-3389　Fax: 03-5684-4762
http://www.9640.jp　kurosio@9640.jp

[印刷]　シナノ書籍印刷株式会社

[装丁]　大坪佳正

©Shinji OGAWA 2015　printed in Japan
ISBN 978-4-87424-675-7 C0081
● 乱丁・落丁はおとりかえいたします。本書の無断転載・複製を禁じます。